PEUPLES AUTOCHTONES
ET RESSOURCES NATURELLES

REGARDS CROISÉS SUR LES DÉFIS DE LA MISE EN ŒUVRE DU *CONSENTEMENT PRÉALABLE, LIBRE ET ÉCLAIRÉ*

COLLECTION « QUESTIONS AUTOCHTONES »

Il y a dans le monde plus de 450 millions d'autochtones répartis entre 5 000 peuples au moins, dont la situation varie selon le degré de reconnaissance de leurs droits par les États qui les englobent.
Marginalisés politiquement, économiquement et culturellement par les événements historiques qu'ils ont subis (conquêtes, guerres, spoliations de leurs territoires et de leurs ressources, atteintes à leurs visions du monde), ces peuples revendiquent des droits dans les États dont ils veulent faire évoluer la gouvernance.
La collection « Questions autochtones » souhaite faire connaître au public francophone les expériences de développement des peuples autochtones dans les domaines politiques, économiques, sociaux et culturels, ainsi que les luttes qu'ils mènent auprès des organisations internationales pour la reconnaissance de leurs droits à disposer d'eux-mêmes et la protection de leurs Droits humains.

GITPA Courriel : gitpa@orange.fr

Déjà parus

WIBEN JENSEN Marianne (dir.), 2005, *Droits territoriaux des peuples autochtones.*
WESSENDORF Katrin (dir.), 2006, *Paroles de femmes autochtones.*
DAHL Jens (dir.), 2007, *Peuples autochtones d'Afrique et Objectifs du millénaire.*
STIDSEN Sille, WIBEN JENSEN Marianne (dir.), 2007, *Exploitations forestières et peuples autochtones.*
NUTTALL Marc, WESSENDORF Kathrin (dir.), 2008, *Gaz, pétrole de l'Arctique et peuples autochtones.*
NUTTALL Mark (dir.), 2009, *Changements climatiques et peuples autochtones.*
WIBEN JENSEN Marianne (dir.), 2010, *Pasteurs nomades et transhumants autochtones.*
DAHL Jens, ROSE Genevieve (dir.) 2012, *Développement et droit coutumier.*
DOYLE Cathal, CARINO Jill (dir.) 2014, *Peuples autochtones et industries extractives.*
DREYFUS-GAMELON Simone, KULESZA Patrick (dir.), 2016, *Les Indiens face au développement en Amazonie. Nouveaux projets d'exploitation et menaces sur les Droits humains.*
KULESZA Patrick, ROBILARD Marine (dir.), 2019, *Quel avenir pour les Pygmées à l'orée du XXIe siècle ?*
GERGAUD Sophie, THORA HERMANN (dir.), 2019, *Cinémas autochtones : des représentations en mouvement.*
IWGIA/GITPA (dir.), 2020, *De l'autochtonie à l'autogouvernance autochtone. Manifestations du droit à l'autodétermination.*
KULESZA Patrick (dir.), 2021, *Quel avenir pour les pasteurs peuls nomades et transhumants au Sahel et en Afrique centrale.*
KULESZA Patrick (dir.), 2023, *Peuples autochtones d'Asie. Quel avenir ?*

Sous la direction de

Martin Papillon et Thierry Rodon

PEUPLES AUTOCHTONES ET RESSOURCES NATURELLES

REGARDS CROISÉS SUR LES DÉFIS DE LA MISE EN ŒUVRE DU *CONSENTEMENT PRÉALABLE, LIBRE ET ÉCLAIRÉ*

L'Harmattan

5-7, rue de l'École-Polytechnique, 75005 Paris

http://www.editions-harmattan.fr

ISBN : 978-2-336-41986-2
EAN : 9782336419862

Sommaire

À la mémoire de Patrick Kulesza,

Ce livre intitulé *Peuples autochtones et ressources naturelles : Regards croisés sur les défis de la mise en œuvre du consentement préalable, libre et éclairé* fait partie d'une collection « Questions autochtones », créée chez L'Harmattan par le Groupe International de Travail pour les Peuples autochtones (GITPA) en 2005.

Depuis cette date, seize ouvrages sont sortis. Certains portent sur les grands enjeux auxquels font face ces peuples autochtones (le développement, les exploitations forestières, les industries extractives, le changement climatique...), d'autres focalisent sur leurs situations particulières en Amazonie, en Afrique (chez les Pygmées et les Pasteurs Peuls) et en Asie.

Patrick Kulesza, président exécutif du Gitpa, était le principal responsable de cette collection. Et c'est grâce à son énergie, sa créativité et sa passion pour le monde autochtone que tous ces ouvrages ont pu être publiés.

Patrick nous a malheureusement quittés en janvier de cette année et son décès a creusé un immense vide parmi nous.

En tant que vice-présidente du Gitpa, j'ai participé à l'élaboration de ce dernier livre portant sur le droit au consentement préalable, libre et éclairé pour les Peuples autochtones. J'avais lu avec beaucoup d'intérêt en 2019 le volume de la revue *Recherches amérindiennes au Québec*[1] consacré à ce sujet. Je pensais qu'il fallait faire connaître à un public francophone plus large cette question si importante pour tous les peuples autochtones dans le monde. Patrick Kulesza partageait mon avis et c'est ainsi que débuta le projet de ce nouveau livre de la collection « Questions autochtones ». Les deux coordinateurs du volume de *Recherches amérindiennes au Québec*, Martin Papillon et Thierry Rodon, approuvèrent le projet tout en acceptant d'élargir le cadre géographique comparatif. Des articles sur le Pérou, la Russie et la Suède complétèrent donc les études de *Recherches amérindiennes au Québec* portant sur le Brésil, la Colombie et bien sûr le Canada.

Je remercie Martin Papillon et Thierry Rodon pour leur grande coopération et Joëlle Chassin, directrice de collections à L'Harmattan, pour son expertise en matière d'édition.

Françoise MORIN

[1] Cette revue a changé de nom en janvier 2022 et s'appelle désormais *Revue d'études autochtones*.

Introduction

Le *Consentement préalable, libre et éclairé* : entre cooptation et réappropriation

Martin Papillon
Département de science politique, Université de Montréal
Thierry Rodon
Département de science politique, Université Laval

La multiplication des conflits entre les peuples autochtones et les industries extractives ou encore de production et de transport d'énergie a favorisé l'émergence dans les dernières décennies d'un ensemble de normes, de règles et de pratiques aux niveaux national et international visant à protéger les droits des premiers peuples et à encadrer les pratiques des entreprises et des États. La Convention 169 sur les peuples autochtones et tribaux de l'Organisation internationale du travail de 1989 (ci-après C169) et surtout la *Déclaration des Nations unies sur les droits des Peuples autochtones* (DNUDP), adoptée en 2007 par l'Assemblée générale des Nations unies, sont au cœur de ces développements normatifs. Si la participation des peuples autochtones à la prise de décision lorsqu'un projet affecte l'exercice de leurs droits s'impose dorénavant comme un principe de plus en plus incontournable, la nature et la portée de cette participation demeurent sujettes à débats.

La notion de *Consentement préalable, libre et éclairé* (CPLE) est au cœur de ces débats.

Selon la formule consacrée, le CPLE renvoie à l'expression collective d'une approbation ou d'un refus qui doit être préalable à la mise en œuvre d'un projet, libre de toute pression ou intimidation et donné en toute connaissance de cause sur les différents aspects de ce projet et sur ses impacts potentiels sur les droits et le mode de vie de la collectivité concernée (HCDH, 2013[1]). Pourtant, tous ne s'entendent pas sur la portée de ce principe. Comment doit s'exprimer ce consentement ? Et surtout, si une communauté refuse de donner

[1] Haut-Commissariat des Nations unies aux droits de l'homme.

son consentement, qu'arrive-t-il ? Pour une majorité d'États, la notion de CPLE entraîne une obligation générale de consulter et de tenir compte des préoccupations des peuples autochtones concernés, mais elle ne peut se substituer au pouvoir souverain de l'État. Pour les organisations de défense des droits des Autochtones, et pour les peuples autochtones eux-mêmes, la notion de consentement est en général comprise comme une extension logique et nécessaire du droit à l'autodétermination. Le CPLE relève non pas de la bonne gouvernance, mais bien de la capacité des peuples autochtones à décider librement et sans contrainte de l'utilisation et du devenir de leurs terres ancestrales. Il s'agit en ce sens bel et bien d'un pouvoir décisionnel, corollaire du droit à l'autodétermination. Entre le droit d'être consulté et le droit de décider, la marge est importante.

D'où l'importance d'une analyse plus fine des processus d'appropriation et de mise en œuvre des normes sur la participation des peuples autochtones. Comment sont interprétées et traduites ces normes internationales dans différents contextes nationaux ? Quels sont les effets de ces normes sur les pratiques des États et des industries extractives ? Les mécanismes participatifs développés permettent-ils aux peuples autochtones d'avoir véritablement droit au chapitre dans les processus décisionnels ? Ou tendent-ils au contraire à maintenir l'exclusion des peuples autochtones et à reproduire les rapports profondément inégalitaires existants ?

Cet ouvrage réunit des textes qui s'intéressent, à partir de divers horizons disciplinaires et géographiques, à ces questions complexes. Plusieurs des chapitres portent sur la situation au Canada, sans doute un des endroits dans le monde où la question de la participation des peuples autochtones à la prise de décision en matière de développement territorial est la plus âprement débattue. Des contributions portant sur le Pérou, la Colombie, le Brésil, la Russie, ainsi qu'une analyse transversale des normes de l'industrie forestière au Canada, en Suède et en Russie, nous permettent cependant de mettre en perspective le cas canadien.

Les débats sur le CPLE portent sur la teneur normative du concept (voir à ce sujet le texte de Dominique Leydet dans le présent ouvrage), mais aussi sur les limites de son interprétation et de sa mise en œuvre par les États et les entreprises[1]. Loin d'être passifs dans ces débats, les peuples autochtones mobilisent, contestent et s'approprient ces mécanismes de mise en œuvre du CPLE afin de donner au principe une portée véritable (voir les textes de Goloviznina, Montambeault *et al.*, Leclair *et al.*, Bourgeois et Rodon). Pour finir, les chapitres du présent ouvrage nous permettent de souligner que l'interprétation et la mise en œuvre du CPLE demeurent des questions

[1] Voir les textes de Merino, Lopez, Goloviznina ainsi que celui de Teitelbaum *et al.*

éminemment politiques, souvent basées sur des rapports de force et qui mettent en relief des conceptions parfois radicalement différentes de la souveraineté, de l'autorité, de la légitimité démocratique, mais aussi de la relation au territoire, à la nature et au développement.

Nous profitons de cette introduction pour mettre en contexte les analyses proposées dans les textes qui suivent, notamment en proposant une courte généalogie du principe de consentement et son articulation dans les principaux instruments internationaux. Nous proposons ensuite un bilan des politiques et des pratiques au Canada et ailleurs afin de souligner, d'une part le phénomène de capture institutionnelle du CPLE par les États et, d'autre part, les diverses stratégies mobilisées par les peuples autochtones qui cherchent à se réapproprier la notion de consentement afin de lui donner sa pleine portée.

Le CPLE : une norme internationale aux contours flous

La question du consentement en matière de développement extractif est au centre des débats internationaux sur les droits des peuples autochtones depuis plus de trois décennies. On voit ainsi apparaître la mention du « consentement libre et informé » dès 1984 dans la Déclaration de Panama du Conseil mondial des peuples indigènes (Anaya et Rodriguez-Pinero, 2018). Cette notion sera formellement codifiée pour une première fois en droit international dans la *Convention 169* (C169) sur les peuples autochtones et tribaux de l'*Organisation internationale du Travail* (OIT), adoptée en 1989 et ratifiée jusqu'à présent par 23 pays[1].

L'article 6.2 de la C169 établit une obligation générale pour les États de consulter les peuples autochtones lorsqu'une mesure porte atteinte à leurs droits et territoires « de bonne foi et sous une forme appropriée aux circonstances, dans le but de parvenir à un accord ou à un consentement sur les mesures proposées ». L'article 16.2 établit, quant à lui, ce qui semble être une obligation plus substantielle « d'obtenir le consentement » dans le contexte très spécifique des déplacements de populations. Diverses déclarations de représentants des États dans le cadre des débats ayant mené à l'adoption de la C169 suggèrent que la différence de formulation n'est pas fortuite. Plusieurs États étaient réticents à accepter une affirmation sans restriction du CPLE. Le libellé de l'article 6.2 est en ce sens un compromis, en vertu duquel on reconnaît le principe du consentement tout en limitant sa portée à une

[1] Si plusieurs pays d'Amérique latine ont ratifié la convention, il est à noter que le Canada, les États-Unis, l'Australie, la Nouvelle-Zélande, la Russie, la Finlande, la Suède et la grande majorité des pays africains et asiatiques avec une importante population autochtone refusent à ce jour de s'y engager. L'influence de la Convention 169 va cependant bien au-delà du taux de ratification comme le soulignent Larsen et Gilbert (2020).

obligation procédurale de consulter de bonne foi, avec l'objectif, et non l'obligation, d'obtenir le consentement. L'obligation plus substantielle définie à l'article 16.2 est, quant à elle, circonscrite à des situations bien précises. Les représentants autochtones, et ceux qui ont agi en leur nom sous les auspices de l'OIT, ne partageaient pas cette interprétation, mais ont néanmoins accepté cette formulation sous forme de compromis au nom des avancées que représentait la convention dans son ensemble (Larsen et Gilbert, 2020).

Adoptée par une forte majorité par l'Assemblée générale de l'ONU en 2007, la *Déclaration des Nations unies sur les droits des peuples autochtones* (DNUDPA) devient rapidement une des pièces maîtresses du régime international de protection des droits des peuples autochtones[1]. La Déclaration comporte plusieurs références au CPLE, notamment aux articles 10 et 29.2 qui concernent le déplacement des populations et l'entreposage de déchets dangereux sur les terres ancestrales, des mesures qui exigent le consentement explicite des peuples concernés. L'article 19 enjoint également les États à consulter les peuples autochtones « en vue d'obtenir leur consentement » lors de l'adoption de mesures législatives ou de politiques pouvant affecter le libre exercice de leurs droits.

C'est cependant l'article 32 de la DNUDPA qui retient l'attention, puisqu'il fait explicitement référence à l'économie des ressources naturelles :

> *32.2. Les États consultent les peuples autochtones concernés et coopèrent avec eux de bonne foi par l'intermédiaire de leurs propres institutions représentatives, en vue d'obtenir leur consentement, donné librement et en connaissance de cause, avant l'approbation de tout projet ayant des incidences sur leurs terres ou territoires et autres ressources, notamment en ce qui concerne la mise en valeur, l'utilisation ou l'exploitation des ressources minérales, hydriques ou autres.*

Les défis de la mise en œuvre de la DNUDPA ne sont nulle part plus évidents que dans les débats entourant la portée de cette disposition. Encore une fois, le libellé de l'article 32(2) est un compromis entre le projet original de la déclaration, datant de 1994, qui établissait une obligation claire d'obtenir le consentement dans le contexte de l'extraction des ressources naturelles, et la position de plusieurs États qui s'opposaient à une telle obligation, interprétée comme un droit de *veto* (Barelli, 2018). Si le libellé de l'article 32(2) va plus loin que la C169 de l'OIT, l'ambiguïté demeure. Les États doivent « consulter… en vue d'obtenir » le consentement.

[1] Le Canada, la Nouvelle-Zélande, l'Australie et les États-Unis sont les seuls États à s'y opposer. Suite aux pressions des organisations autochtones et de défense des droits de la personne, ces pays finiront par endosser la Déclaration. Pour une analyse des circonstances entourant l'adoption de la Déclaration, voir Lightfoot (2016), Anaya et Rodriguez-Pinero (2018), Charters et Stavenhagen (2013).

D'aucuns y voient une nouvelle concession de la part des représentants autochtones – les États s'engagent à chercher à obtenir le consentement, sans qu'il y ait obligation de résultat. Il s'agirait en ce sens d'agir de bonne foi, de tenir compte des droits et des intérêts des peuples concernés, mais sans nécessairement leur reconnaître un pouvoir décisionnel (Coates et Flavell, 2016). Interprété ainsi, le CPLE devient pour les États une manière de légitimer leurs décisions sans céder de réelle autorité aux peuples autochtones concernés (Schilling-Vacaflor, 2017 ; Szablowski, 2010 ; Merino dans ce livre).

D'autres proposent une lecture plus globale qui situe notamment l'article 32 dans l'économie générale du texte de la DNUDPA et des grands principes qu'elle vise à mettre en valeur (Doyle, 2015 ; Barelli, 2018 ; Newman, 2020). L'ancien rapporteur spécial de l'ONU pour les droits des peuples autochtones James Anaya adopte une telle interprétation. Il considère ainsi le CPLE comme une extension logique et nécessaire du droit à l'autodétermination (Anaya, 2012). Sans capacité d'exercer un pouvoir décisionnel sur leurs terres ancestrales, il devient illusoire pour les peuples autochtones de prétendre à l'autodétermination selon Anaya (voir aussi Leydet, 2019 et Leydet dans le présent ouvrage). Sans parler de *veto* (personne n'a un pouvoir absolu selon Anaya), ce dernier insiste sur la possibilité, pour les Autochtones concernés, d'exercer un pouvoir de décision, que ce soit selon leurs propres mécanismes et processus ou de manière conjointe avec les autorités étatiques (Anaya, 2012 et 2013). La prise de décision devrait selon lui idéalement se faire de manière collaborative, dans le cadre de processus qui reconnaissent à la fois l'autorité étatique et le droit des peuples autochtones de décider librement du devenir de leurs terres. Si une telle approche dite collaborative à la mise en œuvre du CPLE apparaît à première vue porteuse, elle repose néanmoins sur l'acceptation, tant par les peuples autochtones que par les États, d'une nouvelle forme de partage de l'autorité territoriale qui ne va pas de soi.

En ce qui concerne les tribunaux internationaux, la Cour interaméricaine des droits de l'homme est l'une des rares instances judiciaires à s'être penchée sur la question du consentement autochtone, et ce, dans le contexte du droit interaméricain. Dans sa décision dans l'affaire *Saramaka c. Suriname* (2007), la Cour s'appuie sur la C169 de l'OIT pour statuer que, dans le contexte de grands développements qui portent atteinte aux droits de propriété des Autochtones, les États doivent non seulement consulter les peuples autochtones, mais obtenir également leur consentement préalable, libre et éclairé. Dans des arrêts ultérieurs, la Cour a affiné sa position, limitant généralement l'obligation de l'État à une norme procédurale, sauf si l'intégrité de la communauté autochtone ou de son territoire est en jeu ((Pueblo Indigena Kichwa De Sarayaku c. Équateur, 2012).

Cette même tension entre une vision plus procédurale qui limite *de facto* la portée du CPLE à une obligation de consulter et une version plus substantielle qui reconnaît l'autorité décisionnelle des peuples autochtones se trouve aussi dans plusieurs énoncés de principes, guides ou engagements développés par des associations ou regroupements industriels sectoriels. Le *Conseil International des Mines et des Métaux* (CIMM) est l'un des premiers regroupements industriels sectoriels à développer ses propres standards à cet effet. Le CIMM reconnaît le principe du consentement et l'importance d'un engagement soutenu de la part des promoteurs d'un projet auprès des communautés, mais dans le guide de mise en pratique de ces principes, les entreprises membres sont encore une fois invitées à « chercher à obtenir le consentement » et à se « conformer à la législation en vigueur » sur cette question (CIMM, 2015). De telles normes volontaires émergent aussi dans l'industrie forestière. Dans un chapitre du présent volume fort éclairant sur la mise en œuvre du CPLE dans le contexte de la certification du *Forest Stewardship Council* (FSC), Sara Teitelbaum et ses collègues soulignent à la fois le caractère innovateur de ce modèle, mais aussi les débats entourant l'interprétation de la norme, telle que formulée dans les directives du FSC. Les « Principes de l'Équateur », développés par l'industrie financière, offrent un autre exemple. Il s'agit d'un ensemble de normes et principes qui doivent servir de base et de cadre communs aux établissements financiers pour l'identification, l'évaluation et la gestion des risques environnementaux et sociaux lors du financement de projets d'infrastructure. Les Principes enjoignent notamment les investisseurs à s'assurer que les entreprises obtiennent le CPLE des peuples autochtones avant de mener des activités sur leurs terres, mais ne définissent pas la portée de ce consentement ou les conditions de sa mise en pratique (Equator Principles, 2020).

Ces initiatives sont certes pertinentes alors que nous passons d'une période d'élaboration de la norme au niveau international à son institutionnalisation et son opérationnalisation dans des contextes nationaux. Elles nous permettent néanmoins de souligner l'ambiguïté persistante quant à la nature et la portée du CPLE. Bien qu'il puisse y avoir, comme le suggèrent Cathal Doyle (2015) et d'autres, un « consensus émergent » dans les cercles juridiques internationaux quant au statut de la norme, le CPLE reste néanmoins en pratique sujet à des interprétations divergentes. Ce débat sur la portée normative du principe de consentement n'est pas sans conséquence.

La mise en œuvre du CPLE : entre reconnaissance et captures institutionnelles

L'ambiguïté concernant la portée de la norme internationale contribue à limiter sa mise en œuvre, et ce malgré la très forte adhésion des États à la

DNUDPA et, dans une moindre mesure, à la Convention 169 de l'OIT (Wright et Tomaselli, 2019). Cette ambiguïté facilite ce que Sheryl Lighfoot (2016) qualifie « d'adhésion sélective » de certains États aux normes internationales en matière de droits des peuples autochtones. Réagissant aux pressions internes, ces États adhèrent formellement à la DNUDPA ou à la C169, mais en interprètent la portée de manière restrictive, de manière à en minimiser l'impact sur leur régime juridique interne. Plus critique, Ulf Mörkenstam (2019) parle, en se référant à la Suède, d'une forme « d'hypocrisie organisée » face à cette contradiction apparente entre l'adhésion symbolique aux normes internationales et l'interprétation restrictive qui en est faite par la suite.

Tableau 1. Adhésion aux instruments internationaux et mise en œuvre du CPLE

	Instruments de protection des droits			Reconnaissance et mise en œuvre des droits à la participation			
	C169	**DNUDPA**	**Constitution**	**Législation**	**Tribunaux**	**Portée**	**Formalisation**
Brésil	Oui (2002)	Oui (2007)	Oui (1988)	Non	Partielle	Droit à la consultation limitée aux terres désignées	Faible
Canada	Non	Non (2007) Oui (loi sur mise en œuvre 2021)	Oui (1982)	Loi sur mise en œuvre DNUDPA et certaines lois sectorielles fédérales et provinciales	Oui	Obligation de consulter, consentement procédural dans des cas précis	Élevé
Colombie	Oui (1991)	Oui (2007)	Oui (1992)	Oui Loi sur la mise en œuvre de C169 (1991) et Décret n° 1320 (1998)	Oui	Droit à la consultation, consentement procédural sur terres désignées	Élevé
Pérou	Oui (1994)	Oui (2007)	Oui 1993)	Oui Loi 29785 de 2011	Non	Droit à la consultation sur territoires désignés	Élevé, mais portée limitée
Russie	Non	Non (abstention)	Oui (1993)	Oui lois régionales	Non	Droit à la consultation sur terres reconnues	Faible
Suède	Non	Oui (2007)	Non	Non	Non	Obligation de consulter limitée aux activités traditionnelles	Faible

Le tableau 1 permet d'illustrer ce dualisme entre l'adhésion aux normes et leur mise en œuvre à partir des cas documentés dans le présent ouvrage. Il est intéressant de noter la très forte adhésion aux principaux documents normatifs internationaux, mais aussi l'inadéquation manifeste entre ce niveau d'adhésion, la traduction interne des normes sur la participation des peuples autochtones et les mesures concrètes permettant la mise en œuvre de ces normes. Dans la majorité des cas, le droit à la participation est reconnu dans une loi-cadre (ex. Colombie, Pérou, Canada) et dans la jurisprudence (Canada), sauf en Suède. La participation reste néanmoins définie de manière nettement plus restrictive que dans la DNUDPA, ou même la C169. Le CPLE n'est en général pas reconnu et dans les quelques cas où les tribunaux ont ouvert une brèche en ce sens (Colombie, Canada), la portée de cette reconnaissance reste limitée. Dans la majorité des cas, le niveau de formalisation, soit l'encadrement des processus participatifs à partir de règles institutionnalisées, reste aussi limité.

L'exemple du Canada est probant à cet égard et mérite qu'on s'y attarde. Le Canada n'a pas ratifié la Convention 169 de l'OIT et s'est initialement opposé à la Déclaration des Nations unies sur les droits des peuples autochtones au motif qu'elle n'était pas conforme au cadre constitutionnel et aux engagements du Canada en matière de droits autochtones[1]. Face aux pressions internes et internationales cependant, le Canada annonce d'abord son soutien qualifié à la DNUDPA (Canada, 2010), puis, en mai 2016, lors du Forum permanent des Nations unies sur les questions autochtones, la ministre des Affaires autochtones déclare que le Canada adhérait désormais « sans réserve » à la DNUDPA « y compris le CPLE » (Canada, 2016). Pourtant, la ministre insiste dans cette même déclaration sur le fait que « le Canada dispose d'un cadre solide pour la protection des droits autochtones » et ajoute plus loin : « Nous considérons que nos obligations constitutionnelles servent à remplir tous les principes de la Déclaration, y compris le consentement préalable, libre et éclairé » (Canada, 2016). Autrement dit, le CPLE doit être interprété à la lumière du droit canadien.

Le Canada s'est par la suite engagé à mettre en œuvre la DNUDPA, après l'adoption de la *Loi sur la Déclaration des Nations unies sur les droits des peuples autochtones,* qui est entrée en vigueur le 21 juin 2021[2]. La Loi est cependant silencieuse quant à la manière d'interpréter la Déclaration, y compris les dispositions portant sur le CPLE. Elle prévoit à cet effet, à l'article 6, l'élaboration d'un plan d'action, « en consultation et en coopération avec les peuples autochtones » pour atteindre les objectifs de la

[1] Assemblée générale de l'ONU, Press release on the Declaration. GA/10612.
[2] *Loi sur la Déclaration des Nations unies sur les droits des peuples autochtones* (L.C. 2021, ch. 14).

Déclaration et ce « de manière conséquente avec le cadre constitutionnel canadien »[1]. Il faut donc en déduire que les dispositions de la DNUDPA, y compris le CPLE, doivent être interprétées à la lumière de la jurisprudence portant sur l'article 35 de la *Loi constitutionnelle de 1982*, qui reconnaît, sans les définir, les « droits ancestraux et issus de traités » des peuples autochtones.

Dans une série d'arrêts qui font aujourd'hui école portant sur l'article 35, la Cour suprême du Canada a établi les fondements du régime de participation des peuples autochtones à la prise de décision en matière de gestion du territoire[2]. La Cour fait reposer cette participation non pas sur la reconnaissance de l'autorité décisionnelle des peuples autochtones, mais plutôt sur l'obligation de la Couronne de veiller à la protection des droits ancestraux et issus de traités de ces derniers. En ce sens, toute atteinte à ces droits doit, selon la Cour, faire l'objet de consultations et d'un processus d'accommodement visant à en minimiser les impacts. La portée de cette obligation de consulter et d'accommoder, toujours selon la Cour, dépend de la nature des droits en question et de l'impact des mesures ou du projet sur l'exercice de ces droits. Plus l'atteinte est importante, plus l'obligation est substantielle. Par exemple, dans une décision portant sur les consultations liées au projet d'oléoduc Trans Mountain, la Cour d'appel fédéral a statué qu'un simple exercice de prise de note concernant les doléances des peuples autochtones opposés au projet n'était pas suffisant en l'espèce étant donné la gravité potentielle de l'atteinte aux droits[3]. La Cour reconnaît que, dans certains cas de figure, la Couronne a l'obligation de chercher à obtenir le consentement des titulaires de ces droits. Par exemple, dans l'arrêt *Nation Tsilhqot'in*, la Cour statue que la reconnaissance du titre ancestral entraîne une telle obligation[4].

La notion de consentement existe donc bel et bien en droit constitutionnel canadien, mais elle demeure fortement encadrée et, du moins, pour l'instant, applicable à un nombre restreint de situations. Au-delà de ces cas de figure, le pouvoir décisionnel reste fermement entre les mains de la Couronne. En pratique, les autorités canadiennes tendent donc à s'en tenir à une approche procédurale visant à consulter et accommoder, sans pour autant reconnaître un pouvoir décisionnel aux peuples autochtones concernés. La reconnaissance du CPLE, telle qu'elle est interprétée à la lumière du droit canadien, n'entraîne donc pas une rupture radicale avec les pratiques établies.

---

[1] Le Plan d'action de la Loi sur la Déclaration des Nations unies sur les droits des peuples autochtones a été adopté en 2023. Il contient peu de mesures concrètes portant sur le CPLE. Voir Canada, ministère de la Justice (2023).

[2] Voir notamment : *Delgamuukw* c. *Colombie-Britannique* [1997], *Nation Haïda* c. *Colombie-Britannique (Ministre des Forêts)*, [2004], *Nation Tsilhqot'in* c. *Colombie-Britannique* [2014].

[3] *Nation Tsleil-Waututh* c. *Canada (Procureur general)* [2018].

[4] *Nation Tsilhqot'in,* parag.76.

Au-delà de ces limites juridiques, il y a lieu de s'interroger pour savoir si les mécanismes élaborés par les autorités pour répondre à ces nouvelles normes constituent des espaces adéquats pour la mise en œuvre du CPLE. Au Canada, la participation des peuples autochtones à la prise de décision en matière de développement territorial passe principalement par les processus d'évaluation des impacts des projets. Les *Évaluations d'Impacts* (EI) sont pourtant souvent mal adaptées aux réalités autochtones. Elles sont généralement de nature très formelle et dominées par l'expertise scientifique (Dokis, 2015 ; Udofia, Noble et Poelzer, 2017). Le format des audiences publiques et la dynamique contradictoire, où les intervenants peuvent contester les promoteurs du projet, les experts et même le comité d'évaluation, peuvent rebuter dans certaines communautés autochtones où la confrontation directe et la contradiction sont mal vues. Le comité d'évaluation peut donc confondre l'absence d'opposition claire avec le soutien ou le consentement à une proposition donnée. De plus, même dans les cas où leur statut et leurs compétences uniques sont pris en compte, les consultations dans le cadre des EI restent généralement des exercices de participation passive. Sauf rares exceptions, les processus d'EI ne sont pas conçus comme des systèmes de prise de décision collaborative.

> On retrouve de tels processus de cooptation ou de « capture institutionnelle » de la norme par les autorités étatiques afin, volontairement ou non, d'en limiter la portée dans la grande majorité des États adhérant à la C169 de l'OIT ou à la DNUDPA. C'est notamment le cas en Colombie, comme le souligne Viviana Lopez Toro dans son chapitre dans le présent ouvrage. Dans un processus d'institutionnalisation fort semblable au cas canadien, ce sont d'abord les tribunaux colombiens qui ont donné à la norme une portée juridique interne et reconnaissant le droit à la consultation. Si cette reconnaissance judiciaire est initialement porteuse de changement, elle contribue aujourd'hui à « geler » le droit et à limiter l'évolution du droit colombien vers une plus grande reconnaissance du CPLE. Le Pérou est un autre exemple. La capture institutionnelle de la norme opère cette fois dans le cadre d'un processus législatif, comme le souligne Roger Merino dans son chapitre. Plusieurs études notent que ce processus de capture institutionnelle contribue aux tensions entre les attentes des peuples autochtones et les pratiques étatiques (Wright et Tomaselli, 2019 ; Schilling-Vacaflor, 2017 ; Leifsen, Gustafsson, Guzmán-Gallegos et Schilling-Vacaflor, 2017 ; Papillon, Leclair et Leydet, 2020).

S'il existe évidemment des différences d'un pays à l'autre, plusieurs analystes soulignent également la tendance des États (et des entreprises) à limiter l'accès aux mécanismes participatifs lorsque ceux-ci existent, notamment en interprétant les critères d'inclusion de manière restrictive ou en sélectionnant qui peut parler au nom des communautés et quels droits sont en cause (Schilling-Vacaflor, 2017 ; Fontana et Grugel, 2016 ; Leifsen *et al.*, 2017 ; Garavito, 2010 ; Mörkenstam, 2019). Le chapitre de Marina Peeters Goloviznina illustre cette pratique dans le contexte russe. Si un cadre législatif existe bel et bien dans la République de Sakha permettant l'expression d'un consentement à travers une procédure de consultation, la responsabilité de ces consultations est déléguée aux entreprises, qui peuvent, comme l'illustre le chapitre, en limiter la portée et l'accès en choisissant qui peut participer et à quel titre.

Paradoxalement, l'adhésion des États au CPLE et sa mise en œuvre dans le cadre de processus participatifs axés strictement sur la consultation contribuent donc à ce que beaucoup considèrent comme un appauvrissement du principe et de son potentiel émancipateur pour les peuples autochtones (Szablowski, 2010 ; Schilling-Vacaflor, Flemmer et Hujber, 2018 ; Perreault, 2015 ; Garavito, 2010 ; Merino dans le présent ouvrage).

Le CPLE comme pratique politique : contestation, collaboration et appropriation

Face à l'interprétation plutôt restreinte du CPLE par les États, et face surtout au manque de mesures concrètes afin de traduire ce principe dans les pratiques, les peuples autochtones ne sont pas passifs. C'est d'ailleurs ce qui ressort des textes du présent ouvrage. On peut ainsi distinguer trois stratégies d'action visant à la mise en œuvre du CPLE : la contestation, la collaboration et la réappropriation (voir aussi Papillon et Rodon, 2020). Ces stratégies sont souvent en pratique combinées, mais il est utile de les distinguer aux fins d'analyse.

Tout d'abord, les peuples autochtones peuvent contester la légitimité des mécanismes de consultation ou de participation existants. Cela peut prendre la forme d'un boycottage des consultations ou d'un refus d'en reconnaître la valeur. Plusieurs collectivités contestent également la conformité constitutionnelle des processus de consultations mis en place par les autorités fédérales ou provinciales par la voie des tribunaux. Il s'agit souvent d'un moyen efficace afin de ralentir le processus d'approbation d'un projet ou pour développer un rapport de force avec le promoteur, afin d'obtenir des ajustements au projet pour en minimiser l'impact ou encore en tirer des bénéfices.

L'exemple de l'oléoduc Trans Mountain dans le contexte canadien vient ici à l'esprit. Bien que plusieurs collectivités et nations autochtones appuient le projet, un nombre significatif continue de s'y opposer par la voie juridique. En 2018, la Cour fédérale d'appel a annulé le certificat d'autorisation du projet, en soulignant notamment que le processus de consultation auprès des groupes autochtones concernés n'avait pas été suffisamment substantiel à la lumière des obligations constitutionnelles de la Couronne (*Nation Tsleil-Waututh c. Canada*, 2018). Ce revers juridique a contribué à mettre de la pression sur le gouvernement fédéral, devenu entre-temps l'actionnaire principal de l'oléoduc controversé. Cette stratégie juridique comporte toutefois des limites. La Cour d'appel fédérale ne fait pas référence à la DNUDPA dans son argument, ni d'ailleurs au consentement. Le gouvernement fédéral s'est donc contenté de refaire les consultations, cette fois en respectant les exigences de la Cour. Cette dernière ronde de consultation a été validée par la Cour d'appel fédéral en 2020 (*Coldwater*, 2020).

Par définition, les tribunaux interprètent le droit étatique. S'ils permettent parfois de faire progresser ce droit vers une plus grande reconnaissance des peuples autochtones et de leurs propres normes et pratiques, comme c'est notamment le cas en Colombie (voir le chapitre de Lopez Toro), ils n'en demeurent pas moins des institutions issues d'un régime juridique dont les assises sont profondément ancrées dans l'histoire coloniale des États. Plusieurs nations et groupes autochtones contestent ainsi la légitimité même des tribunaux et préfèrent agir hors des institutions qui leur sont imposées par la puissance coloniale.

Cette contestation extrajudiciaire peut notamment prendre la forme d'une occupation, ou plus exactement d'une réoccupation du territoire. Au Canada, les membres de la nation wet'suwet'en qui ont décidé d'empêcher la construction du gazoduc Coastal Gas Link en bloquant l'accès au chantier utilisent avec un certain succès cette tactique (Unist'ot'en, 2020 ; Eisenberg, 2020). Il ne s'agit pas tant de contester la légalité du projet en droit canadien, mais bien d'affirmer la coexistence de ce droit colonial avec les systèmes juridiques autochtones et de rappeler à tous qu'il s'agit de « terres non cédées » sur lesquelles les autorités traditionnelles wet'suwet'en continuent d'exercer leur souveraineté (Eisenberg, 2020). Sans le consentement de ces autorités traditionnelles, affirment-ils, le projet ne peut aller de l'avant. Des tactiques similaires sont employées, parfois au risque de répressions violentes, notamment au Brésil et ailleurs en Amérique latine (Montambeault *et al.*, dans le présent ouvrage ; Jaskoski, 2020).

La réoccupation comme stratégie de contestation des projets permet d'affirmer la présence et l'autorité des peuples autochtones sur leurs terres ancestrales. Ces pratiques nous forcent à repenser la question du consentement au-delà d'une logique purement procédurale ou technique, mais elles servent aussi à affirmer l'importance du lien au territoire pour ces communautés (Eisenberg, 2020 ; Jaskoski, 2020). Ces pratiques opèrent un recadrage du débat en le recentrant autour du rôle de protection du territoire et de l'environnement qui est souvent au cœur des identités autochtones.

La contestation, que ce soit par la voie juridique ou de la réoccupation, peut s'avérer efficace pour bloquer un projet ou à tout le moins pour établir un rapport de force avec le promoteur et les autorités compétentes. Il ne s'agit cependant pas d'outils permettant, en soi, de participer à la prise de décision ou de mettre en place des mécanismes décisionnels alternatifs. Les deux autres approches que nous présentons ci-dessous permettent d'établir de tels mécanismes.

La deuxième stratégie utilisée par les peuples autochtones consiste à collaborer avec les autorités gouvernementales et les promoteurs pour maximiser leur influence dans les processus réglementaires existants et créer des mécanismes mutuellement satisfaisants pour exprimer leur consentement. Il peut s'agir ici de participer à la mise en place de mécanismes participatifs ou collaboratifs conjoints (voir le chapitre de Leydet) ou de négocier des ententes ou protocoles afin d'établir des procédures mutuellement acceptables pour en venir à une décision sur un projet ou un plan de gestion des ressources. De tels mécanismes de planification conjoints sont facilités lorsque l'industrie adopte ses propres normes en matière de respect des droits des peuples autochtones. L'exemple des normes FSC en foresterie est fort intéressant à cet effet[1].

Cette approche collaborative se traduit en fait de plus en plus par la négociation d'ententes directement entre les promoteurs d'un projet et les collectivités autochtones affectées. De telles ententes permettent aux Autochtones concernés d'obtenir certains bénéfices liés au projet tout en assurant la mise en place de mesures pour en limiter les impacts négatifs. En retour, les collectivités signataires consentent au projet, ou du moins s'engagent à ne pas contester l'attribution du permis par les autorités compétentes (Papillon et Rodon, 2017 ; O'Faircheallaigh, 2015). Ces ententes, souvent appelées *Ententes sur les Répercussions et Avantages* (ERA), sont devenues incontournables dans certains pays, notamment au Canada et en Australie, particulièrement dans le domaine minier et la pratique se répand en Amérique du Sud.

Pour les peuples autochtones, les ERA peuvent être intéressantes, car elles permettent un engagement plus direct avec les promoteurs de projets afin

[1] Voir le chapitre de Teitelbaum *et al.*

d'influencer le développement de leurs terres traditionnelles. Il s'agit aussi d'une manière de se voir reconnaître une certaine autorité sur le territoire par le promoteur, et ce, sans se voir imposer le cadre réglementaire étatique. Cependant, la négociation des ERA comporte aussi plusieurs limites dans une perspective de mise en œuvre du CPLE. Tout d'abord, ces ententes sont souvent négociées avec une participation limitée de la communauté. Ce sont généralement des avocats représentant le conseil de bande ou les autorités autochtones qui négocient avec le promoteur. Ces processus sont souvent confidentiels et peu transparents. Ces ententes sont parfois même ratifiées et mises en œuvre sans que la communauté ait pleinement connaissance de leur contenu. Il est dès lors difficile de parler de consentement libre et éclairé (Papillon et Rodon, 2017).

Enfin, et ce n'est pas le moins important, les ERA sont négociées avec les promoteurs du projet et non avec les autorités étatiques. La systématisation des ERA contribue à une forme de privatisation du processus de consentement (Caine et Krogman, 2010). Il peut être difficile pour les décideurs publics d'évaluer si le consentement exprimé par le biais d'une ERA est réellement libre, préalable et informé – surtout si les négociations et le contenu de l'accord restent confidentiels (Papillon et Rodon, 2017).

Une troisième stratégie, souvent complémentaire aux deux premières, consiste pour les collectivités et nations autochtones à développer leurs propres mécanismes d'évaluation des projets, afin de donner un sens au CPLE et d'en concrétiser la portée, par la pratique. Cette stratégie, que l'on peut qualifier d'appropriation de la norme internationale « par le bas », permet aux collectivités autochtones de remplir le vide institutionnel lié à l'absence de mécanisme leur permettant d'exprimer librement et de manière informée, leur consentement (Doyle *et al.*, 2019 ; Schilling-Vacaflor et Flemmer, 2020 ; Montambeault et Papillon, 2023).

La mise en place de protocoles unilatéraux par des collectivités ou des nations, établissant les règles que doivent suivre les promoteurs et les autorités gouvernementales afin de les consulter sur un projet donné, font partie de ces mécanismes d'appropriation (voir Montambeault *et al.,* ainsi que Leclair *et al.*, dans cet ouvrage). Il s'agit alors de définir à la fois les principes, les objectifs et les procédures devant présider à la consultation, afin, pour les collectivités, de garder plein contrôle à la fois sur le processus et sur le résultat. Dans plusieurs cas, ces protocoles prévoient une disposition explicite exigeant que le promoteur respecte la volonté de la collectivité visée et reconnaisse le principe du CPLE (Doyle *et al.*, 2019 ; Leclair *et al.* dans cet ouvrage).

L'appropriation peut aussi passer par d'autres mécanismes. Par exemple, Bourgeois et Rodon documentent dans le présent ouvrage le processus ayant mené la nation crie au Québec à rejeter un projet de mine d'uranium sur son territoire. Sans rejeter les mécanismes existants, les Cris d'Eeyou Istchee ont développé leur propre politique minière afin d'établir des objectifs, des critères et un processus permettant de justifier le consentement ou le refus d'un projet. Encore une fois, cette politique vise à combler les apories du cadre réglementaire étatique qui ne permet pas l'expression du CPLE.

Sans avoir de force juridique en droit étatique, ces mécanismes ont souvent une force symbolique et une légitimité politique importante. Comme le souligne Leclair *et al.* dans le présent ouvrage, le fait qu'ils invoquent l'autorité ancestrale de la nation en question et, souvent, les normes internationales liées à la DNUDPA, leur donne une force normative difficile à ignorer. Ils permettent ainsi de faire le pont entre les normes et systèmes de relations au territoire des populations visées, le droit étatique et le droit international. Cet ancrage multiple fait de cette stratégie d'appropriation un outil particulièrement efficace afin de traduire le CPLE, sinon en droit, du moins dans la pratique.

Un bilan mitigé, des avancées non négligeables

Les différentes contributions à cet ouvrage permettent d'approfondir plusieurs éléments abordés brièvement dans cette introduction. Les différents textes s'intéressent autant aux aspects normatifs liés à l'interprétation du CPLE qu'aux mécanismes favorisant ou limitant sa mise en œuvre. Il reste, on le constate, un chemin considérable à parcourir en ce sens. Les différents chapitres nous permettent de saisir l'importance du processus de capture normative par les États et les entreprises, qui limitent presque systématiquement leurs pratiques à la consultation. Cela dit, les auteurs soulignent aussi la capacité des peuples autochtones à contester et réinterpréter le CPLE, afin d'en faire un outil d'affirmation politique. Enfin, la mise en comparaison nous permet de souligner les variations régionales dans la mise en œuvre, mais aussi la contestation des normes portant sur la participation des peuples autochtones, en particulier dans les régimes fédéraux comme le Brésil, le Canada et la Russie. Au Canada notamment, les provinces jouent un rôle considérable dans la définition des mécanismes de consultation et des procédures d'autorisation des projets extractifs.

Dans sa contribution au présent ouvrage, Dominique Leydet propose un argumentaire convaincant pour une interprétation substantielle du CPLE comme un principe découlant du droit à l'autodétermination, ayant comme nécessaire corollaire un droit de refus. En porte-à-faux face aux interprétations du CPLE comme une extension de l'obligation de consulter, Leydet s'inscrit dans une perspective associant CPLE et capacité décisionnelle. Pragmatique, elle reconnaît néanmoins que dans un contexte mondial où l'État est peu porté à accepter de céder ou de partager son autorité, une telle approche reste difficile à réaliser. Elle propose donc une approche itérative à la mise en œuvre du CPLE, inspirée du modèle du *Forest Stewardship Council,* dont traite également le chapitre de Teitelbaum, Tysiachniouk, McDermott et Elbakidze.

Roger Merino s'inscrit dans une perspective plus critique dans son chapitre sur le Pérou. Pour Merino, malgré leur caractère en apparence progressiste, les lois et pratiques de consultation au Pérou reproduisent et même renforcent le rapport colonial, en lui donnant un vernis de légitimité au regard du droit international. Le régime consultatif péruvien, comme dans les autres États considérés dans le présent ouvrage, ne remet pas en question l'autorité ultime de l'État d'imposer ses priorités, et ce au détriment, selon lui, du droit à l'autodétermination des peuples autochtones. Cette loi de 2011, qui limite la portée de la participation à la consultation, est en ce sens un bon exemple de capture institutionnelle de la norme. Pour finir, la consultation est selon lui un mécanisme destiné d'abord à assurer la légitimité des décisions et à convaincre les peuples autochtones du bien-fondé des projets plutôt qu'à véritablement leur donner une voix.

Le texte de Lopez nous permet de porter notre regard sur la Colombie, un État qui, comme le Pérou, est souvent considéré à l'avant-garde en matière de consultation des peuples autochtones. Elle montre que les mécanismes de consultation sont effectivement bien institutionnalisés dans ce pays, mais cela a paradoxalement comme effet de limiter les possibilités de passer à un modèle reposant sur le principe de consentement. En fait, ce principe en vient à être détourné de son sens dans les processus existants. Comme au Pérou, il s'agit surtout de faciliter le développement des ressources en donnant aux autorisations gouvernementales une aura de légitimité. La consultation et le consentement risquent dès lors de devenir non plus des outils d'affirmation, mais bien de cooptation des peuples autochtones. Ce constat nous rappelle qu'au-delà des principes, c'est dans les pratiques que le CPLE trouve sa pleine signification.

La contribution de Marina Peeters Goloviznina sur la contestation des normes en Russie illustre cette fois la capacité des peuples autochtones à mobiliser le droit international dans un contexte où la norme est faiblement institutionnalisée. La Russie n'a pas ratifié la C169 et ne s'est jamais prononcée en faveur de la DNUDPA ni ne s'est considérée liée par celle-ci. Les droits participatifs des peuples autochtones, bien que reconnus, y sont interprétés restrictivement. Pourtant, le chapitre montre comment les Evenks de la commune de Zhilinda ont su mobiliser le langage du CPLE afin de contester leur exclusion des processus participatifs liés à un projet de développement minier. Ce chapitre montre d'une part l'importance de tenir compte des dynamiques régionales, mais aussi des espaces institutionnels permettant la contestation de l'interprétation des normes par les acteurs industriels et étatiques (un médiateur dans ce cas bien spécifique).

Dans un registre similaire, Leclair, Papillon et Forget s'intéressent aux protocoles adoptés unilatéralement par un nombre croissant de collectivités autochtones au Canada comme outils d'appropriation du CPLE et de contestation des normes et pratiques étatiques. Les auteurs soulignent le rôle programmatique de ces protocoles qui, sans avoir de portée en droit canadien, permettent aux collectivités et nations d'énoncer leurs propres interprétations et conceptions des normes et d'affirmer par le fait même les principes devant guider, selon elles, l'approbation des projets extractifs sur leurs terres. Selon les auteurs, la force normative de ces protocoles repose moins sur leur reconnaissance dans le droit étatique que sur leur capacité à réaffirmer la légitimité des régimes juridiques communautaires autochtones et à créer un maillage discursif entre ces régimes juridiques ancestraux, le droit étatique et le droit international, dans une optique de pluralisme juridique.

Montabeault, da Silva et Monteiro Joca s'intéressent elles aussi aux protocoles unilatéraux comme outils d'appropriation du CPLE, mais cette fois dans le contexte brésilien. Comme au Canada, la pratique de mettre en place des protocoles devant guider les processus consultatifs entourant l'approbation des projets extractifs est de plus en plus répandue. Ces protocoles servent à combler l'absence de règles et de mécanismes clairs afin de mettre en œuvre les obligations des autorités en matière de consultation. Ces protocoles permettent aux collectivités autochtones d'établir certains standards « par le bas » et d'affirmer une certaine agentivité dans un contexte où le CPLE demeure un principe plutôt théorique ayant encore moins d'ancrage juridique qu'au Canada.

Toujours dans un registre de réappropriation normative, Bourgeois et Rodon illustrent comment les Cris de la Baie-James ont développé leur propre processus décisionnel en matière de développement territorial, notamment en ce qui concerne les projets miniers sur leur territoire ancestral. Même s'ils ne possèdent pas de droit au consentement en droit canadien, les Cris ont peu à peu réussi à imposer leur capacité décisionnelle à travers un mélange de guérilla judiciaire et de production de normes et de règles internes visant à affirmer leur autorité territoriale. Comme les auteurs le démontrent, il est aujourd'hui difficile d'envisager un projet minier qui irait de l'avant sans le consentement de ces derniers. Bourgeois et Rodon illustrent l'influence des Cris à partir du cas du projet Matoush, un projet de mine d'uranium qui a reçu les autorisations administratives, mais qui a finalement été mis de côté par le gouvernement du Québec.

Enfin, le texte Teitelbaum, Tysiachniouk, McDermott et Elbakidze aborde la question de la traduction du CPLE dans le domaine de l'entreprise, en s'intéressant aux normes du Forest Stewardship Council qui offre une certification pour l'industrie forestière en matière de développement durable. Le FSC constitue une étude de cas particulièrement intéressante du processus de traduction du CPLE dans les pratiques des entreprises. En effet, la norme FSC en matière de participation des peuples autochtones se base sur une définition robuste du CPLE, proche de celle de la DNUDPA, à laquelle se greffent des indicateurs élaborés au niveau national par l'entremise d'un processus participatif associant les acteurs industriels, des ONG et des représentants autochtones. Le chapitre met en parallèle les processus d'élaboration des indicateurs FSC en matière de CPLE en Suède, au Canada et en Russie. La comparaison permet de souligner la très grande variation dans l'interprétation de la portée normative du CPLE, mais aussi dans sa mise en pratique. En écho aux autres chapitres, Teitelbaum et ses collègues soulignent l'importance du contexte historique et institutionnel propre à chaque État afin d'expliquer ces variations.

Références

Affaire peuple Saramaka c. Suriname (2007), Cour interaméricaine des droits de l'Homme, 28 novembre.

Anaya, J. (2012), *Report of the Special Rapporteur on the Rights of Indigenous Peoples*, *A/HRC/21/472*, 1st session.

—, (2013), *Report of the Special Rapporteur on the Rights of Indigenous Peoples: Extractive Industries and Indigenous Peoples*, *A/HRC/24/41*, 24th session.

Anaya, J. et Rodriguez-Pinero, L. (2018), « The Making of UNDRIP », dans Hohmann, J. et Weller, M., (dirs.), *The UN Declaration on the Rights of Indigenous Peoples. A Commentary*, p. 38-62, Oxford, Oxford University Press.

Barelli, M. (2018), « Free, Prior and Informed Consent in the UDRIP: Articles 10, 19, 29 and 32 » , dans Hohmann, J. et Weller, M. (dirs.), *The UN Declaration on the Rights of Indigenous Peoples. A Commentary*, p. 247-273, Oxford, Oxford University Press.

Caine, K. J. et Krogman, N. (2010), « Powerful or Just Plain Power-Full? A Power Analysis of Impact and Benefit Agreements in Canada's North », *Organization and Environment*, 23(1), p. 76-98.

Canada, Affaires autochtones et du Nord (2010), *Énoncé du Canada appuyant la Déclaration des Nations unies sur les droits des peuples autochtones*, 12 novembre, [en ligne] https://www.aadnc-aandc.gc.ca/fra/1309374239861/1309374546142 (consulté le 12 juin 2023).

Canada, Affaires autochtones et du Nord (2016), *Discours de l'Honorable Carolyn Bennett livré à l'instance permanente des Nations unies sur les questions autochtones, New York le 10 mai 2016*, [en ligne] https://www.canada.ca/fr/affaires-autochtones-nord/nouvelles/2016/05/discours-livre-a-l-instance-permanente-desnations-unies-sur-les-questions-autochtones-new-york-le-10-mai-2016.html (consulté le 12 juin 2023).

Canada, ministère de la Justice (2023), *Plan d'action de la Loi sur la Déclaration des Nations unies sur les droits des peuples autochtones* [en ligne] https://www.justice.gc.ca/fra/declaration/pa-ap/ah/pdf/unda-action-plan-digital-fra.pdf (consulté le 11 septembre 2023).

Charters, C. et Stavenhagen, R. (2013), « *La Déclaration des Droits des Peuples autochtones. Genèse, Enjeux et Perspectives de Mise en Œuvre* », Paris, L'Harmattan.

Conseil International des Mines et Métaux (CIMM) (2015), *Indigenous Peoples and Mining: Good Practice Guide,* 2nd ed. [en ligne] https://www.icmm.com/website/publications/pdfs/social-performance/2015/guidance_indigenous-peoples-mining.pdf (consulté le 12 juin 2023).

Coates, K. et Flavell, B. (2016), *Undertsanding FPIC. From assertion and assumption on FPIC to a new model for indigenous engagement on resource development*, Ottawa, Macdonald-Laurier Institute.

Coldwater c. Canada (Procureur général) 2020, CFA 34 (Canada).

Dokis, C. A. (2015), *Where the Rivers Meet,* Vancouver, UBC Press.

Delgamuukw c. Colombie-Britannique (1997), 3 R.C.S. 1010 (Canada).

Doyle, C. M. (2015), *Indigenous Peoples, Title to Territory, Rights and Resources: The Transformative Role of Free Prior and Informed Consent*, New York, Routledge.

Doyle, C., Rojas Garzón, B., Weitzner, V. et Okamoto, T. (2019), *Free Prior Informed Consent Protocols as Instruments of Autonomy. Laying Foundations for Rights Based Engagement*, Köln, Institut für Ökologie und Aktions-Ethnologie, [en ligne] https://eprints.mdx.ac.uk/28264/1/Free%20Prior%20Informed%20Consent%20Protocols%20as%20Instruments%20of%20Autonomy.pdf (consulté le 12 juin 2023).

Eisenberg, A. (2020), « Consent, Resistance and the Duty to Consult », *International Journal on Minority and Group Rights,* 27(2), p. 270-290.

Equator Principles (2020), *Guidance Note on Evaluating Projects with Affected Indigenous Peoples*, [en ligne] https://equator-principles.com/app/uploads/Affected_Indigenous_People_Sep2020.pdf (consulté le 12 juin 2023).

Fontana, L. B. et Grugel, J. (2016), « The Politics of Indigenous Participation Through "Free Prior Informed Consent": Reflections from the Bolivian Case », *World Development*, 77, p. 249-261, [en ligne] https://doi.org/10.1016/j.worlddev.2015.08.023 (consulté le 12 juin 2023).

Gavarito, C. R. (2010), « Ethnicity.gov: Global Governance, Indigenous Peoples, and the Right to Prior Consultation in Social Minefields », *Indiana Journal of Global Legal Studies*, 18(1), p. 1-14.

Haut-Commissariat des droits de l'Homme de l'ONU (HCDH) (2013), *Free, Prior and Informed Consent of Indigenous Peoples Fact Sheet*, [en ligne] https://www.ohchr.org/sites/default/files/Documents/Issues/IPeoples/FreePriorandInformedConsent.pdf (consulté le 12 juin 2023).

Jaskoski, M. (2020), « Participatory Institutions as a Focal Point for Mobilizing: Prior Consultation and Indigenous Conflict in Colombia's Extractive Industries », *Comparative Politics*, 52(4), p. 537-556.

Larsen, P. B. et Jérémie Gilbert, J. (2020), « Indigenous rights and ILO Convention 169: learning from the past and challenging the future », *International Journal of Human Rights*, 24(2-3), p. 83-93.

Leydet, D., (2019) « The Power to Consent: Indigenous Peoples, States, and Development Projects », *University of Toronto Law Journal*, 69(3), p. 371-403.

Lighfoot, S. (2016), *Global Indigenous Politics : A Subtle Revolution*, New York, Routledge.

Leifsen, E., Gustafsson, M-T., Maria A. Guzmán-Gallegos, M. A. et Schilling-Vacaflor, A. (2017), « New mechanisms of participation in extractive governance: between technologies of governance and resistance work », *Third World Quarterly*, 38(5), p. 1043-1057, [en ligne] https://doi.org/10.1080/01436597.2017.1302329 (consulté le 12 juin 2023).

Montambeault, F. et Martin Papillon, M. (2023), « Repoliticising indigenous participation: FPIC protocols in Canada and Brazil », *The International Journal of Human Rights*, 27(2), p. 335-358, [en ligne] DOI: 10.1080/13642987.2022.2121707 (consulté le 12 juin 2023).

Mörkenstam, U. (2019), « Organised hypocrisy? The implementation of the international indigenous rights regime in Sweden », *The International Journal of Human Rights*, 23(10), p. 1718-1741, [en ligne] https://doi.org/10.1080/13642987.2019.1629907 (consulté le 12 juin 2023).

Nation Haïda c. *Colombie-Britannique (ministre des Forêts)*, (2004), 3 RCS 511 (Canada).

Nation Tsilhqot'in c. *Colombie-Britannique* (2014), 2 R.C.S. 256 (Canada).

Nation Tsleil-Waututh c. Canada (Procureur général) (2018), CAF 153 (Canada).

Newman, D. (2020), « Interpreting Fpic in Undrip », *International Journal on Minority and Group Rights*, 27(2), p. 233-250.

O'Faicheallaigh, C. (2015), *Negotiations in the Indigenous World: Aboriginal Peoples and the Extractive Industry in Australia and Canada*, New York, Routledge.

Organisation des Nations unies (ONU) (2007), *Déclaration des Nations unies sur les droits des peuples autochtones*, *A/RES/61/295*, 2 octobre, New York, Nations unies, [en ligne] https://www.un.org/development/desa/indigenouspeoples/declaration-on-the-rights-of-indigenous-peoples.html (consulté le 12 juin 2023).

Organisation internationale du Travail (OIT) (2020), *Convention (n° 169) relative aux peuples indigènes et tribaux*, [en ligne] https://www.ilo.org/dyn/normlex/fr/f?p =NORMLEXPUB:11300:0::NO:11300:P11300_INSTRUMENT_ID:312314:NO (consulté le 12 juin 2023).

Papillon, M. et Rodon, T. (2017), « Proponent-Indigenous Agreements and the Implementation of the Right to Free, Prior, and Informed Consent in Canada », *Environmental Impact Assessment Review,* 62(1), p. 216-224.

—, (2020), « The Transformative Potential of Indigenous-Driven Approaches to Implementing Free, Prior and Informed Consent: Lessons from Two Canadian Cases », *International Journal on Minority and Group Rights*, 27(2), p. 314-335.

Papillon, M., Jean Leclair, J. et Leydet, D. (2020), « Free, Prior and Informed Consent: Between Legal Ambiguity and Political Agency », *International Journal on Minority and Group Rights*, 27(2), p. 223-232.

Perreault, T. (2015), « Performing Participation: Mining, Power, and the Limits of Public Consultation in Bolivia », *The Journal of Latin American and Caribbean Anthropology*, 20(3), p. 433-451, [en ligne] https://anthrosource.onlinelibrary.wiley.com/doi/full/10.1111/jlca.12185 (consulté le 12 juin 2023).

Pueblo Indigena Kichwa De Sarayaku c. Équateur (2012), Cour interaméricaine des droits de l'Homme.

Schilling-Vacaflor, A. (2017), « Who Controls the Territory and the Resources? Free, Prior and Informed Consent (FPIC) as a Contested Human Rights Practice in Bolivia », *Human Rights Quarterly*, 38(5), p. 1058-1074.

Schilling-Vacaflor, A., Flemmer, R. et Hujber, A. (2018), « Contesting the hydrocarbon frontiers: State depoliticizing practices and local responses in Peru », *World Development*, 108, p. 74-85, [en ligne] https://doi.org/10.1016/j.worlddev.2018.03.019 (consulté le 12 juin 2023).

Schilling-Vacaflor, A. et Flemmer, R. (2020), « Mobilising Free, Prior and Informed Consent (fpic) from Below: A Typology of Indigenous Peoples Agency », *International Journal on Minority and Group Rights*, 27(2), p. 33-54.

Szablowski, D. (2010), « Operationalizing Free, Prior, and Informed Consent in the Extractive Industry Sector? Examining the Challenges of a Negotiated Model of Justice », *Canadian Journal of Development Studies/Revue canadienne d'études du développement*, 39(1-2), p. 111-130.

Udofia, A., Noble, B. et G. Poelzer (2017), « Meaningful and Efficient? Enduring Challenges to Aboriginal Participation in Environmental Assessment », *Environmental Impact Assessment Review*, 65(2), p. 164-174.

Unist'ot'en (2020), *Letter to Coastal Gaz Link Executives from eight Wet'suwet'en Hereditary Chiefs*, Unist'ot'en Solidarity Network, [en ligne] http://unistoten.camp/wp-content/uploads/2020/01/letter-to-CGL-Jan7.pdf (consulté le 12 juin 2023).

Wright, C. et Tomaselli, A. (2019), *The Prior Consultation of Indigenous Peoples in Latin America: Inside the Implementation Gap*, New York, Routledge.

La mise en œuvre du principe de consentement et ses contextes

Dominique Leydet
Département de philosophie,
Université du Québec à Montréal

Le Canada a mis du temps à endosser la *Déclaration des Nations unies sur les droits des peuples autochtones* (DNUPA) adoptée par l'ONU en 2007, notamment en raison des réticences suscitées par le principe de « Consentement préalable, libre et éclairé » (CPLE). Ainsi, le 22 septembre 2014, au moment de l'adoption du document final de la Conférence mondiale sur les peuples autochtones, le Gouvernement canadien, dirigé par Stephen Harper, avait de nouveau tenu à exprimer officiellement ses réserves face au CPLE, au motif qu'il pourrait être interprété « de manière à donner un droit de veto aux groupes autochtones » (Canada, 2014, ma trad.). L'élection du gouvernement Trudeau en octobre 2015 a permis de lever officiellement ces réserves. Ainsi, dans un discours prononcé le 10 mai 2016 devant l'instance permanente des Nations unies sur les questions autochtones, Carolyn Bennett, alors ministre canadienne des Affaires autochtones et du Nord, annonçait que le Canada était prêt à soutenir la mise en application de « tous les principes » de la Déclaration des Nations unies « y compris le consentement préalable libre et éclairé » (Canada, 2016, ma trad.). Cela dit, on attend toujours du gouvernement fédéral un ensemble de mesures spécifiques assurant la mise en œuvre du CPLE[1]. Pendant ce temps, les projets de développement affectant

[1] On peut considérer que la première modalité de mise en œuvre du CPLE serait l'adoption d'une loi d'incorporation de la Déclaration des Nations unies sur les peuples autochtones en droit canadien. On se souviendra que, si le premier gouvernement Trudeau n'a pas proposé lui-même une telle loi, il avait annoncé en novembre 2017 sa décision de soutenir le projet de loi C- 262 (Loi visant à assurer l'harmonie des lois fédérales avec la *Déclaration des Nations unies sur les droits des peuples autochtones*) déposé par le député néo-démocrate Roméo Saganash (Abitibi–Baie-James–Nunavik–Eeyou) le 21 avril 2016. Ce projet de loi, après avoir été adopté sans amendement par la Chambre des Communes le 30 mai 2018, a été envoyé au Sénat. Il est mort au feuilleton avec le déclenchement des élections fédérales d'octobre 2019 et on ne connaît pas, au moment d'écrire ces lignes, les intentions du nouveau gouvernement Trudeau à cet égard (sur l'importance d'adopter une loi d'incorporation afin d'assurer la mise en œuvre de la Déclaration, voir Lightfoot, 2018). Le projet de loi C-262 a fait l'objet d'un important débat soulevant de nombreux enjeux, notamment pour savoir s'il s'agissait d'une loi assurant véritablement l'incorporation de la Déclaration en droit canadien (Bankes, 2018) et sur ce que

les territoires autochtones, qu'ils soient hydroélectriques ou miniers ou qu'ils visent la création ou l'élargissement d'oléoducs, continuent de se multiplier, donnant régulièrement lieu à des conflits dont l'issue reste incertaine. La notion même de consentement et le droit de dire « non » qui lui est associé restent au centre des débats : peut-on assimiler ce droit à un veto, absolu et arbitraire, comme le prétendent certains critiques ? Plutôt que de fixer les discussions sur cette question, ne devrait-on pas déplacer le débat vers les modalités d'une approche collaborative qui mettrait l'accent sur la pleine participation des communautés autochtones à la prise de décision concernant les projets de développement ?

Mon objectif principal dans cet article est de montrer que la réponse à ces questions doit tenir compte de certaines conditions d'arrière-plan ayant un effet déterminant sur la situation des parties et sur la nature plus ou moins symétrique de leurs rapports. Ces conditions sont relatives au degré de reconnaissance effective des droits des peuples autochtones sur leurs territoires, terres et ressources, incluant les droits de juridiction. Plus ces droits sont assurés et plus la compétence des gouvernements autochtones est reconnue par l'État, plus les nations autochtones sont dans un rapport de parité avec les acteurs non autochtones (qu'ils soient gouvernementaux ou corporatifs) ; l'inverse étant également vrai. Cette situation d'arrière-plan doit être prise en compte dans la réflexion sur les modalités du CPLE, notamment sur la place que peut y prendre le droit de dire « non ».

Dans la première section, j'analyse la Déclaration elle-même ainsi que deux rapports rédigés par James Anaya (2012, 2013), alors qu'il était rapporteur spécial des Nations unies auprès des peuples autochtones. Si le CPLE est décrit dans ces documents comme un moyen de mettre en œuvre et de protéger les droits fondamentaux des peuples autochtones, notamment le droit à l'autodétermination et le droit au développement, je montre comment sa forme concrète dépend elle-même de certaines conditions, notamment du degré auquel le cadre réglementaire étatique permet aux peuples autochtones d'agir en partenaires à plein titre du développement de leurs territoires. Anaya distingue à cet égard entre un modèle de développement dominant, dans lequel les peuples autochtones sont confinés dans un rôle essentiellement réactif à des projets venus de l'extérieur, et un modèle alternatif, où ils disposent des moyens d'être les maîtres d'œuvre de leur développement. Si, dans ce dernier cas, le consentement se réalise à travers un processus de discussion

pourraient être ses impacts. Il ne m'appartient pas de reprendre ces discussions complexes ici (voir Bankes, 2018 ; Isaac et Hoekstra, 2018, ainsi que Christie, 2018). « Cadre réglementaire canadien » doit être compris ici comme étant le cadre actuel en faisant abstraction de la façon dont l'adoption d'une loi d'incorporation tel que C-262 pourrait l'affecter.

relativement paritaire, dans le premier le CPLE permet plutôt d'aménager aux communautés concernées un espace de prise de décision autonome dans un processus de négociation qui reste asymétrique.

La seconde section de cet article porte sur le contexte canadien. Je montre brièvement comment des acteurs autochtones de premier plan comme l'*Assemblée des Premières Nations* (APN) énoncent une conception du CPLE et du développement des ressources qui est solidaire de l'affirmation des droits et compétences des peuples autochtones dans la gestion de leurs territoires ancestraux. Le modèle qu'ils défendent se rapproche, par conséquent, du modèle alternatif esquissé par Anaya, le consentement étant présenté comme un processus permettant aux gouvernements autochtones et non autochtones de « marcher ensemble » (APN, 2017, p. 5). Le cadre réglementaire actuel demeure toutefois un obstacle majeur à sa réalisation puisqu'il n'assure pas la reconnaissance effective des droits fonciers et des compétences des nations autochtones sur leurs territoires ancestraux.

Dans la 3e section, je discute du type de modalités que doit prendre le CPLE pour remplir au mieux sa fonction de protection des droits fondamentaux des peuples autochtones dans un tel contexte, en mettant en regard l'approche partenariale du consentement mise de l'avant par Iacobucci *et al.* et l'approche itérative présentée par le *Forest Stewardship Council* (FSC) et le programme *REDD* de l'ONU (UN-REDD, 2013)[1]. Ce contraste me permet de montrer pourquoi, dans un contexte défavorable, l'intégration effective d'un droit autochtone de dire « non » au processus de négociation est essentielle. Quel que soit le contexte, mon analyse montre que le droit de refus, logiquement associé au principe de consentement, ne saurait être assimilé à un veto absolu et arbitraire.

CPLE, autodétermination et droit au développement

La DNUDPA établit un cadre de relations entre États et peuples autochtones fondé sur les principes d'égalité et de respect mutuel. Cela est clairement exprimé dans le préambule de même que dans les trois premiers articles, où sont affirmés le droit à l'égalité des peuples autochtones, en tant qu'individus et que collectivités (articles 1 et 2), de même que leur droit à l'autodétermination (article 3). En proclamant ces droits, la Déclaration tente de trouver un équilibre en affirmant le droit des peuples autochtones à

[1] Programme de collaboration des Nations unies sur la réduction des émissions liées à la déforestation et à la dégradation des forêts dans les pays en développement. Programme ONU-REDD.

l'autodétermination tout en maintenant le principe de l'intégrité territoriale des États (article 46.1).

Le droit à l'autodétermination est souvent décrit comme un droit fondateur, primordial, qui donne sens et soutient « la constellation des droits des peuples autochtones et les obligations étatiques associées » (Doyle, 2014, p. 117). Compris comme la base de toutes les revendications autochtones, le droit à l'autodétermination « répond aux aspirations des peuples autochtones partout dans le monde d'exercer le contrôle sur leurs propres destinées dans des conditions d'égalité » (Anaya, 2009, p. 14). Le droit à l'autodétermination est lié aux droits à l'autonomie gouvernementale (article 4) ainsi qu'aux droits de participation dans les institutions politiques de l'État (articles 5 et 18). Mais il est également lié aux droits culturels, ainsi qu'aux droits aux terres, territoires et ressources. Par ailleurs, la Déclaration associe étroitement le droit à l'autodétermination au droit au développement, que ce soit à l'article 3 (lequel précise qu'en vertu du droit à l'autodétermination, les peuples autochtones « assurent librement leur développement économique, social et culturel »), à l'article 23 (lequel stipule que « [l]es peuples autochtones ont le droit de définir et d'élaborer des priorités et des stratégies en vue d'exercer leur droit au développement ») ou à l'article 32.1 : « Les peuples autochtones ont le droit de définir et d'établir des priorités et des stratégies pour la mise en valeur et l'utilisation de leurs terres ou territoires et autres ressources. »

Le CPLE apparaît dans la Déclaration à la fois comme procédant du droit à l'autodétermination et comme un moyen de le mettre en œuvre. Dans son rapport de 2012, James Anaya précise que « [l]es droits qui sont potentiellement affectés par l'extraction des ressources naturelles sont ceux qui supposent l'autonomie de la prise de décision dans leur exercice. Cela est particulièrement évident en ce qui concerne les droits de poser les priorités de développement et de propriété » (Anaya, 2012, p. 13).

Anaya insiste sur le devoir qu'ont les États d'adopter un cadre réglementaire qui reconnaisse effectivement les droits des peuples autochtones sur leurs territoires, terres et ressources, ainsi que les autres droits potentiellement affectés par les industries extractives. Un tel cadre réglementaire exigerait l'adoption de législation ou de réglementation qui incorporent les normes internationales en matière de droits des peuples autochtones et les rendent opératoires à travers les différents secteurs de l'administration étatique dont relèvent le régime foncier, les mines, le pétrole, le gaz et l'extraction ou le développement des autres ressources naturelles (Anaya, 2012, p. 15 ; 2013, p. 13).

Anaya déplore que, de façon générale, les États ne remplissent pas adéquatement leurs obligations à cet égard, si bien que les droits des peuples autochtones se trouvent peu protégés face aux industries extractives (Anaya, 2012, p. 15 ; 2013, p. 13).

Anaya évoque dans ce contexte deux modèles de développement des ressources : un modèle qu'il qualifie de dominant et un modèle alternatif. Dans le modèle dominant, ce sont des entreprises privées, appuyées par l'État, qui sont les premiers promoteurs des projets extractifs. Les plans préliminaires d'exploration et d'extraction sont développés essentiellement par les promoteurs privés – parfois avec une certaine participation de l'État – mais sans véritable collaboration des communautés autochtones affectées. Au mieux, celles-ci ne peuvent espérer retirer de la réalisation du projet que l'obtention de certains bénéfices, sous forme d'emplois ou de développement communautaire, dont la valeur économique n'est pas comparable aux profits générés par l'activité extractive. Ce modèle, ajoute Anaya, se retrouve typiquement là où l'État prétend à la propriété des ressources, c'est-à-dire là où les droits des peuples autochtones sur les ressources contenues dans leurs territoires ne sont pas reconnus (Anaya, 2013, p. 7).

Le modèle alternatif met en œuvre soit de véritables partenariats entre peuples autochtones et entreprises, dans lesquels « la partie autochtone détient une part significative ou de contrôle dans la propriété et la gestion du partenariat », soit un développement dont sont responsables des entreprises d'extraction développées par les peuples autochtones eux-mêmes (Anaya, 2012, p. 18). Ce modèle alternatif, qui se distingue par le contrôle exercé par les peuples autochtones sur le développement de leurs territoires, favorise, par sa nature même, l'exercice de leurs droits à l'autodétermination, aux terres et aux ressources, ainsi qu'à un développement adapté à leur culture (Anaya, 2013, p. 4).

Dans un tel contexte, on peut considérer que le processus d'élaboration et de mise en œuvre d'un projet extractif réalise le principe de consentement, pour autant que les peuples autochtones concernés disposent du droit effectif de ne pas lancer de telles initiatives. Même s'il est vrai que l'extraction des ressources pose toujours certains risques pour les droits fondamentaux des membres des communautés concernées, particulièrement en ce qui concerne leur environnement naturel, on peut penser, conclut Anaya, « que ces risques peuvent être minimisés et la jouissance de l'autodétermination et des droits liés renforcée, lorsque les peuples autochtones choisissent librement de développer leurs propres entreprises d'extraction des ressources appuyée par une capacité adéquate et des institutions de gouvernance internes » (Anaya, 2013, p. 5).

Mais, aujourd'hui encore, le scénario standard reste celui où des acteurs extérieurs aux communautés mettent en avant des projets auxquels celles-ci doivent réagir. Dans de telles circonstances, l'essentiel est de préserver une liberté de choisir des peuples autochtones concernant, tant la décision même de permettre ou non le déploiement de l'industrie extractive sur leurs territoires, que la mise en œuvre de projets spécifiques. C'est en fonction d'un tel type de contexte qu'Anaya procède à une description plus fine du CPLE et énonce la règle générale selon laquelle le consentement autochtone est requis pour les projets extractifs affectant leurs terres, territoires et ressources. Cette exigence suppose un droit de dire « non », lequel n'est toutefois pas absolu, comme le rappelle l'article 46.2 de la DNUDPA, qui précise les conditions auxquelles les États peuvent limiter de façon justifiée les droits qui y sont affirmés[1].

Je retire de ces documents les quatre idées suivantes : 1) Le droit à l'autodétermination des peuples autochtones donne son sens et sa finalité aux autres droits énoncés dans la Déclaration, finalité qui peut se résumer par le principe général que les peuples autochtones doivent disposer des moyens nécessaires au contrôle de leurs destinées. 2) Les États ont le devoir de rendre les droits fondamentaux des peuples autochtones opératoires en adoptant un cadre réglementaire adéquat. 3) Le degré auquel le cadre réglementaire d'un État donné remplit cette obligation a un impact important sur le type de modèle de développement existant dans cet État et détermine de façon significative la situation des peuples autochtones face à l'industrie extractive et aux gouvernements qui en font la promotion. 4) Cela étant, la forme spécifique que prend le CPLE varie selon les contextes, même si sa fonction principale – qui est de permettre la mise en œuvre et la protection des droits fondamentaux des peuples autochtones – reste constante.

Le CPLE et son contexte d'application au Canada

Qu'en est-il au Canada ? On doit constater que les conditions favorisant le modèle alternatif esquissé par Anaya ne sont pas réalisées : le cadre réglementaire canadien actuel, que l'on pense au régime foncier ou encore au régime minier, ne reconnaît pas les droits fondamentaux des peuples autochtones sur leurs terres ancestrales, d'une façon qui favorise leur exercice du type d'agentivité associé au modèle alternatif. Le cadre réglementaire actuel favorise plutôt ce qu'Anaya appelle le modèle dominant, où ce sont généralement des agents extérieurs aux communautés qui sont les maîtres

[1] Pour une analyse approfondie des limites du droit de dire « non » en lien avec l'article 46.2, voir Joffe 2018 et Leydet 2019.

d'œuvre de projets extractifs vis-à-vis desquels celles-ci sont appelées à réagir[1].

Rien d'étonnant, dans ces conditions, à ce que des acteurs autochtones comme l'*Assemblée des Premières Nations* (APN) se mobilisent pour promouvoir une conception du développement qui s'apparente au modèle alternatif et pour revendiquer la reconnaissance des droits qui leur permettraient d'agir en tant que partenaires à plein titre du développement de leurs terres. Ainsi, dans un mémoire présenté au Comité d'experts sur l'évaluation environnementale (APN 2017), l'APN défend un modèle de type collaboratif dans lequel les Premières Nations concernées seraient des partenaires actives du processus d'évaluation environnementale, du niveau stratégique le plus général à l'évaluation des projets eux-mêmes, et ce tout au long de leur déploiement jusqu'à la remise en état des terres affectées.

L'APN décrit le consentement dans un tel modèle comme un processus plutôt que comme un résultat, comme une « façon de marcher ensemble » (APN, 2017, p. 5), incluant les nations autochtones, les gouvernements et les promoteurs afin de trouver un résultat mutuellement avantageux grâce auquel les droits des nations autochtones, ainsi que leurs relations avec le territoire et leurs traditions juridiques, seraient respectés et soutenus. Dans ce contexte, le consentement signifie essentiellement pour les Premières Nations le fait de voir « les décisions de nos gouvernements (et la volonté de nos peuples) respectées par les autres gouvernements, institutions et intérêts privés » (APN, 2018, p. 1). Mais ce droit ne saurait être assimilé à un veto absolu et arbitraire puisqu'aucun gouvernement au Canada ne détient un tel pouvoir face à un autre gouvernement dans le cadre de l'exercice valide de ses compétences. Lorsque des différends apparaissent entre gouvernements, la norme des relations inter-gouvernementales est plutôt de poursuivre le dialogue jusqu'au consentement mutuel ou à la coopération. Devant l'incapacité d'atteindre une entente, on en appelle au système judiciaire ou à un tiers impartial afin de résoudre le différend (APN, 2018, p. 11). L'APN fait, elle aussi, référence dans ce contexte à l'article 46.2 de la DNUPDA, reconnaissant que les droits autochtones, comme tout droit, ne sont pas absolus, mais sujets à un équilibrage attentif tenant compte des autres droits en cause.

Cette façon de concevoir le consentement dans le cadre de relations intergouvernementales ou de nation à nation – en référence à la relation de

---

[1] Cette caractérisation de la situation au Canada mériterait d'être étayée : sur les limites du cadre offert par la doctrine de l'obligation de consultation et d'accommodement développée par la Cour suprême du Canada, voir Leydet 2019. Pour une appréciation plus positive, voir Newman 2014.

traité – suppose comme condition d'arrière-plan l'exercice par les nations autochtones de leurs droits et compétences. C'est pourquoi l'APN insiste sur la reconnaissance des droits et du titre (en référence à l'article 26 de la DNUPDA et à l'article 35 de la Loi constitutionnelle de 1982) et sur celle de la compétence (*jurisdiction*) des Premières Nations sur leurs territoires, en référence aux notions de « compétence autonome » et de « souveraineté » (APN, 2017, p. 6-8). Devant les limites du cadre réglementaire canadien qui permet l'autorisation de projets de développement à grande échelle malgré les objections des nations autochtones affectées, l'APN souligne les actions entreprises par des nations autochtones qui ont forcé l'établissement de processus de nature collaborative, sur la base d'une reconnaissance de leur compétence en matière de projets extractifs sur leurs territoires (APN, 2017, p. 13-14 et pp. 16-17 ; voir aussi Papillon et Rodon, 2019).

Mon objectif n'est pas d'explorer ici cette voie – dont je reconnais l'importance cruciale – mais plutôt d'examiner la façon dont le CPLE doit être pensé pour assurer sa mission, qui est de protéger les droits fondamentaux des peuples autochtones, dans un contexte où le cadre réglementaire étatique est défavorable. Là où l'État ne reconnaît pas aux peuples autochtones les moyens d'être des partenaires paritaires des gouvernements et des entreprises privées qui entreprennent des projets de développement, comment penser – au mieux – les modalités du CPLE ?

Mettre en œuvre le CPLE en contexte défavorable : deux modèles

Reconnaissons-le d'emblée : un tel contexte rend beaucoup plus difficile l'exercice de l'autodétermination autochtone, plus spécifiquement du droit des nations autochtones de décider pour elles-mêmes de la forme de développement qu'elles souhaitent privilégier. Dans ce type de contexte, le CPLE peut jouer un rôle important de protection des droits autochtones fondamentaux, mais il faut pour cela penser ses modalités en fonction de la situation d'asymétrie dans laquelle se trouvent les parties. Le pouvoir de dire « non » prend ici une importance toute particulière et il importe de rendre ce pouvoir opératoire dans le processus de négociation. Pour le montrer, je vais commencer par souligner les problèmes posés par le modèle partenarial proposé par Iacobucci *et al.* (2016) qui ne tient pas suffisamment compte de cette situation d'asymétrie, présumant une concordance d'intérêts entre les parties et caractérisant le droit de dire « non » comme un veto absolu et arbitraire, par conséquent comme un obstacle au processus de négociation. Je présenterai ensuite un modèle que je qualifie d'*itératif*, lequel rend opératoire le pouvoir de dire « non ». Mon argument général est le suivant : si l'on prend au sérieux, d'une part, qu'il existe un rapport de pouvoir entre les parties qui est défavorable à la partie autochtone, et si l'on accepte, d'autre part, qu'il n'existe pas nécessairement une convergence d'intérêts entre la partie autochtone et les promoteurs de projets, alors le pouvoir autochtone de dire « non » apparaît comme un moyen nécessaire (bien que non suffisant) d'assurer l'équité relative du processus de négociation et de son résultat.

Le modèle partenarial

Le modèle partenarial se donne pour objectif l'établissement d'une « relation fondée sur les intérêts » entre les communautés et les promoteurs (Iacobucci *et al.*, 2016, p. 31). Dans une telle relation, les parties sont présentées comme tentant de bonne foi de comprendre leurs intérêts respectifs et, dans la mesure du possible, d'y répondre – sur le court, moyen et long terme – afin de faciliter une discussion orientée vers un résultat mutuellement bénéfique.

Sur un plan procédural, les auteurs insistent sur l'importance d'enclencher la discussion le plus tôt possible et d'arriver à un accord sur le processus de discussion lui-même. Ils soulignent également l'importance pour le promoteur de fournir toute l'information nécessaire à la partie autochtone et d'assurer les ressources financières et humaines nécessaires à la bonne marche des discussions. Ils insistent enfin sur l'engagement des parties à discuter de bonne foi, avec un esprit ouvert et de façon transparente (*ibid.*, p. 32-34).

Sur le fond, la participation autochtone est décrite comme pouvant être ressaisie sous deux catégories principales : d'une part, les mesures d'atténuation des impacts (sur l'environnement et la santé, sur les lieux ayant une signification spirituelle ou historique particulière, etc.) et, d'autre part, le partage des bénéfices. Concernant cette seconde catégorie, les auteurs insistent sur l'importance pour les parties de faire l'effort de rapprocher leurs intérêts sur un certain nombre d'enjeux afin d'assurer la pérennité de la relation. Cela inclut, notamment, le partage des revenus et des bénéfices, la gestion et la prise de décision, les initiatives de formation de la main-d'œuvre et d'éducation, les occasions d'emploi, etc. (*ibid.*, p. 34-35).

Cette façon de ressaisir la participation autochtone laisse supposer que les intérêts des parties peuvent être harmonisés sur le fond d'un intérêt partagé dans le développement des ressources du territoire. Il s'agit d'une présomption parce que les auteurs ne prévoient pas d'étape préalable où la communauté concernée pourrait former et exprimer son avis concernant la conception du développement de son territoire qu'elle souhaite réaliser, ce qui impliquerait la possibilité de rejeter le type de projet proposé par les promoteurs. On présume donc que les intérêts des parties convergent sur une certaine conception du développement. Cette prémisse initiale permet de penser le rapport entre les parties comme la conciliation d'intérêts différents, mais compatibles. Il s'agit alors d'équilibrer de façon mutuellement acceptable le partage des coûts et des bénéfices liés à l'exploitation des ressources. Dans ce contexte, le rôle de l'État, outre de fournir des indications quant aux formes appropriées de consultation et à la résolution des revendications relatives aux droits ancestraux et au titre, est d'abord et avant tout de contribuer à « harmoniser les incitatifs des parties afin qu'elles puissent atteindre un accord mutuel » (*ibid.*, p. 35). Les coauteurs illustrent leur propos en faisant référence à un programme ontarien d'approvisionnement en énergie renouvelable, lequel accorde un avantage économique (sous la forme d'un prix d'achat plus élevé) à l'électricité produite par des projets qui assurent un certain niveau de participation autochtone (*ibid.*, p. 35-36). Il s'agit donc pour l'État d'inciter les entreprises à proposer à la communauté autochtone des conditions telles qu'elle puisse trouver un certain intérêt dans la réalisation d'un projet. Cette harmonisation des intérêts des promoteurs et des communautés se fait donc sur le fond d'une certaine conception du développement, qui, suppose-t-on, peut définir un intérêt commun sous-jacent.

Il ne s'agit pas ici d'affirmer la présomption contraire, c'est-à-dire de postuler que les communautés autochtones s'opposent nécessairement au développement des ressources naturelles de leur territoire. Il s'agit plutôt de reconnaître que les communautés devraient avoir la possibilité de former et d'exprimer leur avis sur cette question, ce qui implique qu'elles disposent d'un temps et d'un espace leur permettant d'en délibérer et de se prononcer, soit pour accepter, soit pour refuser un certain type de projet sur leurs terres ancestrales. Comme nous l'avons vu dans la première section, une telle reconnaissance procède des droits des peuples autochtones à l'autodétermination et au développement, affirmés dans la DNUDPA. Si la fonction du CPLE est de protéger les droits fondamentaux des peuples autochtones, la question est de savoir selon quelles modalités le CPLE pourrait effectivement protéger cette liberté de choisir dans un contexte réglementaire défavorable.

Iacobucci *et al.* considèrent plutôt que la reconnaissance d'un pouvoir de consentir qui inclurait celui de dire « non » serait un obstacle au dialogue et à la consultation : « Alors qu'un veto permet des décisions arbitraires ou non informées et empêche toute consultation sérieuse, une consultation ayant pour but l'atteinte du consentement met l'accent sur un dialogue informé et significatif ainsi que sur l'accommodement » (Iacobucci *et al.*, 2016, p. 12). Or, bien qu'un consentement ou un refus exprimé en tout début de processus se fasse nécessairement en contexte d'information limitée, cette décision initiale, qui porte sur le principe d'ouvrir le territoire à un certain type de développement, n'en demeure pas moins cruciale. Cela souligne simplement l'importance, comme je le montrerai plus bas, de solliciter à nouveau le consentement de la communauté lorsque le projet, après les étapes initiales de discussion et d'exploration, est mieux défini.

Ce qui est absent également de la réflexion de Iacobucci *et al.*, c'est une analyse des rapports de pouvoir (économique, social, etc.) existant entre les parties. Les coauteurs sont conscients de ce différentiel, comme en témoigne leur proposition que des ressources financières soient mises à la disposition des communautés par les promoteurs pour faciliter leur participation au processus, mais il reste peu thématisé. On suppose la capacité des parties à mettre hors-jeu ce différentiel, ce qui est peu plausible. Même si le promoteur ou l'État se montrent disposés à éviter une attitude de pur marchandage (où les acteurs poussent leur avantage au maximum) pour favoriser la stabilité du résultat ou préserver sur le long terme leur relation avec les communautés concernées, cela ne signifie pas pour autant que la réalité de ce différentiel reste sans effets. L'asymétrie de pouvoirs entre les parties est un fait dont chaque partie est consciente et cela ne peut qu'affecter la façon dont chacune évalue l'éventail des options à sa disposition. Par exemple, si la situation juridique désavantage les communautés (lorsque, par exemple, leur titre ancestral n'est pas [encore] établi ou que le promoteur détient déjà un claim sur une partie du territoire grâce à un régime minier favorable) ou encore si les ressources financières et de personnel dont elles disposent sont très limitées, cela ne peut qu'affecter les négociations même si le promoteur ou l'État n'entendent pas utiliser de façon immédiate ou explicite ces avantages. Dans ce contexte, le problème de savoir comment rééquilibrer l'interaction entre les parties doit être pris au sérieux et l'on doit s'intéresser à des moyens concrets de l'assurer. Dans un contexte de rapports de pouvoir inégaux, il semblera donc préférable de ne pas présumer d'emblée l'existence d'un intérêt convergent entre les parties, lequel pourrait s'avérer le reflet d'une certaine configuration de ces rapports de pouvoir. Si l'on prend au sérieux cette asymétrie et le fait que les parties n'ont pas une attitude strictement coopérative, alors on acceptera que la partie autochtone dispose de moyens spécifiques de dénoncer un processus de discussion lorsqu'elle juge que celui-ci porte atteinte à ses intérêts fondamentaux.

Certains auteurs reconnaissent la nécessité de reconnaître un tel droit de refus, soulignant qu'il faut le « garder sur la table » sans toutefois préciser les conditions de son utilisation (Buxton et Wilson, 2013 ; Papillon et Rodon, 2017, p. 6). Il me semble toutefois essentiel de réfléchir sur les modalités concrètes qui rendent le droit de dire « non » vraiment opératoire. Cela veut montrer comment il peut être intégré aux négociations et ce tout au long d'un processus appelé à s'étendre dans le temps. C'est la qualité principale du modèle itératif du consentement dont je vais maintenant décrire les principales étapes à travers une synthèse, nécessairement rapide, de modèles esquissés dans des documents récents du *Forest Stewardship Council* (FSC) et du programme REDD de l'ONU.

Le modèle itératif

Dans ce modèle, le terme « consentement » désigne des instanciations de décisions collectives qui se produisent à des moments charnières du processus de négociation et par lesquelles la communauté concernée peut exprimer ou retirer son consentement à un projet spécifique. On en distingue généralement trois : a) le consentement initial à explorer la possibilité du projet ; b) le consentement à ouvrir des négociations entre les parties pour en arriver à un accord sur le projet ; c) le consentement formel au projet.

Le consentement initial

Il doit être recherché le plus tôt possible : idéalement, « le consentement est obtenu avant qu'aucun permis, licence, ou titre gouvernant la gestion des forêts ne soit accordé, et même avant la désignation d'une zone forestière » (*Forest Stewardship Council*-FSC, 2018, p. 11). Transposé dans des contextes extractifs, notamment miniers, cela voudrait dire : avant la phase d'exploration, et avant même l'obtention de permis de prospection. Ce n'est qu'à cette condition que le processus pourrait véritablement satisfaire l'exigence que le consentement soit *préalable* à la mise en œuvre du projet. Mais la pleine satisfaction de telles conditions supposerait une transformation profonde du cadre réglementaire étatique canadien, terrain sur lequel le FSC préfère ne pas s'aventurer, signalant simplement qu'il faut respecter le cadre réglementaire en vigueur et tenter de satisfaire au mieux, à l'intérieur de ce cadre, le fait que le consentement soit préalable (FSC, Canada, 2016, p. 12). On touche ici les limites du modèle itératif qui le distinguent du modèle alternatif ou collaboratif, esquissé dans les sections précédentes, et dont le point de départ est la reconnaissance de la compétence des nations autochtones sur leurs terres, territoires et ressources.

La première itération du consentement porte moins sur le projet spécifique lui-même, dont le contenu, la portée et les implications restent généralement assez vagues et incertains à cette étape, que sur le type de développement qu'il suppose. Même si l'objet de ce premier consentement est peu précis, il n'en est pas moins fondamental. Il constitue pour chacune des communautés concernées une occasion de délibérer et de se déterminer collectivement sur le type de développement qu'elles souhaitent pour elles-mêmes à court, mais aussi à plus long terme. Cette première étape est essentielle à toute conception du consentement qui, suivant la DNUDPA, considère le CPLE comme un élément du droit des peuples autochtones à l'autodétermination. Là où les peuples autochtones ne sont pas les maîtres d'œuvre du développement de leurs territoires, le CPLE, s'il inclut cette première itération du consentement, apparaît – malgré le contexte réglementaire défavorable – comme un moyen de garantir minimalement le respect du droit autochtone de décider du type de développement approprié sur le territoire. Le modèle itératif offre ici un contraste significatif avec le modèle partenarial de Iacobucci *et al.*, lequel, nous l'avons vu, n'aménage pas un tel espace de décision autonome.

Puisqu'il s'agit pour les membres de la communauté concernée de déterminer ensemble leur intérêt commun relativement au développement proposé, le consentement initial engage la communauté dans une délibération la plus étendue possible de l'ensemble de ses membres et vise le consensus. Cette délibération peut comprendre plusieurs processus distincts, dont certains peuvent concerner des sections spécifiques de la communauté (par exemple, les femmes, les aînés, les jeunes, etc.). Si son résultat est positif, la communauté signale aux promoteurs qu'elle considère le projet compatible avec la façon dont elle définit son propre intérêt (entendu de façon large, c'est-à-dire incluant la conception du bien et les valeurs fondamentales de la communauté). Dit autrement, il existe une base commune à partir de laquelle il est possible de discuter du projet. Le consentement initial ne peut être compris comme autorisant le projet lui-même, qui reste à ce moment relativement peu défini.

Si la communauté refuse le projet à cette première étape, son « non » n'a pas à être justifié et doit être respecté ; le processus de CPLE est interrompu et le promoteur ne peut revenir immédiatement à la charge. Le respect du « non » est nécessaire pour qu'une réponse positive de la communauté puisse être considérée comme libre, c'est-à-dire pour que l'on puisse présumer que le consentement de la partie autochtone n'est pas l'effet de pressions indues pour l'amener à changer sa décision et à finalement accepter le projet (FSC, 2018, p. 28-29).

Dans le cas d'une réponse positive – qui peut être conditionnelle, par exemple, à ce que certaines parties du territoire soient exclues du projet –, les discussions peuvent s'engager et portent d'abord sur le processus du CPLE, lequel doit faire l'objet d'un accord entre les parties. Cette entente devrait identifier les différentes phases du processus et préciser les points sur lesquels la communauté devra prendre des décisions, ainsi que ses modalités et les délais impartis (qui doivent respecter les valeurs et les besoins de la communauté). Les parties doivent s'entendre également sur les modalités des discussions, incluant la représentation des parties, le financement du processus, le recours à des facilitateurs et/ou des observateurs, l'établissement de dispositifs permettant de surveiller sa bonne marche (*monitoring*) et de résoudre des litiges éventuels, etc. (FSC, 2018, p. 32-33).

Le consentement aux négociations

Une fois qu'il y a accord sur le processus de CPLE, les parties procèdent à une cartographie participative des territoires concernés (*participatory mapping*) [Anderson, 2011, p. 32] et à l'évaluation participative des impacts environnementaux et sociaux du projet. L'objectif est d'identifier sur le territoire visé, d'une part, les droits (légaux ou coutumiers) de la partie autochtone, les ressources, les sites ayant une signification particulière pour les communautés, ainsi que leurs différents usages afin, d'autre part, de mieux évaluer les impacts environnementaux et sociaux du projet pour les communautés concernées. Durant cette seconde étape, les discussions ont donc pour objet de mieux définir les contours du projet lui-même et la nature de ses impacts potentiels sur les droits, l'environnement, la vie des communautés concernées. Il s'agit pour les parties de relever des faits, d'échanger des informations, de mieux comprendre les intérêts de chacune. À travers ces discussions, les promoteurs peuvent modifier le projet au regard des intérêts autochtones, et les communautés elles-mêmes peuvent mieux apprécier sa teneur et ses implications, dans la mesure où l'information pertinente leur aura été communiquée sous une forme appropriée. La seconde itération du consentement permet alors à la communauté d'exprimer un avis beaucoup mieux informé sur le projet lui-même ; dit autrement, elle est, à ce moment, plus en mesure de déterminer si le projet est compatible ou convergent avec la façon dont elle conçoit son intérêt (défini largement). Le pouvoir de dire « non » à cette étape doit être vu comme une condition essentielle à l'exercice du droit à l'autodétermination, et comme un incitatif aux promoteurs de rechercher activement les moyens de rendre le projet acceptable.

Si une communauté rejette le projet à cette étape, ce refus n'a pas à être justifié et doit être respecté. Ici encore on convient que le promoteur peut souhaiter maintenir son engagement avec la communauté et celle-ci reconsidérer la question ultérieurement, mais cela n'est possible que si et quand la communauté elle-même le souhaite. S'il y a approbation (celle-ci pouvant être conditionnelle), le processus de négociation en vue d'une entente formelle peut s'enclencher.

Le consentement formel

La troisième étape du processus consiste dans la négociation d'une entente sur le projet. Cette négociation se fait sur le fond d'intérêts dont les parties reconnaissent le caractère convergent. Dans la mesure où les parties ont exprimé toutes deux un intérêt dans la conclusion d'un accord, elles peuvent considérer les obstacles rencontrés dans leurs discussions comme des problèmes à résoudre plutôt que comme l'objet d'un pur marchandage, d'une simple épreuve de force. Il s'agit pour elles d'en arriver à des compromis mutuellement acceptables sur des questions qui ne mettent pas directement en jeu des visions du monde opposées, notamment sur l'allocation des bénéfices liés à l'exploitation, laquelle constitue un enjeu divisible, susceptible d'une solution de type « donnant/donnant ». La négociation doit également tenir compte des coûts liés à l'exploitation, et dans le calcul de ceux-ci on doit prendre en considération des enjeux qui ne sont pas directement monnayables et qui tiennent à la valeur spécifique qu'ont les territoires et les éléments qui les composent pour les communautés. La partie non autochtone doit se montrer ouverte à la prise en compte de ces facteurs de façon à rendre l'ensemble de son offre acceptable, tout bien considéré.

Dit autrement, à cette étape aussi les négociations comprennent des éléments de dialogue, de résolution de problème et de marchandage. La conscience partagée du fait que le résultat de ces négociations sera soumis à la communauté contribue à équilibrer le processus de négociation en incitant les promoteurs à ne pas utiliser de façon inconsidérée les avantages (en termes de ressources matérielles, légales, professionnelles) dont ils disposent. Cette troisième itération du consentement permet alors aux parties de finaliser une entente qui les associe, en principe, pour la durée du projet.

La communauté peut décider de rejeter la proposition ou de ne l'accepter qu'en partie. Cette décision doit être respectée et le promoteur ne devrait pas tenter de renégocier l'entente immédiatement sans avoir essayé au préalable de comprendre les conditions nécessaires à une reconsidération de la proposition. Si la communauté accepte d'expliquer pourquoi elle a décidé de refuser son consentement, il peut être possible de réviser la proposition afin de la rendre acceptable. Cela dit, la communauté n'a pas l'obligation d'expliquer en détail les raisons de son refus de consentir. Dans les cas où plusieurs communautés sont concernées et où certaines d'entre elles rejettent le projet soumis, les territoires et ressources de ces dernières ne sont pas inclus dans le projet. Le promoteur décide alors si, dans ces conditions, il vaut toujours la peine d'aller de l'avant, mais il doit impérativement s'abstenir de toute activité qui pourrait avoir un impact sur les droits, ressources ou territoires de la ou des communautés qui n'ont pas donné leur consentement (FSC, 2018, p. 44). Si la réponse est positive, l'accord est formalisé (FSC, 2018, p. 46). Les parties sont liées et aucune des deux parties ne peut se retirer de l'accord de façon arbitraire, sans « cause ». Si les conditions de l'accord sont satisfaites, on présume que le consentement est continu (« *ongoing* »). Les conditions auxquelles une des parties pourrait le réviser, voire s'en retirer, sont spécifiées dans l'accord lui-même (FSC, 2018, p. 13, 46 ; REDD, 2013, p. 30). Les parties peuvent également s'entendre pour revoir périodiquement l'accord et suggérer alors des modifications.

Itérations du consentement, pouvoir de dire « non » et veto

Il n'y a pas de limite de principe au nombre d'itérations, lequel dépend de deux types de considérations. D'une part, étant donné la durée et la complexité des discussions relatives à un projet, le consentement ne peut être pensé comme un seul moment ponctuel ayant lieu soit tout au début, soit tout à la fin du processus. D'autre part, on ne peut multiplier à l'infini les itérations parce que les processus de formation de la volonté collective, surtout s'ils doivent avoir un caractère participatif et délibératif, engagent du temps et des ressources et risquent de diviser la communauté. Mais s'il est préférable de limiter les itérations du consentement à des moments clés, son caractère continu peut être également renforcé par l'introduction de dispositifs de « sonnettes d'alarme » que la partie autochtone peut actionner en cas de dérapages dans les relations avec les promoteurs tout au long du processus de CPLE. Les mécanismes de « *monitoring* » participatif, de traitement des plaintes et de résolution des litiges qui sont prévus dès la deuxième étape du CPLE itératif, et qui devraient figurer dans toute entente finale, peuvent jouer le rôle de tels dispositifs et contribuer à maintenir la confiance de la communauté dans l'intégrité du processus[1].

Nous avons vu que le droit de dire « non » est parfois assimilé à un « veto » au caractère unilatéral et arbitraire. Or, le modèle itératif prévoit effectivement qu'un « non » autochtone n'a pas besoin d'être « dûment » motivé pour être effectif et que sa communication est du seul ressort de la partie autochtone. Ne pourrait-on pas considérer que ce modèle autorise un droit de refus qui s'apparente effectivement à un « *veto* » unilatéral et arbitraire et qu'en multipliant les itérations du consentement, il multiplie les dangers du *veto* ?
Notons d'abord que, tant que les parties ne sont pas liées par la conclusion de l'entente formelle, elles restent libres, toutes deux, de se retirer du processus sans avoir l'obligation légale de motiver ce retrait. Ainsi, dans le cas d'un projet minier, si, à la suite des activités d'exploration, les promoteurs concluent que le gisement n'est pas aussi intéressant qu'ils l'escomptaient, ou encore si les conditions du marché se détériorent, ils ont le droit de se retirer et ils n'ont pas l'obligation de justifier cette décision bien qu'on puisse concevoir qu'ils puissent choisir de le faire afin de maintenir de bonnes relations avec de potentiels partenaires autochtones.

---

[1] Ces modalités du « non » rappellent ce que les experts de l'ONU ont appelé, premièrement, le « non » intérimaire ou suspensif qui interrompt le processus de discussion en raison d'un problème spécifique et, deuxièmement, le « non » exprimant un vote de non-confiance face au processus de discussion lui-même (Expert Mechanism, 2018, p. 10).

Le droit de dire « non » est crucial pour la partie autochtone et contribue à assurer la liberté du consentement, alors que l'obligation de motiver le refus selon certains critères pourrait avoir pour effet de « coincer » la communauté. Ce serait le cas, d'une part, dans la mesure où les raisons invoquées pourraient être jugées insatisfaisantes par des vis-à-vis ou des tiers, dont les critères de jugement et les valeurs ne sont pas nécessairement consonants avec les leurs, et d'autre part parce que cette obligation pourrait offrir une prise aux promoteurs, leur permettant de revenir à la charge et de maintenir, voire d'augmenter, la pression sur la partie autochtone jusqu'à ce que celle-ci donne la réponse attendue.

Mais en intégrant un droit autochtone de dire « non » à au moins trois moments charnières du CPLE, le modèle itératif n'augmente-t-il pas les risques liés au développement de projets ? Étant donné l'importance des investissements consentis par les promoteurs dès l'étape de l'exploration, on peut concevoir l'inconfort que suscite l'idée de rendre ces investissements dépendants d'un « veto » autochtone démultiplié. L'avantage du modèle itératif est qu'en intégrant les moments de décision – et donc d'un « non » potentiel – dans le processus de discussion, il régularise son exercice et permet à l'ensemble des acteurs d'orienter leur action en fonction de ces échéances. Le droit de dire « non » a aussi pour effet de rééquilibrer la relation et devrait conduire les promoteurs à des efforts réels d'harmonisation des intérêts, dans la mesure où le consentement initial aura permis de vérifier s'ils sont ou non potentiellement convergents. Que des négociations entre parties dont le rapport de force est mieux équilibré produisent des ententes moins avantageuses pour les promoteurs, voilà une perspective dont on peut comprendre qu'elle suscite peu d'enthousiasme chez ces derniers, mais elle signifie avant tout un progrès en termes de justice.

Dans une perspective inverse, certains pourraient critiquer le modèle itératif parce qu'une fois l'entente conclue, la partie autochtone ne dispose plus d'un droit de retrait « sans cause ». On pourrait comparer cet aspect du modèle avec l'usage admis dans le contexte de la recherche médicale où les sujets, même s'ils ont explicitement consenti au protocole de recherche, conservent un droit de retrait qui n'a pas à être motivé même si leur retrait en cours de protocole a des effets négatifs significatifs à la fois sur le plan de la qualité scientifique des résultats que d'un point de vue financier (Schaefer et Wertheimer, 2011). Mais la capacité des communautés autochtones de se lier à des partenaires par des engagements de nature contractuelle ou quasi contractuelle peut avoir des retombées positives importantes pour les communautés elles-mêmes, et il est de la nature des contrats d'impliquer des obligations réciproques. Par contre, les communautés doivent bénéficier à cette étape d'une représentation légale compétente leur permettant d'éviter que l'entente ne se transforme en carcan. Ainsi faut-il prévoir l'inclusion de clauses qui précisent les conditions auxquelles une révision de l'entente devient nécessaire et requiert un nouveau consentement autochtone, notamment lorsqu'un changement important de circonstances (par exemple, la découverte d'un nouveau gisement) amène les promoteurs à vouloir étendre les activités d'exploitation au-delà de ce que prévoyait initialement l'entente (Gibson et O'Faircheallaigh, 2015, p. 52, 130-134).

Conclusion

Dans cet article, j'ai voulu montrer comment, si la fonction protectrice du CPLE est constante, la forme de sa mise en œuvre dépend de certaines conditions d'arrière-plan, notamment de ce que le cadre réglementaire étatique favorise ou non la capacité des nations autochtones d'agir en tant que partenaires à plein titre de leur développement. Là où leurs droits et compétences sur les territoires sont reconnus, les peuples autochtones eux-mêmes privilégient une conception du consentement de type « collaboratif » dans lequel le CPLE apparaît comme un processus, comme une manière de « marcher ensemble ». Cette conception « juridictionnelle » du consentement autochtone permet au mieux la concrétisation de leurs droits à l'autodétermination et au développement, affirmés dans la DNUPDA. Dans ce contexte, le droit de dire « oui » implique, bien sûr, un droit de dire « non », lequel est soumis aux mêmes limites que tout autre droit fondamental. On ne saurait donc parler ici de veto absolu.

Mais là où cette condition d'arrière-plan n'est pas satisfaite, comme au Canada, il faut clarifier la forme spécifique que peut prendre le CPLE dans un contexte défavorable. Il s'agit alors de penser le CPLE de façon à aménager pour les communautés concernées un espace autonome de formation de la volonté et de prise de décision dans un processus de négociation qui reste profondément asymétrique. C'est à l'aune de cette exigence que le modèle itératif apparaît nettement préférable à des modèles de type partenarial qui supposent une situation de relative égalité entre les parties là où, manifestement, elle n'existe pas. Dans un tel contexte, nous l'avons vu, le droit autochtone de dire « non » joue un rôle essentiel qui n'a que peu à voir avec un prétendu veto absolu. Mais, malgré ses qualités, on comprendra que le modèle itératif reste un « *second best* » (Goodin, 1995) et que le premier but des acteurs autochtones et de leurs alliés demeure, au Canada comme ailleurs, l'atteinte des conditions d'une véritable parité.

Références

Anaya, J. (2009), *Report of the Special Rapporteur on the Situation of Human Rights and Fundamental Freedoms of Indigenous People. A/HRC/12/34*, UNCHROR, 12e session, Genève, Nations unies.

—, (2012), *Report of the Special Rapporteur on the Rights of Indigenous Peoples. A/HRC/21/47*, UNCHROR, 21e session, Genève, Nations unies.

—, (2013), *Report of the Special Rapporteur on the Rights of Indigenous Peoples: Extractive Industries and Indigenous Peoples, A/HRC/24/41*, UNCHROR, 24e session, Genève, Nations unies.

Anderson, P. (2011), *Free, Prior, and Informed Consent in REDD+. Principles and Approaches for Policy and Project Development*, Bangkok, RECOFTC and GIZ.

Assemblée des Premières Nations (2017), *Technical Submission to CEAA Panel.*

—, (2018), *Submission of the Assembly of First Nations (AFN) on Free Prior and Informed Consent (FPIC) for the Expert Mechanism on the Rights of Indigenous Peoples*, [en ligne] https://www.ohchr.org/sites/default/files/Documents/Issues/IPeoples/EMRIP/FPIC/AssemblyFirstNations_Canada.pdf (consulté le 5 févr. 2020).

Assemblée générale des Nations unies (2007), *Déclaration des Nations unies sur les droits des peuples autochtones, A/RES/61/295*, 2 octobre, New York, Nations unies.

Bankes, N. (2018), *Implementing UNDRIP: Some Reflections on Bill C-262*, [en ligne] https://ablawg.ca/wp-content/uploads/2018/11/Blog_NB_Bill_C-262_Legislative_Implementation_of_UNDRIP_November2018.pdf (consulté le 15 nov. 2019).

Buxton, A. et Wilson, E. (2013), *FPIC and the Extractive Industries: A Guide to Applying the Spirit of Free, Prior and Informed Consent in Industrial Projects*, London, International Institute for Environment and Development.

Canada, (2014), *Canada's Statement on the World Conference on Indigenous Peoples Outcome Document*, Permanent Mission of Canada to the United Nations.

—, (2016), *Fully Adopting UNDRIP: Minister Bennett's Speech at the United Nations.*

Christie, G. (2018), « Implementation of UNDRIP within Canadian and Indigenous Law », *UNDRIP Implementation. More Reflections on the Braiding of International, Domestic and Indigenous Laws,* p. 25-31, Centre for International Governance Innovation (CIGI) [en ligne] https://www.cigionline.org/sites/default/files/documents/UNDRIP%20Fall%202018%20lowres.pdf (consulté le 15 novembre 2019).

Doyle, C. M. (2014), *Indigenous Peoples, Title to Territory, Rights and Resources*, London, Routledge.

Expert Mechanism on the Rights of Indigenous Peoples (2018), *Draft study on Free, Prior and Informed Consent: A human rights-based approach. A/HRC/EMRIP/2018/CRP.1*

Forest Stewardship Council (2018), *Implementing Free, Prior, and Informed Consent (FPIC): A Forest Stewardship Council Discussion Paper*, Bonn, FSC International.

Forest Stewardship Council Canada (2016), *Guidance on Free, Prior and Informed Consent (FPIC)*, Working Draft 1, November 24, Toronto, FSC Canada.

Gibson, G. et O'Faircheallaigh, C. (2015), *IBA Community Toolkit. Negotiation and Implementation of Impact and Benefit Agreements*, Toronto, Gordon Foundation.

Goodin, R. E. (1995), « Political Ideals and Political Practice », *British Journal of Political Science,* 25(1), p. 37-56.

Iacobucci, F. *et al.* (2016), « Free, Prior and Informed Consent in Canada: Towards a New Relationship with Indigenous Peoples », *Torys LLP*, p. 1-37.

Isaac, T. et Hoekstra, J.A A. (2018), « Implementing UNDRIP in Canada: Challenges with Bill C-262 », *Cassels Brock Lawyers*, [en ligne], https://cassels.com/insights/implementing-undrip-in-canada-challenges-with-bill-c-262/ (consulté le 5 févr. 2020).

Joffe, P. (2018), « *Veto* » *and* « *Consent* » *– Significant Differences*, [en ligne] https://quakerservice.ca/wp-content/uploads/2018/10/Veto-and-Consent-Significant-differences-Joffe.pdf (consulté le 15 nov. 2019).

Leydet, D. (2019), « The Power to Consent: Indigenous Peoples, States and Development Projects », *University of Toronto Law Journal*, LXIX(3), p. 371-403.

Lightfoot, S. (2018), « Using Legislation to Implement the UN Declaration on the Rights of Indigenous Peoples », in *UNDRIP Implementation. More Reflections on the Braiding of International, Domestic and Indigenous Laws*, Centre pour l'innovation dans la gouvernance internationale, p. 17-23.

Newman, D. (2014), *Revisiting the Duty to Consult Aboriginal Peoples*, Saskatoon, Purich Publishing.

Papillon, M. et Rodon, T. (2017), « Indigenous Consent and Natural Resource Extraction. Foundations for a Made-in-Canada Approach », *IRPP Insight*, n° 16, p. 1-23.

—, (2019), « The Transformative Potential of Indigenous Driven Approaches to Implementing Free, Prior and Informed Consent: Lessons from Two Canadian Cases », *International Journal of Minority and Group Rights*, 1 (advance online edition), [en ligne] https://brill.com/view/journals/ijgr/27/2/article-p314_314.xml (consulté le 5 févr. 2020).

Schaefer, G. O., Alan Wertheimer, A. (2011), « The Right to Withdraw from Research », *Kennedy Institute of Ethics Journal*, 20(4), p. 329-352.

UN-REDD Programme (2013), *Guidelines of Free, Prior and Informed Consent*, January.

Les protocoles de consultation autochtones au Canada
Un modèle de convergence des systèmes juridiques autochtones et étatiques ?

Jean Leclair
Faculté de droit, Université de Montréal
Martin Papillon
Département de science politique Université de Montréal
Hubert Forget
Faculté de droit, Université de Montréal

Au Canada, comme ailleurs dans le monde, on assiste depuis une vingtaine d'années à l'émergence d'un nouveau régime juridique portant sur la participation des peuples autochtones à la prise de décision concernant la gestion des terres et des ressources naturelles (Wright *et al.*, 2019 ; Newman, 2014 ; Doyle, 2015 ; Barelli, 2018). En contexte canadien, la Cour suprême a reconnu l'obligation de la Couronne – en l'occurrence, l'État central, les provinces et les territoires – de consulter et d'accommoder les peuples autochtones, notamment lorsqu'un projet de développement du territoire ou toute autre mesure gouvernementale risque d'affecter leurs droits reconnus à l'article 35 de la Loi constitutionnelle de 1982 (voir *Nation Haïda*, 2004 ; voir aussi Newman, 2014). Sur le plan international, le droit des peuples autochtones à la consultation est également reconnu, notamment par la Convention 169 de l'Organisation internationale du travail. *La Déclaration des Nations unies sur les droits des peuples autochtones* (DNUDPA), un document non contraignant ayant néanmoins une force morale importante, consacre, quant à elle, à son article 32, l'obligation de consulter les peuples autochtones en vue d'obtenir leur *Consentement préalable, libre et éclairé* (CPLE), lorsque leurs terres ancestrales peuvent être affectées par un projet de développement du territoire et de ses ressources naturelles.

Si ces développements normatifs sont fort significatifs, l'évolution rapide des droits canadien et international sur ces questions soulève plusieurs enjeux. En particulier, l'interprétation de ces nouvelles normes par les tribunaux, mais aussi par les États et les entreprises extractives plus directement concernées, demeure variable et leur portée réelle reste incertaine (Papillon et Rodon, 2020 ;

Doyle, 2015 ; Leifsen *et al.*, 2017 ; Schilling-Vacaflor, 2017 ; Tockman, 2018 ; Leydet, 2019). D'aucuns notent également la difficulté de mettre en place des mécanismes effectifs permettant d'en assurer la mise en œuvre (Papillon et Rodon, 2017 ; Wright et Tomaselli, 2019).

En contexte canadien, les processus mis en place par les autorités fédérales et provinciales afin de répondre à leur obligation constitutionnelle de consulter les peuples autochtones sont régulièrement contestés devant les tribunaux[1]. Plusieurs dénoncent le fait que ces processus consultatifs ont été mis en place de manière unilatérale, sans véritablement que les peuples autochtones, qui sont pourtant les principaux concernés, aient leur mot à dire sur la teneur et les modalités de leur participation (Papillon et Rodon, 2017). On souligne également les limites de ces processus consultatifs, notamment en raison de leur caractère parfois cosmétique (Szablowski, 2010). Autrement dit, on sollicite le point de vue des Autochtones, mais on écoute rarement ce qu'ils ont à dire, ce qui est pourtant l'essence même d'une consultation dont l'objectif ultime est d'accommoder les intérêts constitutionnels autochtones.

C'est dans ce contexte que les peuples autochtones cherchent depuis quelques années à développer des outils leur permettant de mieux affirmer leurs droits et d'exercer un certain contrôle sur les processus consultatifs auxquels ils sont assujettis (Schilling-Vacaflor et Flemmer, 2020 ; Papillon et Rodon, 2020). Cette affirmation juridico-politique passe notamment par l'adoption de protocoles de consultation. Ceux-ci visent à mieux définir les obligations respectives des parties concernées, ainsi que les règles et les procédures entourant les processus de consultation, notamment en ce qui concerne les circonstances permettant l'expression d'un consentement préalable, libre et éclairé. Ces protocoles peuvent être développés de manière collaborative avec les autorités étatiques ou encore avec les promoteurs des projets, mais ils sont de plus en plus mis en place de manière unilatérale par les communautés ou les organisations autochtones.

Nous cherchons dans cet article à mieux saisir la nature et la portée de ces protocoles sur le plan juridique. Nous mettrons en particulier l'accent sur les protocoles unilatéraux, dont le statut est plus ambigu en droit. En effet, si les protocoles bilatéraux issus d'ententes avec les autorités gouvernementales compétentes ou avec un promoteur s'apparentent à des contrats en droit canadien, les protocoles unilatéraux opèrent dans une zone normative plus floue.

---

[1] C'est d'ailleurs ce qui a mené le gouvernement fédéral à reprendre l'examen du projet d'oléoduc Trans Mountain en 2018 (voir la décision de la Cour d'appel fédérale dans l'affaire *Tsleil-Waututh Nation* [2018]).

Ces derniers sont des règles dont la légalité et la légitimité sont en général reconnues par les membres de la communauté autochtone, mais ils ont ceci de particulier d'avoir pour finalité de lier non seulement cette communauté, mais également les tiers que sont les gouvernements et les promoteurs. Or, du point de vue de ces tierces parties, qui se réclament du seul droit étatique, les protocoles unilatéraux ne sont pas des normes contraignantes. Pourquoi alors adopter de tels protocoles unilatéraux, si leur portée est limitée et qu'ils n'engagent pas les tiers ? Ont-ils une fonction au-delà de leur valeur symbolique ?

Afin d'apporter un début de réponse à ces questions, nous proposons ici une étude exploratoire des protocoles unilatéraux adoptés par certaines collectivités autochtones canadiennes. Nous n'avons pas la prétention de faire en l'espèce une étude exhaustive de la question ; il s'agit plutôt de poser les balises d'un champ de recherche qu'il reste à défricher. Nous avons, pour ce faire, répertorié et analysé vingt-deux protocoles unilatéraux récemment adoptés par des Premières Nations ou des collectivités autochtones au Canada (*cf.* liste en fin de texte). Notre objectif n'est pas de mesurer l'effectivité de ces protocoles dans la pratique ou leur légitimité au sein des communautés, car cela exigerait une analyse de terrain qui dépasse le cadre du présent article. Il s'agit plus simplement d'en définir la portée juridique et d'en identifier les finalités.

À partir d'une analyse textuelle de ces derniers, nous défendons ici l'hypothèse que ces protocoles unilatéraux ont d'abord une fonction de mise en relation du droit étatique concernant la consultation avec les systèmes normatifs propres aux collectivités autochtones. La très grande majorité des protocoles unilatéraux analysés dans le cadre de cette étude se réclament en effet explicitement du droit étatique et, dans une moindre mesure, du droit international en matière de consultation et de consentement. Ils visent donc, en premier lieu, à s'approprier le vocabulaire de ces droits national et international, à en infléchir le sens et, par des mécanismes concrets, à combler les vides du droit à la participation qu'ils définissent. À cela s'ajoute, en second lieu, une dimension tout aussi importante, à savoir une volonté d'ancrer la légalité et la légitimité des protocoles unilatéraux dans le droit coutumier propre aux collectivités, en faisant notamment référence aux règles de gouvernance du territoire qu'il comporte et à l'éthique de responsabilité qui le sous-tend. Les protocoles visent ainsi à « rendre visible » un ordre juridique tirant ses sources non pas de l'État, mais plutôt des collectivités elles-mêmes.

Ces protocoles se fondent en ce sens sur une perspective de pluralisme juridique, laquelle tient pour acquise la coexistence possible – conflictuelle ou non – de plusieurs ordres juridiques sur un même territoire (Otis, 2018). Et qui dit « pluralisme juridique » dit également « internormativité », c'est-à-dire « l'ensemble des phénomènes constitués par les rapports qui se nouent et se dénouent entre deux catégories, ordres ou systèmes de normes » (Carbonnier, 1993, p. 313-314). Les systèmes interagissent entre eux de diverses manières. En l'occurrence, les protocoles étudiés ne visent pas à mettre en opposition des systèmes de droit concurrents. Ils cherchent plutôt à les harmoniser à l'intérieur d'un même document élaboré unilatéralement par les communautés autochtones.

Les protocoles unilatéraux tirent leur légitimité de cette volonté d'harmonisation. Mais ils remplissent aussi une fonction programmatoire capitale, dans la mesure où ils annoncent la perspective juridique à partir de laquelle une communauté autochtone entend aborder la question de la consultation. Si leur portée demeure en effet limitée sur le strict plan du droit positif canadien, ces protocoles comblent en partie les vides générés par l'incertitude de celui-ci en matière de consultation et d'accommodement. Ils permettent aux communautés d'exposer aux parties non autochtones les principes et les règles qui président à leur propre compréhension de ce que devrait être une consultation en bonne et due forme devant mener, le cas échéant, à l'expression de leur consentement préalable, libre et éclairé. Ces protocoles ne sont pas indifférents aux impératifs imposés par le déroulement concret des processus de consultation. La prise en compte de ces protocoles peut donc s'avérer un moyen important de réduire les nombreux conflits entourant la prise de décision en matière de développement du territoire et des ressources naturelles.

Avant d'analyser le contenu des protocoles étudiés dans le cadre de cette recherche, nous verrons que leur émergence est directement tributaire de l'évolution, ces dernières années, du droit constitutionnel canadien en matière autochtone. Nous constaterons que, bien qu'il ne reconnaisse pas explicitement aux communautés autochtones un pouvoir d'adopter de tels protocoles unilatéraux, ce droit impose maintenant à la Couronne aux niveaux fédéral et provincial une obligation de consulter et d'accommoder les peuples autochtones. Or, il est possible de prétendre que cette obligation ouvre indirectement une porte à la reconnaissance d'un tel pouvoir.

Une analyse détaillée des protocoles étudiés suivra, afin de souligner leur ancrage dans la perspective pluraliste évoquée plus haut, mais aussi dans une ontologie relationnelle qui, pour les Autochtones, structure leurs rapports avec le monde qui les environne. L'analyse du contenu des protocoles permettra en dernier lieu de souligner leur fonction programmatoire et leur capacité à venir combler le déficit de légitimité dont souffrent cruellement les processus actuels de consultation mis en place par l'État et par les promoteurs.

Une place limitée, mais non négligeable, pour les protocoles unilatéraux en droit canadien

Depuis le début des années 1980, le faisceau des normes de droit constitutionnel canadien et de droit international applicables aux peuples autochtones s'est radicalement enrichi. Au Canada, c'est d'abord à la Cour suprême qu'est revenue la tâche d'interpréter l'article 35 de la Loi constitutionnelle de 1982 qui reconnaît et confirme les « droits existants – ancestraux ou issus de traités – des peuples autochtones du Canada ». Si elle donne à ces droits une portée très large dans certains cas, la Cour refusera de fonder la reconnaissance des droits ancestraux autochtones sur un résidu de souveraineté inhérente autochtone. La reconnaissance et la protection des droits ancestraux trouvent plutôt leur justification dans l'occupation antérieure du territoire par les peuples autochtones (*Van der Peet*, 1996, par. 30) [voir Leclair et Morin, 2019, et Grammond, 2013].

Le droit constitutionnel canadien ne reconnaît donc pas formellement une souveraineté inhérente (ni aucun droit général à l'autodétermination interne) aux communautés autochtones (*Pamajewon*, 1996, par. 27). En d'autres mots, celles-ci ne sont pas investies d'une autorité autonome les autorisant à exercer un pouvoir de nature législative permettant l'adoption de normes contraignantes d'application générale, comme des protocoles unilatéraux. En droit positif canadien, à moins qu'une loi fédérale ne lui délègue un pouvoir réglementaire donné, une communauté autochtone est dépourvue d'autorité législative. Les communautés autochtones n'étant pas formellement autorisées par une loi à les adopter, les protocoles mis en place de manière unilatérale n'ont donc pas, en conséquence, d'assises solides en droit positif canadien.

Reconnaissance d'un pouvoir normatif limité ?

S'il est vrai que la Cour suprême n'a jamais reconnu aux communautés autochtones un droit à l'autonomie gouvernementale, et ce, même de portée limitée, elle a toutefois reconnu que les droits ancestraux et le titre ancestral étaient des droits collectifs détenus par les communautés autochtones. Au surplus, elle a affirmé qu'il appartenait aux détenteurs d'un titre ancestral (*Delgamuukw*, 1997, par. 166), de droits ancestraux (*Nikal*, 1996, par. 106 et 188) ou de droits issus de traités (*Marshall*, 1999, par. 17) d'en aménager les modalités d'exercice. De la conjonction de ces deux éléments – droit collectif et capacité de faire des choix – découle un pouvoir normatif qui ne proviendrait pas d'une délégation de pouvoir par l'un ou l'autre ordre de gouvernement. Il tirerait sa source de l'interprétation donnée par la Cour suprême à la Constitution. Il s'apparente donc à un pouvoir souverain limité, et il trouve son fondement en droit constitutionnel positif. Bref, on pourrait soutenir que les protocoles unilatéraux, même s'ils ne sont pas formellement reconnus, trouvent néanmoins assise dans la théorie des droits ancestraux et issus de traités développés par la Cour suprême (Leclair et Morin, 2019, par. 64).

L'émergence de la doctrine de l'obligation de consulter et d'accommoder les peuples autochtones lorsque leurs droits reconnus à l'article 35 peuvent être affectés par une décision ou une action de la Couronne est toutefois venue ajouter une pièce au puzzle constitutionnel. Sans entrer dans les détails indûment compliqués, il suffit de rappeler que la Cour a développé une série de critères afin de déterminer à quel moment est déclenchée l'obligation de consulter et d'accommoder une communauté autochtone :

> Ce [test] [...] comporte trois volets : (1) la connaissance par la Couronne, réelle ou imputée, de l'existence possible d'une revendication autochtone ou d'un droit ancestral, (2) la mesure envisagée de la Couronne et (3) la possibilité que cette mesure ait un effet préjudiciable sur une revendication ou un droit ancestral (*Rio Tinto Alcan Inc.*, 2010, par. 31).

L'obligation de consulter variera en intensité selon les circonstances de chaque affaire. Deux éléments viendront en moduler l'intensité et l'étendue : « l'évaluation préliminaire de la solidité de la preuve étayant l'existence du droit ou du titre revendiqué, et [...] la gravité des effets préjudiciables potentiels sur le droit ou le titre » (*Nation Haïda*, 2004, par. 39). Il s'ensuit, selon la Cour, que l'obligation de consulter pourra se décomposer selon un spectre allant de la simple remise d'information à une consultation poussée :

> À une extrémité du continuum se trouvent les cas où la revendication de titre est peu solide, le droit ancestral limité ou le risque d'atteinte faible. Dans ces cas, les seules obligations qui pourraient incomber à la Couronne seraient d'aviser les intéressés, de leur communiquer des renseignements et de discuter avec eux des questions soulevées par suite de l'avis. [...] À l'autre extrémité du continuum, on trouve les cas où la revendication repose sur une preuve à première vue solide, où le droit et l'atteinte potentielle sont d'une haute importance pour les Autochtones et où le risque de préjudice non indemnisable est élevé. Dans de tels cas, il peut s'avérer nécessaire de tenir une consultation approfondie en vue de trouver une solution provisoire acceptable. [...] Il faut procéder au cas par cas (*Nation Haïda*, 2004, par. 43-45).

Cette obligation de consulter de bonne foi n'entraîne pas la reconnaissance aux Autochtones d'un droit de veto et n'impose pas non plus à la Couronne l'obligation d'en arriver à une entente (*Nation Haïda*, 2004, par. 10 et 42 à 48). Toutefois, la Cour insiste sur le fait que la consultation n'est pas simplement, pour les Autochtones, une « occasion de se défouler » avant que les gouvernements n'agissent à leur guise (*Première nation crie Mikisew*, 2005, par. 54.). Elle suppose une volonté de se comprendre les uns les autres (*Clyde River [Hameau]*, 2017, par. 49). La consultation requiert parfois « la modification éventuelle des énoncés de politique compte tenu des renseignements obtenus ainsi que la rétroaction » (*Nation Haïda*, 2004, par. 46). En somme, « il faut qu'il y ait un dialogue qui mène à une prise en compte sérieuse et manifeste » des préoccupations exprimées (*Tsleil-Waututh Nation*, 2018, par. 501).

Malgré l'accent mis sur l'idée de consultation, on sent que, de plus en plus, les tribunaux encouragent la recherche du consentement. Ainsi, la Cour suprême a déclaré dans *Nation Tsilhqot'in* (2014, par. 76, 88 et 90) que, si le gouvernement veut porter atteinte à un titre ancestral dont la preuve a été établie, il doit, avant toute chose, faire la démonstration qu'il a tenté d'obtenir le *consentement* des interlocuteurs autochtones. Si le gouvernement n'obtient pas un tel consentement, il ne pourra y porter atteinte qu'à des conditions bien précises (Leclair et Morin, 2019, par. 167).

Or, puisque selon la Cour la force probante d'un droit allégué peut s'intensifier avec le passage du temps, le gouvernement, comme les parties privées, devrait chercher à obtenir le consentement des interlocuteurs autochtones le plus tôt possible. En effet, la Cour souligne dans le même arrêt qu'il vaut mieux ne pas courir de risque et obtenir le consentement de la partie autochtone le plus tôt possible :

> [U]ne fois l'existence du titre établie, il peut être nécessaire pour le gouvernement de réévaluer sa conduite passée compte tenu de cette nouvelle réalité afin de s'acquitter fidèlement par la suite de son obligation fiduciaire envers le groupe titulaire du titre. Par exemple, si, avant que le titre ancestral soit établi, le gouvernement a entrepris un projet sans le consentement du groupe autochtone, il peut être tenu de l'annuler une fois l'existence du titre établie si la poursuite du projet porte indûment atteinte aux droits des Autochtones (*Nation Tsilhqot'in*, 2014, par. 92).

Comme l'obligation de consulter et d'accommoder s'applique également aux droits potentiels issus de traités historiques ou modernes (*Première nation crie Mikisew*, 2005 ; *Beckman*, 2010, par. 38, 43, 62 et 71), et comme l'incertitude plane aussi sur la nature et l'étendue de ces droits potentiels, il importe donc, ici encore, de chercher à obtenir le plus rapidement possible le consentement de la partie autochtone touchée.

En somme, il est vrai que la Cour a été, jusqu'à présent, réticente à reconnaître formellement aux communautés autochtones un droit d'adopter des normes d'application générale, comme le sont les protocoles unilatéraux. Toutefois, en imposant aux gouvernements un devoir de consulter, sinon même d'obtenir le consentement des Autochtones, afin de limiter les atteintes à ces droits, elle se trouve à encourager indirectement les communautés autochtones à fixer elles-mêmes les balises d'une consultation jugée adéquate. Et quelle meilleure démonstration de leur bonne foi les gouvernements et les promoteurs pourraient-ils faire, sinon en adhérant volontairement aux critères de consultation élaborés par les communautés autochtones ?

Enfin, il ne faut pas oublier que les délais et les coûts associés à l'incertitude juridique entourant l'obligation constitutionnelle de consulter et d'accommoder les droits ancestraux et issus de traités sont, en eux-mêmes, une raison suffisante pour les promoteurs et les gouvernements de chercher à obtenir le consentement des communautés autochtones (Coates et Flavell, 2016 ; Forget, 2018 ; Papillon et Rodon, 2017). Une manière efficace d'y parvenir est d'obtempérer à l'application des protocoles unilatéraux autochtones. Il ne faut pas non plus négliger les dommages concernant la réputation qui, de plus en plus, s'attachent à la violation des revendications autochtones. La saga entourant les projets d'oléoducs et de gazoducs sur la côte ouest du pays illustre parfaitement les risques liés à un processus de consultation inadéquat, qui ne tient pas suffisamment compte des perspectives autochtones (Bakx, 2016).

L'adhésion « pleine et entière » du Canada à la Déclaration des Nations unies sur les droits des peuples autochtones (Canada, 2016) constitue un argument de plus en faveur de la reconnaissance d'un rôle plus important aux peuples autochtones en matière de consultation. Le paragraphe 32(2) de la DNUDPA prescrit que les États doivent

> consulte[r] les peuples autochtones concernés et coop[érer] avec eux de bonne foi par l'intermédiaire de leurs propres institutions représentatives, en vue d'obtenir leur consentement, donné librement et en connaissance de cause, avant l'approbation de tout projet ayant des incidences sur leurs terres ou territoires et autres ressources [...].

Quoique la DNUDPA n'ait pas de force obligatoire en droit canadien, l'État fédéral, tout comme les gouvernements provinciaux, doit désormais mettre en place des mécanismes de consultation qui répondent à cette exigence.

Dans un rapport sur le renouvellement de la loi fédérale sur l'évaluation environnementale, un Comité d'experts mandaté par le gouvernement suggérait précisément de reconnaître les mécanismes décisionnels autochtones comme partie intégrante du processus d'évaluation des projets à la lumière des principes énoncés dans la DNUDPA (Canada, 2017). La nouvelle *Loi sur l'évaluation d'impact* ne va pas aussi loin, mais elle entrouvre néanmoins la porte à la reconnaissance d'une certaine autorité aux collectivités autochtones dans le processus d'évaluation des projets (Canada, L.C. 2019, ch. 28, art. 1).

Les protocoles comme modes d'articulation des ordres juridiques autochtones et étatiques

Le pluralisme juridique « postule l'existence simultanée de plusieurs systèmes juridiques, notamment non étatiques, en relation d'opposition, de coopération ou d'ignorance réciproque » (Rouland, 2003, p. 4). Ces systèmes ou ordres juridiques possèdent chacun leurs propres critères de légalité (qu'en est-il du droit aux yeux dudit système ?) et de légitimité (qu'est-ce qui fonde l'autorité de ce droit ?). Autrement dit, un ordre juridique autochtone n'a pas besoin d'être reconnu par l'État pour exister. Ainsi, dans la mesure où un protocole de consultation a été adopté conformément aux critères de légalité et de légitimité d'un ordre juridique autochtone donné, il constitue du droit, bien qu'il ne satisfasse pas aux critères de légalité établis par le droit étatique.

Comme il est mentionné plus haut, dans un environnement où coexistent plusieurs ordres juridiques fleurit toujours un phénomène dit d'« internormativité », les systèmes interagissant entre eux de diverses manières. On verra qu'ici les communautés étudiées ont choisi de fondre en un même document des principes et des normes propres aux deux systèmes juridiques en présence et qui viennent se compléter les uns les autres.

Aperçu des protocoles étudiés

Vingt-deux protocoles unilatéraux ont été répertoriés dans le cadre de cette étude exploratoire (*cf.* la liste des protocoles en fin de texte). La sélection des protocoles s'est faite d'abord sur la base d'une représentativité régionale, mais en ayant en tête la diversité des contextes juridiques au sein desquels évoluent les collectivités autochtones au Canada. En effet, alors que certaines Premières Nations ont signé des traités historiques, d'autres ont plutôt paraphé des ententes de revendication territoriale contemporaines. Ces dernières comportent en général des mécanismes de cogestion du territoire et d'autonomie gouvernementale plus poussés. Enfin, dans certains cas, notamment en Colombie-Britannique, la question du titre ancestral demeure en suspens, ce qui ouvre la porte à une affirmation plus marquée et unilatérale d'autorité juridictionnelle autochtone sur le territoire. La répartition géographique des vingt-deux protocoles est la suivante : Ontario (11), Colombie-Britannique (7), Alberta (2), Territoires du Nord-Ouest (1), Saskatchewan (1). Cinq protocoles ont ensuite été sélectionnés pour une analyse plus poussée. Ceux-ci ont été sélectionnés en raison de leur exhaustivité et en fonction de l'emplacement géographique des communautés qui les ont adoptés. Il s'agit des protocoles des collectivités et des nations suivantes :

- Six Nations of the Grand River (2013) – ci-après *Six Nations*
- Deshkan Ziibiing/Chippewas of the Thames First Nation (2016) – ci-après *Chippewas*
- Curve Lake First Nation (2013) – ci-après *Curve Lake*
- Northern Secwepemc te Qelmucw Leadership (2009) – ci-après *NStQ*
- Mikisew Cree First Nation (2009) - ci-après *Mikisew*

À noter que ces cinq collectivités sont toutes signataires de traités historiques avec la Grande-Bretagne ou le Canada, à l'exception de NStQ (*Northern Secwepemc te Qelmucw*). Enfin, rappelons que tous les protocoles étudiés ont été adoptés par des autorités communautaires dont nous présumons qu'elles sont légitimes aux yeux de leurs commettants, mais cette question n'a pas fait l'objet d'une recherche approfondie.

Tous les protocoles épousent une structure assez analogue. Après un préambule où sont rappelées les motivations à l'origine de l'adoption du protocole, un exposé plus ou moins détaillé des principes et des normes (autochtones ou non) au fondement de celui-ci est donné. Par la suite, le processus concret de consultation est décrit, tout comme le rôle des différents acteurs (gouvernements, promoteurs, communautés, etc.), ainsi que le mode d'expression du consentement par la communauté. S'ajoutent à cela des dispositions relatives aux délais à respecter, au financement et aux mécanismes de règlement de différends.

Reconnaissance du droit étatique et international

Une constante émerge de l'étude de ces protocoles. Malgré leur nature unilatérale, ceux-ci donnent aux communautés l'occasion de faire la démonstration qu'elles n'excluent pas le droit constitutionnel positif canadien comme source de leur pouvoir d'adopter des protocoles unilatéraux. Bien au contraire, toutes les communautés autochtones, sans exception, fondent en partie ou en totalité leurs protocoles de consultation sur la jurisprudence développée par la Cour suprême en cette matière. Quatorze (14) d'entre elles précisent même que rien dans leur protocole ne doit être interprété comme une renonciation à la protection que leur garantit le droit constitutionnel canadien. On peut lire ceci dans la *Consultation Policy* de la Federation of Saskatchewan Indian Nations :

> Aucune disposition de la présente politique ne doit être interprétée de manière à abroger ou à déroger à la protection conférée aux droits existants des Premières Nations ou aux droits issus de traités des Premières Nations du Canada, par la reconnaissance et l'affirmation de ces droits dans l'article 35 de la Loi constitutionnelle de 1982 (*Federation of Saskatchewan Indian Nations*, art. 5,2, notre trad.).

Loin de se situer en rupture avec le droit étatique, les protocoles étudiés se l'approprient et cherchent à lui donner une portée pratique à travers la définition de mécanismes précis. Ces références au droit canadien ont pour objectif d'augmenter l'effet structurant des protocoles unilatéraux. Nous l'avons vu plus haut, le droit canadien ne reconnaît pas un pouvoir explicite aux communautés autochtones de déterminer elles-mêmes la forme que doit épouser la consultation en se fondant sur leurs propres traditions juridiques.

Dans un tel contexte, un protocole qui ne s'appuie que sur des fondements normatifs autochtones a un pouvoir de contrainte moindre, puisqu'il est dépourvu de légitimité aux yeux d'un tribunal canadien. En se fondant sur les exigences de consultation qui trouvent appui en droit canadien, les protocoles ont de meilleures chances d'être reconnus et sanctionnés par les tribunaux étatiques. Plusieurs protocoles prennent d'ailleurs acte de l'importance du rôle que peuvent jouer les tribunaux dans leur mise en œuvre, en prévoyant explicitement que la communauté peut, par voie judiciaire, faire trancher tout différend quant à l'interprétation ou à l'exécution des obligations découlant des protocoles (*Curve* Lake, 2013, p. 10 ; *Chippewas*, 2013, p. 21 ; *Mikisew*, 2009, p. 13).

L'absence d'hésitation à invoquer le droit constitutionnel canadien s'explique aussi par le fait qu'il reconnaît aux droits issus de traités une place importante. Le par. 35(1) de la Loi constitutionnelle de 1982 y fait expressément référence, et la Cour suprême a développé une abondante jurisprudence sur la difficile question de leur interprétation. Les protocoles font ainsi généralement référence aux traités, qui sont définis comme des documents sacrés liant entre elles des communautés politiques autonomes :

> Ces partenariats établissant les fondements de la paix reposaient sur le principe du respect mutuel et sur une compréhension commune du fait que, par le biais de cérémonies et d'appels au Créateur visant à attester la sincérité des promesses faites, ainsi que d'un échange de ceintures de wampum, des alliances formelles sont créées et maintenues entre des communautés politiques distinctes (*Chippewas*, 2013, p. 6, notre trad.).

Toutefois, cela ne signifie pas que le droit canadien soit l'unique source à l'origine des protocoles. Exception faite de trois (3) d'entre eux (*Mikisew*, 2009 ; Wahnapitae, 2010 ; *Westbank*, 2011), tous les protocoles affirment reposer sur d'autres sources d'autorité que le droit constitutionnel canadien. Parmi ces dix-neuf (19) protocoles, dix (10) d'entre eux renvoient au droit international (en précisant parfois faire référence à la DNUDPA), alors que, selon des formulations variables sur le plan du vocabulaire et de leur généralité, seize (16) autres déclarent reposer sur le droit inhérent de la communauté autochtone à s'autogouverner ou sur son droit propre.

Reconnaissance d'une normativité spécifiquement autochtone

Comme on l'a vu dans la partie 1, la Cour suprême a indirectement reconnu un espace d'intervention normative aux communautés autochtones détentrices de droits collectifs ancestraux et issus de traités, car ces droits donnent ouverture, entre autres choses, à une obligation pour les gouvernements et les promoteurs d'engager avec les communautés autochtones « un dialogue qui mène à une prise en compte sérieuse et manifeste des accommodements » (*Tsleil-Waututh Nation*, 2018, par. 501).

Les protocoles unilatéraux sont l'occasion d'investir cet espace normatif, ainsi qu'une possibilité pour les communautés autochtones de présenter les règles et les principes du droit autochtone, non pas comme une curiosité anthropologique, mais comme du droit, au même titre que leurs équivalents étatiques. Les préambules de plusieurs protocoles témoignent de leur enracinement dans une perspective juridique pluraliste.

Tous les protocoles analysés exposent, avec plus ou moins de détails, les principes généraux devant guider l'application des règles plus précises qui y sont ensuite décrites. Plusieurs de ces principes sont fort ressemblants à ceux développés par la Cour suprême du Canada. Pensons, par exemple, à l'honneur de la Couronne, la réconciliation, la bonne foi et le respect mutuel. S'en ajoutent d'autres toutefois qui, cette fois, s'inscrivent dans une perspective plus explicitement inspirée des traditions juridiques autochtones. Ainsi, en préambule de son long exposé des principes *anishinaabegs* l'insufflant, le protocole *Chippewas* déclare :

> Notre engagement auprès des autres communautés provient de la reconnaissance de plusieurs principes, qui découlent du don de la vie et de la terre, offert par notre Créateur, qui nous a ainsi placés dans un monde rempli de relations avec les autres. *Notre responsabilité est de maintenir ces relations, en accord avec les principes découlant de notre récit de création. Cette responsabilité est au cœur du maintien de notre bien-être en tant que peuple.* Ces principes ont inspiré nos ancêtres à l'occasion de négociation de traités et ils sont toujours d'actualité dans nos relations avec les instances fédérales, provinciales et municipales. Ils informent notre manière d'aborder la discussion et la consultation portant sur nos droits et responsabilités. Ils *s'ajoutent, sans être en conflit avec*, aux principes bien connus que les tribunaux canadiens ont construits à partir de la *common law* relative à « l'obligation de consulter et, lorsque nécessaire, d'accommoder » (*Nation Haïda*, 2004) [*Chippewas*, 2013, p. 7, notre trad., nos italiques].

L'articulation des protocoles au droit canadien n'est donc pas nécessairement synonyme de soumission à l'ordre juridique étatique. Comme le souligne le protocole *NStQ* (2009), lequel se fonde sur les droits inhérents des Premières Nations de Shuswap, les droits garantis par l'ordre juridique shuswap chevauchent ceux que reconnaissent le droit constitutionnel canadien et le droit international (y compris la DNUDPA) :

> Plusieurs de [ceux-ci] se *chevauchent*. Par exemple, le droit préexistant de NStQ et sa responsabilité inhérente d'agir en tant que gardienne de la terre, de l'eau et des autres ressources naturelles coexistent avec le droit exclusif de NStQ, en tant que détentrice d'un titre ancestral, de décider de la manière dont le territoire sera utilisé et ce, conformément à nos lois, traditions et valeurs ; ainsi qu'avec le droit humain fondamental de NStQ de maintenir et de jouir

sans discrimination de ses droits de propriété sur son territoire ancestral et de ses ressources (*NStQ*, p. 8-9, notre trad., nos italiques).

Encore une fois, on constate une volonté de présenter les systèmes juridiques autochtones comme complémentaires et non antagoniques au droit constitutionnel canadien. L'objectif des communautés est d'informer leurs interlocuteurs qu'il existe une telle chose qu'un droit autochtone, et de les rassurer sur le caractère souvent harmonieux de celui-ci avec les principes poursuivis par le droit constitutionnel canadien.

S'ajoute à cela une exigence de respect mutuel, et donc de reconnaissance. Le protocole *NStQ* est emblématique à ce point de vue. On y affirme que :

> [Les] directives de consultation de NStQ expriment l'attente de NStQ que les gouvernements et les tiers consultent NStQ d'une manière qui reconnaisse et respecte le peuple, les institutions politiques, le système juridique et les droits de NStQ. Dans la vision du monde de NStQ, cette reconnaissance et ce respect sont à la base d'une véritable consultation (*NStQ*, 2009, p. 2, notre trad.).
>
> Les institutions politiques et le droit NStQ ne sont pas moins légitimes ou n'ont pas un statut inférieur aux institutions politiques et au droit canadien et doivent être traitées en conséquence. NStQ exige que ses interlocuteurs respectent les droits de NStQ et leur portée *juridique* en tant que droits ancestraux/inhérents, constitutionnels et humains (NStQ, 2009, p. 9, notre trad.).

Le protocole *NStQ* revient à plusieurs reprises, et de manière très habile, sur la nécessité pour les gouvernements et les promoteurs d'envisager les questions d'un point de vue autochtone. Sous la rubrique « réconciliation », les communautés secwepemc disent reconnaître que celle-ci requiert partage et compromis. Toutefois, elles prennent soin de rappeler qu'en raison du contexte historique canadien, il existe des limites à ce qu'on peut exiger d'elles :

> Ceux qui souhaitent consulter NStQ au sujet de leurs projets d'exploitation doivent comprendre qu'ils demandent au peuple NStQ de partager et de compromettre leur titre, leurs droits et leurs intérêts, au-delà de ce qui a déjà été cédé. Ceux qui souhaitent les consulter doivent également comprendre que NStQ ne peut pas tout partager et tout compromettre, sans fin, au point de rompre le lien sacré avec ses ancêtres, de négliger les besoins des vivants et d'abandonner les générations futures (NStQ, 2009, p. 11, notre trad.).

En somme, en plus de s'inspirer directement des droits canadien et international, les protocoles permettent aux communautés autochtones d'affirmer leur propre registre normatif et de souligner le caractère complémentaire des multiples ordres juridiques en présence.

Il est important de souligner que la double articulation des protocoles unilatéraux aux normativités étatique et autochtones s'inscrit dans une ontologie relationnelle typique de nombreuses traditions juridiques autochtones. Sans vouloir essentialiser des traditions fort complexes, nous pouvons affirmer que, pour les peuples autochtones, le droit est composé d'un tissu de relations, de devoirs et de responsabilités qui lient entre eux et à leur territoire les êtres animés et inanimés (Thériault et Delisle l'Heureux, 2018). Le protocole *NStQ* est explicite à cet égard :

> Nous avons utilisé les ressources naturelles dont nous dépendions conformément à notre croyance que la famille et les relations s'étendent non seulement à notre famille humaine, mais également à notre relation au monde naturel. Tous les êtres vivants sont interconnectés et valorisés au même titre que les humains. C'est dans nos valeurs de nous respecter mutuellement et de respecter notre environnement (NStQ, 2009, p. 5, notre trad. ; voir également Chippewas, 2013, p. 8).

Plusieurs protocoles mettent l'accent non seulement sur ce rapport au territoire[1], mais aussi sur cette ouverture à l'Autre, et à la collaboration avec autrui. Ainsi, le protocole *Chippewas* rappelle les ententes entre cette communauté autochtone et la Confédération haudenosaunee (iroquoise) (*Chippewas* 2013 : p. 6 et 10) avec laquelle elle reconnaît avoir parfois partagé une partie de son territoire. Dans le protocole *Curve Lake*, on mentionne que la nation anishnaabeg, par le passé, partageait son territoire avec les Odawas et les Wendats, et que c'est dans le même esprit qu'elle souhaite aujourd'hui définir des règles mutuellement acceptables de coexistence avec l'État canadien (*Curve* Lake, 2013, p. 19).

En bref, les protocoles sont l'expression claire d'une posture juridique pluraliste où s'affirme la volonté des communautés autochtones de faire coexister les systèmes juridiques étatique et autochtones, sans que les deuxièmes soient subordonnés au premier.

Le contenu des protocoles : combler les incertitudes générées par le droit constitutionnel canadien

L'analyse des cinq protocoles sélectionnés révèle que les communautés s'en servent d'abord comme moyen de combler les vides générés par l'incertitude du droit constitutionnel canadien en matière de consultation autochtone. Or, comme nous le verrons maintenant, bien que les objectifs, principes et règles énoncés dans ces protocoles soient présentés comme recoupant et complétant, sans les contredire, les objectifs, principes et règles reconnus par le droit constitutionnel canadien, en vérité, ils vont parfois au-delà de ce que ceux-ci

---

[1] Tous les protocoles analysés en détail insistent sur l'importance de ce rapport au territoire. Voir entre autres *Aamjiwnaang First Nation* (2010) : 1 ; *Alderville First Nation* (2015) : 8 ; *Deh Cho First Nation* : 2 ; *Metis Nation of Alberta* (2016), 20 ; *Tsleil-Waututh* (2009) : 4 ; *Walpole Island* (2009) : 4-5.

prescrivent. Les protocoles sont donc l'occasion pour les communautés de convaincre les parties non autochtones du bien-fondé des principes et règles juridiques autochtones qui, selon elles, devraient encadrer une consultation en bonne et due forme. C'est à cette fonction programmatoire que nous nous attardons ici.

Participer plutôt que subir le développement reposant sur l'extraction et l'exploitation des ressources naturelles

Un premier trait commun aux protocoles étudiés est que, contrairement à ce que le commun des mortels pourrait croire, l'adoption unilatérale de protocoles de consultation n'a pas, selon notre échantillon, pour objectif de s'opposer à toute forme de développement fondé sur l'extraction et l'exploitation des ressources naturelles. Au contraire, les cinq communautés dont les protocoles ont été analysés en détail appuient explicitement ou implicitement le développement économique, y compris celui qui se fonde sur l'exploitation des ressources. Seize protocoles unilatéraux répertoriés prévoient également la possibilité de négocier des *Ententes sur les Répercussions et les Avantages* (ERAs), ce qui indique clairement l'ouverture de ces communautés à ce type de développement. Cependant, il faut se garder de généraliser. Il ne faut pas conclure de cette étude exploratoire que, parce que les nations qui rédigent des protocoles unilatéraux sont favorables à l'extraction des ressources naturelles, il en va de même de toutes les communautés autochtones. Au surplus, les communautés étudiées ici cherchent à assurer la réalisation de ce type de développement d'une manière respectueuse de leurs convictions, de leurs droits, ainsi que de leurs intérêts.

Ce que les communautés cherchent avant tout, c'est le droit de bénéficier des avantages de ce développement et de participer, sur une base continue, aux décisions qu'il suppose. À titre d'exemple, le protocole *NStQ* affirme :

> Les Northern Secwepemc te Qelmucw ne sont pas nécessairement opposés au développement économique ou à d'autres formes de changement, mais cherchent à en tirer avantage. NStQ doit veiller à ce que le développement des ressources et d'autres actifs se déroule dans le respect des droits, des traditions, des valeurs et de la culture NStQ. Northern Secwepemc te Qelmucw doit participer au contrôle et à la gestion du développement qui les touche, et ils exigent une part des avantages sociaux et économiques qui en découlent (*NStQ*, 2009, p. 2-3, notre trad.).

En outre, comme le précise le protocole *Chippewas*, une consultation respectant les exigences autochtones encouragera non seulement un développement profitable à toutes les parties, mais fera de ces projets d'exploitation des entreprises légitimes aux yeux des membres de la communauté et de la nation anishinaabeg en général (*Chippewas*, 2013, p. 11).

La communauté met ainsi l'accent sur la nécessité d'une légitimité partagée là où ses droits et ses intérêts chevauchent ceux des non-Autochtones. Afin de renforcer la légitimité des décisions prises, certains protocoles prévoient même un processus auquel doivent s'assujettir les autorités de la communauté avant de pouvoir consentir à un projet (*Six* Nations, 2013, p. 6).

Insister sur l'importance du consentement autochtone

Si les protocoles s'inscrivent dans une démarche de reconnaissance de la pluralité des ordres juridiques au pays, c'est qu'ils visent au fond à faire reconnaître la légitimité des collectivités en tant qu'autorité décisionnelle et productrice de normes contraignantes lorsqu'un projet de développement peut affecter leurs terres ancestrales. On cherche ainsi à passer d'un modèle strictement consultatif à une approche qui repose sur le consentement. En fait, qu'il y soit ou non fait mention de la DNUDPA, tous les protocoles analysés en détail exigent, explicitement (Chippewas, 2013, p. 9 et p. 17 ; *Six Nations*, 2013, p. 1 et 5-6 ; NStQ, 2009, p. 9 ; *Curve* Lake, 2013, p. 2, 7 et 11) ou implicitement[1], l'obtention du consentement de la communauté autochtone. Comme le souligne le protocole *Chippewas*, « notre consentement [...] est fondamental à l'expression de notre statut de peuple possédant *dibendizawin*, ou le droit à l'autodétermination » (2013, p. 9, notre trad.).

Les protocoles s'attardent donc à décrire les conditions et les modalités d'expression de ce consentement. La majorité des protocoles attribuent en ce sens aux communautés le pouvoir de décider, parfois unilatéralement, parfois conjointement, de la nature même des processus de consultation et des étapes devant mener à l'autorisation d'un projet. Ainsi, après la réception par la communauté d'une description du projet proposé, quatre des cinq protocoles analysés donnent à la communauté le pouvoir de déterminer elle-même l'ampleur de la consultation que doivent effectuer les promoteurs et les gouvernements (Chippewas, 2013, p. 14-15 ; *Six Nations*, 2013 : p. 5-6 ; *NStQ*, 2009, p. 9 ; *Curve* Lake, 2013, p. 7). Quatre des cinq protocoles affirment également que, dans le cas de projets à impacts importants, la première étape de la consultation « *is to discuss the process itself* » (NStQ, 2009, p. 15 ; voir aussi *Mikisew*, 2009, p. 7 ; Chippewas, 2013, p. 16 ; *Curve* Lake, 2013, p. 9). Certains protocoles requièrent explicitement la signature d'ententes de consultation (Chippewas, 2013, p. 16 ; *Curve* Lake, 2013, p. 9). Le protocole *Curve Lake* établit que le processus de consultation pourra supposer la mise en place d'institutions communes pour en assurer la supervision :

---

[1] Sans recourir au mot « consentement », le protocole *Mikisew* (2009, p. 17) reconnaît tout de même à la communauté le pouvoir de rejeter, retarder ou modifier une proposition.

Le cadre de consultation spécial pourrait nécessiter la création d'un comité de consultation mixte composé de représentants de la Première Nation de Curve Lake et du promoteur. Au besoin, le comité mixte de consultation se réunira régulièrement pour formuler des recommandations sur le processus et les moyens de tenir compte des intérêts de la Première Nation de Curve Lake, y compris, sans toutefois s'y limiter, la négociation de protocoles d'entente, d'accords sur les répercussions et les avantages, ou d'autres accords concernant les questions en litige (*Curve* Lake, 2013, p. 9, notre trad.).

Cette citation met également l'accent sur une dimension importante de la consultation, du point de vue autochtone : son caractère continu. Tous les protocoles y font référence d'une manière ou d'une autre[1]. Bien sûr, cela s'accorde avec l'idée de relations qui s'inscrivent dans le temps et qui exigent un polissage permanent (Chippewas, 2013, p. 11). Dans cette perspective, le consentement est donc itératif. Il émerge d'un dialogue continu entre les parties (Leydet, dans ce numéro).

On devine également l'importance, pour les communautés, d'ententes d'accommodement sur lesquelles devra déboucher la consultation pour qu'un projet soit jugé acceptable. Comme l'affirme éloquemment le protocole *NStQ* :

La négociation réussie d'un accord juste, respectueux et mutuellement acceptable est la pierre angulaire de la consultation. Une telle négociation confirme les droits ancestraux/inhérents, constitutionnels et les droits garantis par le droit international de NStQ. Elle confère une légitimité à l'activité proposée à la lumière de ces droits. Ce faisant, elle fait véritablement avancer la cause de la réconciliation des peuples autochtones et non autochtones sur le territoire NStQ, en Colombie-Britannique et au Canada (*NStQ*, 2009, p. 17, notre trad.)[2].

Les communautés insistent parfois sur les caractéristiques d'une éventuelle entente d'accommodement. Par exemple, une telle entente devra être signée avant que toute activité ne soit mise en branle et reconnue comme étant coercitive. Elle pourra comprendre des mesures telles que la modification des plans originaux, la mitigation des dommages, la compensation, et la signature d'ERAs, d'ententes sur la gestion des questions de propriété intellectuelle, sur le partage des redevances et des loyers, sur la mise en place d'institutions communes et sur la question de l'embauche de personnel autochtone par le promoteur.

Enfin, tous les protocoles analysés prescrivent le recours à des modes alternatifs de résolution de conflit (médiation, arbitrage, etc.), en cas

---

[1] Certains s'y réfèrent explicitement : *Mikisew*, 2009, p. 6-8 ; *Chippewas*, 2013, p. 17-18 ; *Curve Lake*, 2013, p. 11.

[2] À propos des ententes de consultation, voir *Six Nations*, 2013, p. 2 ; Mikisew, 2009, p. 17 ; *Chippewas*, 2013, p. 19-20 ; *Curve* Lake, 2013, p. 10.

d'impasse à l'occasion du processus de consultation (NStQ, 2009, p. 17 ; *Six Nations*, 2013, p. 6 ; Mikisew, 2009, p. 13 ; Chippewas, 2013, p. 20-21 ; *Curve* Lake, 2013, p. 10). En raison de l'impératif de consentement exposé plus haut, certains de ces renvois aux modes alternatifs de résolution de conflit insistent sur la nécessité de préserver le rapport d'égalité entre les partenaires. Voici les termes employés par le protocole *Six Nations* :

> Tout processus de résolution de conflit doit être : (1) mené de manière à ce que les Six Nations disposent d'un pouvoir décisionnel équivalent ; (2) mené de manière impartiale et mutuellement acceptable ; et (3) mené de manière diligente (*Six* Nations, 2013, p. 6 ; voir aussi Chippewas, 2013, p. 20-21 ; *Curve* Lake, 2013, p. 10, notre trad.).

Pour se concrétiser, le consentement requiert plus qu'une affirmation abstraite de son importance. C'est pourquoi, comme nous le verrons maintenant, les protocoles se penchent tous sur certains aspects bien concrets de ce que sa réalisation *in situ* exige.

Améliorer les conditions matérielles de la consultation

Faute de moyens financiers pour y participer, la consultation demeure une chimère pour les communautés autochtones. Le temps est aussi une composante essentielle à une bonne consultation. Les communautés devant parfois faire face à des centaines de demandes de consultation par année (Newman, 2014, p. 70), il est capital pour elles d'avoir le temps et la capacité nécessaires à leur étude attentive pour qu'on puisse dire de leur consentement qu'il est libre et éclairé.

Ces questions matérielles et procédurales sont donc également au cœur de tous les protocoles étudiés. Tous affirment que l'obligation de financer la participation des communautés dans le processus incombe entièrement à la Couronne et/ou aux promoteurs (*NStQ*, 2009, p. 12-13 ; *Six Nations*, 2013, p. 2, 4 ; *Mikisew*, 2009, 6, p. 11-12 ; *Chippewas*, 2013, p. 11 ; *Curve Lake*, 2013, p. 9). Ce financement peut comprendre le coût des experts dont aura besoin la communauté pour répondre adéquatement aux demandes qui lui sont faites (NStQ, 2009, p. 12-13). Trois protocoles prévoient explicitement la signature d'ententes de financement lorsque le projet est d'importance (*Six Nations*, 2013, p. 6 ; *Mikisew*, 2009, 6, p. 11-12 et p. 14, n. 11 ; *Chippewas*, 2013, p. 15). Outre ces coûts, certaines communautés prescrivent des frais administratifs de consultation ainsi que des compensations financières (établis selon une échelle prévue par le protocole) devant être versées aux chefs, aux conseillers ou aux aînés (*Chippewas*, 2013, p. 14, 18-19 ; *Curve Lake*, 2013, p. 16). Ce faisant, les protocoles sont plus exigeants que le droit canadien. Tout en reconnaissant que le financement joue un rôle important dans le cadre de la consultation, celui-ci n'impose pas aux promoteurs ou à l'État de financer en totalité la participation des communautés autochtones au processus de consultation (*Tsleil-Waututh Nation*, 2018 : par. 533-541 ; voir aussi *Saugeen First Nation*, 2017 : par. 158-159)[1].

Quant à la question des délais, elle est partout présente dans les protocoles. Comme le résume fort bien le protocole *NStQ* :

> NStQ doit être informé suffisamment à l'avance et disposer d'assez de temps pour consulter correctement. NStQ a ses propres structures, priorités et capacités politiques et administratives. Ceux qui viennent voir NStQ pour consultation à propos de leurs projets doivent reconnaître et respecter ce fait. Ni les gouvernements ni les tierces parties ne peuvent présumer que les délais qui leur conviennent et qu'ils ont fixés unilatéralement sont suffisants pour répondre aux exigences internes de NStQ (NStQ, 2009, p. 11, notre trad.).

Comment pourrait-on parler de consentement, si les communautés n'avaient pas le temps de réfléchir aux enjeux posés par un projet, si elles ne pouvaient exiger de leurs partenaires qu'ils les informent le plus tôt possible et qu'ils soient prêts à modifier leurs propres délais ?

Il y a trois autres raisons pour justifier l'imposition d'un échéancier raisonnable. Premièrement, contrairement aux promoteurs, les communautés sont souvent préoccupées par l'impact cumulatif que peuvent avoir plusieurs projets sur leur territoire[2]. L'intérêt des générations futures et les impacts à long terme d'un projet font aussi partie de leurs préoccupations (NStQ, 2009, p. 8 et 11 ; Mikisew, 2009, p. 1 et 7 ; *Curve Lake*, 2013, p. 4 ; *Chippewas*, 2013, p. 10). Il leur faut donc du temps pour s'intéresser à ces questions. Deuxièmement, et plus important encore, du temps leur est nécessaire pour informer leurs membres et leur donner l'occasion d'exprimer leur avis sur le projet (*Six Nations*, 2013, p. 5 et 6 ; Mikisew, 2009 : p. 12 ; *Chippewas*, 2013, p. 12 et 17; *Curve* Lake, 2013, p. 7). En effet, dans le cas de projets comportant des impacts majeurs, l'assentiment de la communauté est essentiel (*Six Nations*, 2013, p. 6 ; Mikisew, 2009, p. 12 ; *Chippewas*, 2013, p. 12 et 17). Enfin, tel que l'illustre tout particulièrement le protocole *Mikisew*, en prévoyant un délai au terme duquel la communauté doit procéder à un examen préliminaire d'un projet (Mikisew, 2009, p. 11), une communauté manifeste sa volonté de collaborer avec les tiers, de manière à ne pas retarder indûment la réalisation du projet. Ce faisant, la nation démontre qu'elle mesure l'importance pour les promoteurs des délais qu'engendre la consultation, tout en s'assurant le temps nécessaire pour examiner adéquatement tout projet.

---

[1] Notons également que la très grande majorité des politiques et règlements (fédéraux et provinciaux) prévoient un financement pour les consultations.

[2] Plusieurs protocoles font référence à ces effets cumulatifs : *NStQ*, 2009, p. 2 et 11 ; Mikisew, 2009, p. 2, 4, 6, 7, 12, 15 et 16 ; *Chippewas*, 2013, p. 16, 17, 19, 28, 29 et 30.

Conclusion

Contrairement à ce qu'on aurait pu croire, les protocoles de consultation unilatéraux n'ont pas pour fonction principale de marquer une distance infranchissable entre intérêts autochtones et non autochtones ou entre droit(s) autochtone(s) et droit positif canadien. Ils constituent plutôt un vecteur d'affirmation de la complémentarité des droits des peuples autochtones et des intérêts de la population non autochtone, mais aussi de ce qui les différencie.

La très grande majorité des protocoles unilatéraux analysés dans le cadre de cette étude se réclament en effet explicitement du droit étatique et, dans une moindre mesure, du droit international. Ils visent à s'approprier le vocabulaire de ces droits national et international, à en infléchir le sens et, par des mécanismes concrets, à combler les vides du droit à la participation qu'ils définissent. Si le droit étatique occupe une place importante, nous notons également dans la majorité des protocoles une volonté d'ancrer la légalité et la légitimité des protocoles unilatéraux dans le droit coutumier propre aux collectivités. Les protocoles visent ainsi à « rendre visible » un ordre juridique tirant ses sources non pas de l'État, mais plutôt des collectivités elles-mêmes.

Ce pluralisme juridique a, selon nous, une fonction programmatique. Les protocoles annoncent la perspective juridique à partir de laquelle une communauté autochtone entend aborder la question de la consultation. Malgré leur portée juridique limitée, au strict sens du droit positif canadien, ces protocoles comblent en partie les vides générés par l'incertitude en matière de consultation et d'accommodement. Ils permettent aux communautés d'exposer aux parties non autochtones les principes et les règles qui président à leur propre compréhension de ce que devrait être une consultation en bonne et due forme devant mener, le cas échéant, à l'expression de leur consentement préalable, libre et éclairé. La prise en compte de ces protocoles peut donc s'avérer un moyen important de réduire les nombreux conflits entourant la prise de décision en matière de développement du territoire et des ressources naturelles.

Références

Aamjiwnaang First Nation (2010), *Consultation Protocol-Aamjiwnaang.* Ontario, [en ligne] http://www.aamjiwnaang.ca/wp-content/uploads/2018/07/Aamjiwnaang-Consultation-ProtocolExternal.pdf (consulté le 14 juin 2023).

Alderville First Nation (2015), *Alderville First Nation Consultation Protocol.* Ontario, [en ligne] <http://alderville.ca/wp-content/uploads/2017/02/AFNProtocol2.pdf> (consulté le 14 juin 2023).

Barelli, M. (2018), « Free, Prior and Informed Consent in the UDRIP: Articles 10, 19, 29 and 32 », dans Hohmann J. et Weller M., (dir.), *The UN Declaration on the Rights of Indigenous Peoples. A Commentary*, p. 247-273. Oxford, Oxford University Press.

Bakx, K. (2016), « Oil export pipelines: will Canada ever build another? » *CBC News*, [en ligne], http://www.cbc.ca/news/business/pipeline-canada-export-transmountain-keystone-energyeast-1.3409134 (consulté le 14 juin 2023).

Beckman C., *Première nation de Little Salmon/Carmacks* (2010), CSC 53, [2010] 3 R.C.S. 103.

Canada, « Expert Panel to Review Federal Environmental Assessment Processes (2017), *Building Common Ground : A New Vision for Impact Assessment in Canada.* Ottawa, Canadian Environmental Assessment Agency.

Canada, Indigenous and Northern Affairs (2016), *Speaking Notes for The Honourable Carolyn Bennett, Minister of Indigenous and Northern Affairs, United Nations Permanent Forum on Indigenous Issues*, Discours du 10 mai 2016, New York.

Carbonnier, J. (1993), « Internormativité », *in* Arnaud, A-J., *Dictionnaire encyclopédique de théorie et de sociologie du droit*, Paris, L.G.D.J.

Clyde River (Hameau) C., *Petroleum Geo-Services Inc.*, (2017) 1 RCS, 1069.

Coates, K. et Flavell, B. (2016), *Undertsanding FPIC. From assertion and assumption on FPIC to a new model for indigenous engagement on resource development*, Ottawa, Macdonald-Laurier Institute.

Curve Lake First Nation (2013), *Consultation and Accommodation Standards.* Ontario, [en ligne] <https://www.curvelakefirstnation.ca/documents/CLFN%20Consultation%20and%20Accommodation%20Standards%202016.pdf> (consulté le 14 juin 2023).

Deh Cho First Nation (nd.), *Consultation Principles*. Territoires du Nord-Ouest, [en ligne] http://reviewboard.ca/upload/project_document/EA03-005_Dehcho_First_Nations_Consultation_Principles.pdf (consulté le 14 juin 2023).

Delgamuukw c. Colombie-Britannique (1997), 3 R.C.S. 1010.

Deshkan Ziibiing/Chippewas of the Thames First Nation (2016), *Consultation Protocol.* Ontario, [en ligne] https://www.cottfn.com/wp-content/uploads/2016/02/Wiindmaagewin-CONSULTATION-PROTOCOL-Final-Nov-2016-2.pdf (consulté le 14 juin 2023).

Doyle, C. M. (2015), *Indigenous Peoples, Title to Territory, Rights and Resources: The Transformative Role of Free Prior and Informed Consent*, New York, Routledge.

Federation of Saskatchewan Indian Nations (nd.), *Consultation Policy.* Saskatchewan, [en ligne] http://caid.ca/FSINConPol.pdf (consulté le 14 juin 2023).

Forget, H. (2018), *La théorie du choix rationnel et l'influence des droits constitutionnels reconnus aux peuples autochtones canadiens sur le comportement des acteurs impliqués dans la réalisation de projets d'exploitation des ressources naturelles*, Mémoire de maîtrise, Faculté de droit. Montréal, Université de Montréal.

Grammond, S. (2013), *Terms of Coexistence: Indigenous Peoples and Canadian Law*, Toronto, Carswell.

Leclair, J. et Morin, M. (2019), « Peuples autochtones et droit constitutionnel », dans Beaulac, S. et Gaudreault-Desbiens, J.-F. (dir.), *JurisClasseur Québec – Collection Droit public - Droit constitutionnel*, Montréal, LexisNexis.

Leifsen, E. *et al.* (2017), « New mechanisms of participation in extractive governance: between technologies of governance and resistance work », *Third World Quarterly*, 38(5), p. 1043-1057.

Leydet, D. (2019), « The Power to Consent: Indigenous Peoples, States, and Development Projects », *University of Toronto Law Journal*, 69(3), p. 371-403.

Lil'wat Nation (2012), *Lil'wat Nation Land Use Referral Consultation Policy.* Colombie-Britannique, [en ligne] https://lilwat.ca/wp-content/uploads/2017/02/Consultation-Policy-ratified-Feb-21-2012.pdf (consulté le 14 juin 2023).

Lower Similkameen Indian Band (2014), *Lower Similkameen Indian Band Referral Policy*, Colombie-Britannique, [en ligne] https://www.lsib.net/blog/wp-content/uploads/2011/07/Lower-Similkameen-Indian-Band-Referral-Policy2.pdf (consulté le 14 juin 2023).

Métis Nation of Alberta (2016), *Statement of Principles on Crown Consultation and Accommodation with Métis in Alberta.* Alberta, [en ligne] http://albertametis.com/wp-content/uploads/2016/07/MNA-Statement-of-Principles-on-Consultation-Accommodation.pdf (consulté le 14 juin 2023).

Mikisew Cree First Nation (2009), *Consultation Protocol of the Mikisew Cree First Nation*, Alberta, [en ligne] https://landuse.alberta.ca/Forms%20and%20Applications/RFR_MCFN%20Reply%20to%20IR2%20Response%20Attach%204_2014-10-22.pdf (consulté le 14 juin 2023).

Mitaanjigamiing First Nation (2013), *Manito AkiInaajimowin*, Ontario, [en ligne] http://www.mitaanjigamiing.ca/sites/default/files/Manito%20Aki%20Inaajimowin%20signed%20copy%20April%204%2C%202013.pdf (consulté le 14 juin 2023).

Nation Haïda c. Colombie-Britannique (ministre des Forêts) (2004), 3 RCS 511.

Nation Tsilhqot'in c. *Colombie-Britannique* (2014), 2 R.C.S. 256.

Newman, D. (2014), *Revisiting the duty to consult Aboriginal peoples.* Saskatoon, Purich.

Nishnawbe Aski Nation (2007), *Nishnawbe Aski Nation Handbook on Consultation in Natural Resource Development*, Ontario, [en ligne] http://www.nan.on.ca/upload/documents/nan-handbook-final-do-not-release-withou.pdf (consulté le 14 juin 2023).

Northern Secwepemc te Qelmucw Leadership [*NStQ*], (2009) *NStQ Consultation Guidelines.* Colombie-Britannique, [en ligne] http://caid.ca/NSTQConGui2009.pdf (consulté le 14 juin 2023).

Otis, G. (1999), « Les sources des droits ancestraux des peuples autochtones », *Les Cahiers de droit*, 40(3), p. 591-620.

— (dir.) (2018), *Contributions à l'étude des systèmes juridiques autochtones et coutumiers*, Québec, Presses de l'Université Laval.

Papillon, M. et Rodon, T. (2017), « Indigenous Consent and Natural Resource Extraction: Foundations for a Made-in-Canada Approach », *IRPP Choice*, 16 [en ligne], https://irpp.org/wp-content/uploads/2017/07/insight-no16.pdf (consulté le 14 juin 2023).

—, (2020), « The Transformative Potential of Indigenous-Driven Approaches to Implementing Free, Prior and Informed Consent: Lessons from Two Canadian Cases », *International Journal on Minority and Group Rights*, 27(2), p. 1-22.

Première nation crie Mikisew c. *Canada (ministre du Patrimoine canadien)*, (2005) 3 R.C.S. 388.

R. c. *Marshall* (1999), 3 RCS, 533.

R. c. *Nikal* (1996), 1 R.C.S., 1013.

R. c. *Pamajewon* (1996), 2 R.C.S. 821.

R. c. *Van der Peet* (1996), 2 R.C.S. 507.

Rio Tinto Alcan Inc. c. *Conseil tribal Carrier Sekani*, (2010) 2 R.C.S. 650.

Rouland, N. (2003), « Acculturation juridique », *in* Alland, D. et Rials, S., (dir.), *Dictionnaire de la culture juridique*, Paris, PUF.

Saugeen First Nation v. *Ontario (MNRF)* (2017), ONSC 3456.

Schilling-Vacaflor, A. (2017), « Who Controls the Territory and the Resources? Free, Prior and Informed Consent (FPIC) as a Contested Human Rights Practice in Bolivia », *Human Rights Quarterly*, 38(5), p. 1058-1074.

Schilling-Vacaflor, A. et Flemmer, R. (2020), « Mobilising Free, Prior and Informed Consent (fpic) from Below: A Typology of Indigenous Peoples Agency », *International Journal on Minority and Group Rights*, 27(2), p. 33-54.

Shíshálh (Sechelt) Nation, (2013) *Shíshálh Nation Lands and Resources Decision-Making Policy*. Colombie-Britannique, [en ligne] https://shishalh.com/wp-content/uploads/2018/10/Decision-Making-Policy.pdf (consulté le 14 juin 2023).

Six Nations of the Grand River (2013), *Consultation & Accommodation Policy*. Ontario, [en ligne] http://www.sixnations.ca/LRConsultationPolicySept2413.pdf (consulté le 14 juin 2023).

Squamish Nation (nd.), *Skwxwú7mesh Úxwumixw Intergovernmental Relations, Natural Resources & Revenue Consultation and Engagement*. Colombie-Britannique, [en ligne] https://s3-us-west-2.amazonaws.com/nuusquamish/wp-content/uploads/2016/07/13224216/Squamish_Engagement.pdf (consulté le 14 juin 2023).

Szablowski, D. (2010), « Operationalizing Free, Prior, and Informed Consent in the Extractive Industry Sector? Examining the Challenges of a Negotiated Model of Justice », *Canadian Journal of Development Studies/Revue canadienne d'études du développement*, 39(1-2), p. 111-130.

Taykwa Tagamou Nation (2011), *Taykwa Tagamou Nation Consultation & Accommodation Protocol*, Ontario, [en ligne], http://www.taykwatagamounation.com/ttn/images/ttnconsultationprotocol.pdf (consulté le 14 juin 2023).

Temagami First Nation and Teme Augama Anishnabai (nd.), *Temagami First Nation (Tfn) & Teme Augama Anishnabai (Taa) Consultation Protocol For Mining Activities In N'daki Menan*. Ontario, [en ligne] https://www.temagamifirstnation.ca/wp-content/uploads/2018/06/TFN-Consultation-Protocol-for-Mining-Activities.pdf (consulté le 14 juin 2023).

Thériault, S. et Delisle L'Heureux, C. (2018), « Le territoire », *in* Otis, G., (dir.), *Contributions à l'étude des systèmes juridiques autochtones et coutumiers*, p. 79-138, Québec, Presses de l'Université Laval.

Tockman, J. (2018), « Eliding consent in extractivist states: Bolivia, Canada, and the UN Declaration on the Rights of Indigenous Peoples », *The International Journal of Human Rights*, 22(3), p. 325-349.

Tsleil-Waututh Nation c. Canada (Procureur général), (2018) CAF 153 (CanLII).

Tsleil-Waututh Nation, (2009), *Tsleil-Waututh Nation Stewardship Policy*. Colombie-Britannique, [en ligne], https://www.bcuc.com/Documents/Proceedings/2009/DOC_22571_D-29_Tsleil-Waututh-Nation-funding-comments.pdf (consulté le 14 juin 2023).

Walpole Island First Nation, (2009) *Walpole Island First Nation Consultation and Accommodation Protocol*. Ontario, [en ligne], http://www.uoguelph.ca/~ks2015ca/pdfs/2009_Walpole_Island_First_Nation.pdf (consulté le 14 juin 2023).

Wahnapitae First Nation (2010), *Wahnapitae Resource Development*, Ontario, [en ligne] http://www.wahnapitaefirstnation.com/images/stories/wfn_pdfs/resource_development2010.pdf (consulté le 14 juin 2023).

Westbank First Nation (2011), *Westbank First Nation Policy Manual*, Colombie-Britannique (Document remis aux auteurs).

Wright, C. et Tomaselli, A. (2019), *The Prior Consultation of Indigenous Peoples in Latin America: Inside the Implementation Gap*, New York, Routledge.

Mettre en œuvre le *Consentement préalable, libre et éclairé* (CPLE) en Eeyou Istchee : l'exemple du projet Matoush

Sabrina Bourgeois
Doctorante, Université Laval, Québec
Thierry Rodon
Département de Science politique, Université Laval, Québec

Le *Consentement préalable, libre et éclairé* (CPLE) est reconnu comme un nouveau standard international qui influence les relations entre les peuples autochtones, l'industrie minière et l'État (Papillon et Rodon, 2016). Il a émergé des mouvements autochtones internationaux comme outil de réformes au sein de l'industrie minière, bien que sa mise en œuvre demeure difficile dans plusieurs contextes légaux et politiques (Owen et Kemp, 2014 ; Papillon et Rodon, 2017). Cet article s'intéresse particulièrement à la mobilisation du CPLE par les Cris dans le cadre du projet d'uranium Matoush de Ressources Strateco. En 2013, le gouvernement Marois imposait un moratoire administratif sur la délivrance des certificats d'autorisation des projets d'uranium jusqu'à la fin des consultations du Bureau d'audiences publiques en environnement (BAPE) sur les enjeux de la filière uranifère. Cela impliquait particulièrement le projet Matoush qui avait le potentiel de devenir la première mine d'uranium au Québec.

Nous montrerons qu'en s'opposant au projet Matoush, les Cris ont su créer un contexte politique favorable au respect de leur *Consentement sur la gestion des activités extractives* leur permettant d'appliquer la politique minière crie (CGGEI, 2010). Ils mettent ainsi en œuvre le CPLE prévu par la *Déclaration des Nations unies sur les droits des peuples autochtones* (DNUDPA) [Nations unies, 2007] et ce, même si c'est un document antérieur à la Convention de la Baie-James et du Nord québécois (1975). De plus, les législations canadiennes et provinciales qui traitent des contextes miniers et autochtones ne le mettent pas en œuvre.

Le CPLE, une norme à définir

Le CPLE fait référence à un processus où les Autochtones ont l'opportunité de donner leur consentement sur la continuité ou non d'un projet d'extraction de ressources naturelles en fonction d'un processus décisionnel qui leur est propre (Hanna et Vanclay, 2013 ; Tomlinson, 2017). En d'autres termes,

> [l'] » idée que les individus ne peuvent exercer leur culture seuls (Anaya, 2014) et que l'accès aux terres ancestrales et aux ressources est crucial pour les peuples autochtones afin de maintenir leurs cultures (Daes, 2001) fournit une base sous-jacente forte au consentement préalable, libre et éclairé (Rodhouse et Vanclay, 2016, p. 788).

Il n'est donc pas étonnant que les articles 19 et 32 de la Déclaration des Nations unies sur les peuples autochtones (2007), qui abordent directement la notion de consentement, soient de plus en plus repris au Canada. Ils illustrent l'idée qu'il faut considérer les Autochtones comme des partenaires aux projets de développement des ressources naturelles. Bien que la littérature n'ait commencé à s'intéresser que récemment à sa mise en œuvre dans différents contextes, des controverses sont associées au CPLE dans de nombreux pays quant à son interprétation. En ce sens, il s'agit d'une norme qui demeure contestée puisqu'elle est mal définie.

Au Canada, les droits autochtones sont protégés par la Constitution. La Couronne a des obligations constitutionnelles et légales distinctes envers les communautés autochtones en matière de consultation lors des processus d'autorisation des projets de développement.

La trilogie de la Cour suprême sur l'obligation de consulter les Autochtones

Trois arrêts particuliers ont contribué à fixer de nouvelles exigences à l'égard des communautés autochtones en ce qui a trait à la consultation et à la participation de ces communautés à la gestion du territoire et des ressources naturelles. Ce sont les arrêts *Nation Haida* c. *Colombie-Britannique (ministre des forêts)* [CSC, 2004a, p. 73), *Première nation Tlingit de Taku River* c. *Colombie-Britannique (Directeur d'évaluation du projet)* (CSC, 2004b, p. 74), et *Première nation crie Mikisew* c. *Canada (ministre du Patrimoine canadien)* (CSC, 2005, p. 69). Les arrêts Haida Nation et Taku River établissent une obligation d'accommodement aux intérêts autochtones s'il est vraisemblable qu'ils possèdent un droit ancestral (Grammond, 2008). L'arrêt Mikisew applique une obligation semblable aux terres visées par des traités de cession territoriale. Ils contribuent à établir des protections procédurales aux droits ancestraux ainsi qu'aux droits issus de traités.

Rappelons que l'article 35 de la *Loi constitutionnelle de 1982* reconnaît explicitement les droits ancestraux et les droits de traités existants au Canada de trois peuples autochtones : les Indiens, les Inuits et les Métis (Rodon, 2019). Après l'échec des accords constitutionnels et des négociations subséquentes, c'est la Cour suprême du Canada qui s'est attachée à définir le contenu et les effets de ces droits constitutionnels.

La Cour suprême, notamment dans une importante trilogie de décisions, a statué que la Couronne a l'obligation de consulter et, le cas échéant, d'accommoder les Premières Nations lorsque leurs droits ancestraux, issus de traités reconnus ou revendiqués, peuvent être affectés par une mesure gouvernementale (Newman, 2014).

S'il est donc admis que les communautés autochtones ont droit à une certaine consultation, des ambiguïtés persistent quant aux résultats de ces consultations puisqu'il n'y a pas d'orientations légales claires quant au consentement des peuples autochtones. Notamment, la mesure selon laquelle ils participent et, dans certaines circonstances, parviennent ou non à s'approprier le consentement sur les projets de développement, demeure polémique dans le contexte canadien à cause des interprétations contradictoires qui y sont associées (Papillon et Rodon, 2016).

Le débat quant à l'interprétation du CPLE comme étant un « droit de *veto* » des communautés l'illustre (McCarthy, 2016). En effet, lors d'une session aux Nations unies en 2016, le Chef de l'Assemblée des Premières Nations, Perry Bellegarde, affirmait que les Autochtones avaient le droit de refuser des projets de développement alors que la ministre de l'Environnement, Catherine McKenna, considérait plutôt l'appui à la Déclaration comme une démonstration de respect et de recherche d'un consensus. Pour les Autochtones, le CPLE est conséquemment une expression de leur droit à l'autodétermination, mais pour le Canada, à l'instar d'autres États qui partagent une interprétation restrictive du CPLE, il s'agit plutôt d'une obligation de rechercher, mais pas nécessairement d'obtenir, le consentement des Autochtones (Papillon et Rodon, 2017). En ce sens, de nombreuses interrogations demeurent.

Les parties prenantes au développement cherchent à rejeter ou à mobiliser le CPLE afin de lui donner une signification en fonction de leurs intérêts. Dans la pratique, c'est notamment la perception de l'industrie lorsque les promoteurs négocient une *Entente sur les Répercussions et les Avantages* (ERA) avec les communautés (Wright, 2013 ; Rodhouse et Vanclay, 2016 ; Papillon et Rodon, 2017). Pour les Autochtones, ce processus d'appropriation passe notamment par le développement de mécanismes conformes à leur interprétation du CPLE (Papillon et Rodon, 2018). Cet article illustrera comment, dans cette situation d'ambiguïté, les Cris ont été à même de développer un levier politique qui favorise leur appropriation de cette norme en Eeyou Istchee.

Méthodologie

L'analyse documentaire et les entrevues semi-dirigées sont les principales sources de données. Quatre sources documentaires ont été mobilisées : la documentation officielle, les études et transcriptions d'audiences publiques résultant des processus d'évaluation du projet, la documentation scientifique, ainsi qu'une revue de presse. Enfin, vingt-trois entrevues ont été effectuées en 2015 et en 2016 auprès de cinq catégories d'acteurs : (1) les élus et élues, et le personnel politique du gouvernement Charest (2008-2012), (2) les élus et élues, et le personnel politique du gouvernement Marois (2012-2014), (3) les organisations et les communautés autochtones, (4) l'industrie minière, (5) les municipalités.

La technique d'analyse privilégiée est l'analyse des séries chronologiques puisqu'elle permet de comparer la séquence chronologique avec la construction de la décision d'imposer un moratoire administratif. La stratégie de corroboration basée sur l'utilisation de sources est mobilisée comme stratégie de vérification.

La nation crie du Québec et la *Convention de la Baie-James et du Nord québécois*

La nation crie du Québec est composée de neuf communautés dans l'Eeyou Istchee, le territoire traditionnel cri associé à la région de la Baie-James, et elle comporte une population totale de plus que 16 000 personnes (Statistique Canada, 2017). En 1975, les Cris ont signé le premier traité moderne du Canada : la *Convention de la Baie-James et du Nord québécois* (CBJNQ). Dans cette entente, les Cris « cèdent, renoncent, abandonnent et transportent » (CBJNQ, 1975, p. 32) tous les droits qu'ils pouvaient avoir sur le territoire visé par l'entente, en échange de compensations monétaires et d'un régime foncier qui, entre autres, protège les droits de chasse et de piégeage des Cris.

Contrairement aux ententes plus récentes sur les revendications territoriales, la CBJNQ n'a pas créé de structure d'autonomie gouvernementale pour les Cris. Cependant, les Cris ont signé avec le Québec en 2012 et avec le gouvernement fédéral en 2017 une entente d'autonomie gouvernementale leur permettant de créer un *Gouvernement de la nation crie* (GNC). Le *Grand Conseil des Cris d'Eeyou Istchee* (GCCEI), l'organisme qui a signé la CBJNQ au nom des Cris, agit comme un organe politique défendant les droits des neuf communautés. La CBJNQ a également été la première entente à établir un processus régional spécifique d'évaluation environnementale et sociale avec une représentation importante pour les Cris : le COMEV (Comité d'Évaluation) et le COMEX (Comité d'examen). À cela s'ajoute le COFEX-Sud pour les projets sous la juridiction fédérale (ex. aéroport, énergie nucléaire, etc.). Toutefois, ces organismes n'ont que des pouvoirs de recommandation à l'intention du ministre de tutelle.

Depuis la signature de la CBJNQ en 1975, les Cris ont dû faire face à de nombreux projets de développement sur leur territoire. De la foresterie aux projets hydroélectriques, ils ont régulièrement utilisé la scène internationale pour affirmer leur droit de dire non aux projets qui pourraient avoir un impact négatif sur leurs terres traditionnelles (Jenson et Papillon, 2000). Ainsi, bien que la CBJNQ n'offre que des bases juridiques limitées pour s'opposer à ces projets, elle a donné au GCCEI d'importantes ressources politiques et financières qui ont été mobilisées au fil des ans pour établir la nécessité d'obtenir le consentement cri dans le cadre des projets d'extraction de ressources sur leurs terres traditionnelles (Rodon, 2015).

Bien que les mobilisations politiques et juridiques se soient avérées efficaces pour affirmer l'opposition des Cris à un certain nombre de projets, elles sont demeurées essentiellement une stratégie d'opposition dictée par l'établissement d'un rapport de force. Les *Ententes sur les Répercussions et Avantages* (ERA) ne sont pas obligatoires en vertu de la CBJNQ, mais elles sont devenues une pratique courante au Canada pour le développement minier et, comme nous le verrons, la politique minière crie rend dorénavant ces ententes incontournables.

Le boom minier de la fin des années 2000 a incité les Cris à adopter leur propre politique minière en 2010 (GCCEI, 2010). La politique énonce clairement que les Cris « reconnaissent les possibilités économiques et sociales qu'offre le secteur minier » (*ibid.*, p. 3), mais aussi que les projets miniers doivent respecter les principes établis dans la politique. Dans son avant-propos à la politique, le grand chef cri Matthew Coon Come déclare clairement que le consentement des Cris est requis pour les projets en Eeyou Istchee :

> Notre politique énonce clairement qu'aucun développement minier n'aura lieu dans Eeyou Istchee à moins que des ententes ne soient conclues avec nos communautés. Ces ententes tenteront de remédier à un large éventail de problèmes de nature sociale, économique et environnementale qui préoccupent nos communautés. Ces ententes nous permettront de veiller à ce que le développement minier respecte notre approche traditionnelle en matière de développement durable (*ibid.*, p. 1).

Les Cris ont également choisi de continuer à s'appuyer sur les processus existants d'évaluation environnementale et sociale créés en vertu de la CBJNQ. Ils ont toutefois conditionné leur appui aux projets à la négociation d'une entente avec le promoteur du projet. Le consentement des Cris est donc explicitement lié à la négociation avec le promoteur d'*Ententes sur les Répercussions et les Avantages* (ERA), mais la décision de signer ou non une entente fait l'objet d'un processus de délibération interne tant au niveau communautaire que régional.

La Politique minière de la nation crie (2010) n'a aucune force juridique en vertu des lois du Québec ou du Canada. Il s'agit d'une déclaration visant à établir les principes et les processus qui devraient guider l'expression du consentement des Cris. La force de la politique de la nation crie réside en fait dans la capacité de mobilisation du GCCEI et dans sa capacité d'influencer les promoteurs de projets et les autorités fédérales et provinciales. L'objectif recherché est de créer un processus qui établit la compétence de la Nation crie, forçant ainsi d'autres acteurs à faire un choix difficile : reconnaître le processus cri ou subir des contestations judiciaires coûteuses. Comme nous allons le voir, cet objectif a été atteint dans le cas de la controverse du projet Matoush, où le GCCEI a réussi à bloquer le projet alors que celui-ci avait obtenu toutes les autorisations administratives nécessaires. Il s'agit d'une claire illustration de la capacité des Cris à imposer la nécessité de leur consentement, tel que spécifié dans leur politique minière, à tout développement sur leur territoire.

La notion de consentement : au cœur de l'opposition au projet Matoush

Après vingt ans de relative inactivité, la hausse du prix de l'uranium a engendré un regain d'intérêt pour son exploration dans certaines régions clés du Québec ; notamment les monts Otish, la Baie-James, la Côte-Nord, la zone sud de la baie d'Ungava et les monts Torngats (Énergie et Ressources naturelles Québec, 2009). Entre 2004 et 2007, les dépenses associées à l'exploration uranifère ont bondi de 70 % afin d'atteindre 70,9 M$. En 2008, près de soixante-dix projets d'exploration d'uranium étaient en activité (Gaudreau, 2014).

À l'annonce du Plan Nord en mai 2011, le projet uranifère Matoush de Ressources Strateco était d'ailleurs l'un des onze projets miniers sélectionnés par le gouvernement du Québec dans ses activités de promotion. Son président Guy Hébert avait été invité à accompagner le Premier ministre du Québec, Jean Charest, lors de quatre présentations auprès d'investisseurs de l'extérieur du Québec (voir entrevue avec Guy Hébert, président de Ressources Strateco, dans Bourgeois, 2016).

Le projet d'exploration uranifère Matoush était situé à environ 275 kilomètres de la ville de Chibougamau et 210 kilomètres de la communauté crie de

Mistissini. À l'extérieur des audiences publiques, six portes ouvertes avaient été organisées par Ressources Strateco en plus de rencontres ponctuelles avec les familles propriétaires de terrains de piégeage à proximité du site d'exploration (voir entretien avec Jonathan Fontaine, consultant en géologie sur le projet Matoush [2006-2013], dans Bourgeois 2016). Depuis 2007, le promoteur était donc en contact avec les maîtres de trappe. Sa stratégie était principalement de s'impliquer auprès de la ville de Chibougamau et des maîtres de trappes cris. Ressources Strateco ignore les recommandations d'acteurs politiques régionaux de prioriser une communication avec le Conseil de bande de Mistissini et, de ce fait, commet une « erreur stratégique » en ne respectant pas la politique minière crie (voir entretien avec une élue ou un élu municipal anonyme dans Bourgeois, 2016, p. 84).

On retrouvait une certaine coopération, comme le démontre l'emploi de résidents ou de résidentes de Chibougamau et de Mistissini par le promoteur. Cependant, le positionnement plutôt neutre de Mistissini s'est graduellement transformé en opposition au projet au fur et à mesure que celui-ci avançait.

> À partir de 2010-2011, on a senti un rapprochement des groupes contre les projets uranifères, généralement de la Côte-Nord (Sept-Îles, Minganie, etc.), et les Cris. C'est là qu'on a senti qu'il y avait quelque chose qui commençait à s'enligner. Je l'ai vu puisque les mêmes arguments des activistes de la Côte-Nord, je les repérais dans les dialogues des Cris [...] on retrouvait exactement les mêmes chiffres, c'était les mêmes sources, les mêmes données [...] tout d'un coup le dialogue a changé à Mistissini (voir entretien avec Jonathan Lafontaine, consultant en géologie sur le projet Matoush (2006-2013), dans Bourgeois, 2016, p. 65).

La *Convention de la Baie-James et du Nord québécois* (1975) était censée, entre autres, mieux clarifier les droits territoriaux des communautés sur ces territoires ; cependant les Cris remettent en cause l'extinction de leurs droits ancestraux (Rodon, 2003). Ils considèrent qu'ils n'ont pas cédé leurs terres au gouvernement (voir entretien avec une résidente ou un résident anonyme de la communauté crie de Mistissini dans Bourgeois, 2016) et leur position est qu'ils doivent consentir aux projets sur l'ensemble d'Eeeyou Istchee, y compris sur les terres conventionnées de catégorie III[1]. Cependant, pour Ressources Strateco, le projet Matoush était situé dans des terres publiques et, en conséquence, les Cris pouvaient s'exprimer ; il était même important de

[1] La Convention divise le territoire en trois grandes catégories de droits : (1) les terres conventionnées de catégorie I qui appartiennent aux Cris ; (2) les terres conventionnées de catégorie II dans lesquelles les Cris ont des droits exclusifs de chasse, de pêche et de piégeage ; (3) les terres conventionnées de catégorie III dans lesquelles les Cris n'ont pas de droits exclusifs d'utilisation du territoire. C'est cette dernière catégorie qui désigne une plus grande partie d'Eeeyou Istchee, c'est-à-dire environ 84 % du territoire (Rodon, 2003). Le projet Matoush de Ressources Strateco se situait en terres de catégorie III.

créer une relation de confiance avec la communauté, mais « ils n'avaient pas à consentir au projet » (voir entretien avec Guy Hébert, président de Ressources Strateco, dans Bourgeois, 2016, p. 69).

Certains élus de la région avaient notamment signifié au promoteur qu'il ne pourrait y avoir de développement à long terme sans le consentement explicite des Cris au projet Matoush (voir entretien avec une élue ou un élu municipal anonyme, dans Bourgeois, 2016). S'ils appuyaient le projet d'installer une rampe d'installation afin de commencer une phase d'exploration uranifère plus avancée, ils avaient fait valoir qu'ils pourraient éventuellement s'opposer à un projet d'exploitation si les inquiétudes persistaient à Mistissini. Leur perception était que cela permettrait de voir si le projet avait le potentiel de devenir une mine, avant de s'y opposer. Dans cet esprit, des élus et des élues de la région avaient fait valoir au Conseil de bande qu'ils pourraient éventuellement s'opposer à l'exploitation d'uranium si leurs inquiétudes persistaient (voir l'entretien avec une élue ou une élue municipale anonyme, dans Bourgeois, 2016).

Prenant acte du manque de communication du promoteur avec le Conseil de bande et devant la frustration de la communauté quant au refus de répondre aux questions sur la phase d'exploitation, la radioactivité et les effets possibles sur le territoire, le chef de Mistissini, Richard Shecapio, s'exprime contre le projet Matoush aux audiences publiques du *Comité d'examen* (COMEX) et du *Comité fédéral d'examen Sud* (COFEX-S) le 23 novembre 2010 (Council of the Cree Nation of Mistissini, 2014). Le 13 décembre 2010, le Conseil de bande de Mistissini réitère son opposition par le biais de l'adoption unanime d'une résolution.

L'opposition de Mistissini est reprise dès le 25 novembre 2010 par le chef du *Grand Conseil des Cris d'Eeyou Istchee*, Matthew Coon Come. Le GCCEI représente des intérêts diversifiés, alors il n'est pas anodin que ce positionnement soit repris aussi rapidement. D'ailleurs, le Cree Mineral Board s'était montré favorable aux travaux d'exploration et ses services avaient été retenus par Ressources Strateco, avec l'approbation du chef Richard Shecapio, afin d'établir une stratégie de communication auprès de Mistissini dès l'automne 2010 (Cree Mineral Exploration Board, 2014). Plusieurs éléments pourraient expliquer ce positionnement, notamment l'idée qu'en prenant acte de la fermeté de la contestation locale, le GCCEI aurait appuyé la communauté afin d'éviter une nouvelle polémique après son appui à la dérivation partielle de la rivière Rupert en 2002 (Papillon et Rodon, 2016)[1].

---

[1] La dérivation partielle de la rivière Rupert était un élément compris dans les négociations qui ont abouti en 2002 à l'adoption de la Paix des Braves entre la nation crie et le Gouvernement du Québec. Les audiences publiques du Projet des centrales de l'Eastmain-1A et de la Sarcelle, ainsi que de la déviation Rupert, ont mis en évidence de profondes divisions au sein de la

Il n'est d'ailleurs pas négligeable de mentionner que le projet diamantaire Renard de Stornoway était alors négocié dans la région et qu'il subsistait un certain scepticisme envers le potentiel économique du projet Matoush (Poirier, 2015). Tout de même, le désir de protéger le territoire pour les générations futures et l'idée qu'aucun dédommagement financier ne pourrait compenser les impacts étaient partagés par les principaux acteurs opposés au projet Matoush (entretien avec le groupe environnemental B, 2016).

Il ne faut pas négliger que la notion de CPLE est perçue comme un outil qui soutient le respect des revendications autochtones à la terre et à leurs moyens de subsistance. En s'opposant au projet Matoush, les Cris pouvaient faire respecter leur consentement sur l'ensemble du territoire d'Eeyou Istchee. En effet, de nos jours, une compagnie qui veut développer un projet en Eeyou Istchee sur des terres de catégorie III doit signer une entente avec les Cris. De l'avis des parties concernées, ces derniers se sont approprié ce droit en bloquant le projet Matoush (voir entretien avec Jonathan Lafontaine, consultant en géologie sur le projet Matoush [2006-2013], dans Bourgeois 2016).

Le rôle des Cris dans l'imposition du « moratoire administratif » sur les projets uranifères

En 2012, le projet Matoush était suffisamment avancé pour que le gouvernement du Québec délivre le certificat d'autorisation pour une phase d'exploration avancée. Les processus d'évaluation environnementale étaient complétés et l'ensemble des autorisations avaient été délivrées par les organismes responsables à Québec et à Ottawa.

Exceptionnellement, les activités en lien avec l'uranium font l'objet de plusieurs réglementations dans les deux paliers de gouvernement[1]. Ressources

communauté crie de Waskaganish qui avait conscience que son consentement avait été préalablement donné. Malgré les contestations locales, les membres cris siégeant au Comité COMEX ont approuvé le projet.

[1] Cet encadrement vise à minimiser les risques potentiels liés à l'uranium ainsi qu'à respecter les normes internationales auxquelles le Canada adhère. La *Commission canadienne de sûreté nucléaire* (CCSN) est notamment l'organisme responsable de la réglementation et de l'autorisation des activités reliées à l'uranium au Canada (CCSN 2019). Elle délivre un permis pour chaque phase du cycle de vie d'une activité actuelle ou future. Les principales lois canadiennes qui encadrent l'exploration et l'exploitation uranifères au niveau fédéral sont la Loi sur la sûreté et la réglementation nucléaires et la Loi canadienne sur l'évaluation environnementale, ainsi que la Loi sur les mines et la Loi sur la qualité de l'environnement au Québec (INSPQ, 2013). Ces législations introduisent elles-mêmes des organismes réglementaires dans le processus de décision, dont le *Comité fédéral d'examen-Sud* (COFEX-S), *l'Agence canadienne d'Évaluation environnementale* (ACEE), le *Comité d'évaluation* (COVEX) et le *Comité d'examen* (COMEX), qui ont participé au processus d'évaluation du projet uranifère Matoush en Jamésie.

Strateco avait obtenu l'approbation de l'administrateur fédéral de la CBJNQ en février 2012 à la suite des recommandations positives du COMEX et du COFEX-S[1], ainsi que du ministre canadien de l'Environnement en avril 2012, puis de la *Commission canadienne de Sécurité nucléaire* (CCSN) en octobre 2012 pour le projet d'exploration souterraine Matoush (CCSN 2016). En dernière instance, c'était désormais au ministre du Développement durable, de l'Environnement et de la Lutte contre les changements climatiques d'accepter ou de refuser la délivrance du certificat d'autorisation du projet.

Des discussions internes étaient en cours depuis 2012, mais bien qu'il y ait eu « des débats à l'interne dans ce dossier-là, c'était plus une question d'échéance » (voir entretien avec Yves-François Blanchet, ministre du Développement durable, de l'Environnement et de la Lutte contre les changements climatiques [2012-2014], dans Bourgeois, 2016, p. 90). Devant le refus de Québec de prendre position tout de suite, Ressources Strateco dépose une requête en mandamus et jugement déclaratoire le 17 février 2013 afin de forcer le gouvernement du Québec à prendre une décision sur le projet Matoush. Il était donc devenu évident que le gouvernement du Québec devait prendre position dans ce débat en autorisant, ou non, la poursuite du projet uranifère le plus avancé. Les Cris ont alors mobilisé leur influence politique pour s'assurer que le projet n'aille pas de l'avant.

Ainsi, les Cris ont utilisé des tables de discussions au Québec – notamment lorsqu'on évoquait la création de la Société du Plan Nord et du Gouvernement régional d'Eeyou Istchee Baie-James – pour exprimer leur opposition ferme au projet Matoush. Les différentes rencontres entre les négociateurs cris, les représentants et les représentantes du gouvernement du Québec étaient autant d'occasions de revenir sur cet enjeu :

> [...] à chaque fois [qu']on leur parlait de créer la *Société du Plan Nord*, de créer le Gouvernement régional cri, ils parlaient de Matoush [...] à chaque fois qu'on discutait avec eux de leur adhésion pour un événement [...], ils me disaient on va être là et, en même temps, on va parler de Matoush. Donc il est devenu assez évident dans l'année 2012-2013 qu'on devait répondre à cette préoccupation des Cris (voir entretien avec une conseillère ou un conseiller politique anonyme auprès du gouvernement Marois dans Bourgeois, 2016, p. 90)

[1] Les comités consultatifs du COMEX et du COFEX-S avaient approuvé sous réserves le projet Matoush. Le COFEX-S recommandait notamment une « approche de prudence dans l'octroi d'une éventuelle autorisation au promoteur » à cause de l'opposition des Cris (COFEX-S, 2011, p. 153). Dans le même sens, la première condition du COMEX énonce spécifiquement que le « promoteur devra obtenir le consentement des Cris » (voir COMEX, 2011, dans *Cour supérieure du Québec*, 2017, p. 41).

En parallèle, le dépôt de la requête en mandamus et jugement déclaratoire à la Cour supérieure du Québec force le gouvernement à se prononcer (Ressources Strateco, 2013). Le gouvernement Marois annonce la décision de suspendre la délivrance des certificats d'autorisation pour les projets uranifères pendant la réalisation d'études le 28 mars 2013. Un mandat d'enquête et de consultation est confié au *Bureau d'Audiences publiques en Environnement* (BAPE) le 4 mars 2014. L'idée de mandater un BAPE sur l'ensemble de la filière pour qu'il se prononce sur tous les projets – et pas uniquement sur le projet Matoush – devient assez consensuelle dès que le gouvernement se rend compte de l'opposition ferme de la Nation crie (voir entretien avec une conseillère ou un conseiller politique anonyme auprès du gouvernement Marois dans Bourgeois 2016). De plus, ils considèrent qu'ils ne disposent pas d'assez d'informations pour délivrer le certificat d'autorisation. D'abord favorable aux activités économiques, le gouvernement Marois instaure un « moratoire administratif » sur l'exploration uranifère afin de répondre à la pression sociale sans imposer un moratoire légal et empêcher une exploitation future. Cette prise de décision démontre que le gouvernement Marois se base sur des calculs politiques afin de répondre à plusieurs objectifs qui semblent inconciliables. Conséquemment,

> [i]l s'est avéré rapidement que c'était un dossier qui était chaud et qui avait beaucoup de ramifications [...] Il y avait des pressions, mais c'est vraiment un ensemble de considérations qui m'a conduite à prendre une décision. [...] et on a tout à fait raison d'affirmer que le point de vue des Premières Nations a compté dans ma décision. L'opinion des gens de la Côte-Nord, des gens des Hautes-Laurentides, a été entendue, mais le point de vue des Premières Nations a eu un impact significatif (voir entretien avec Pauline Marois, Première ministre du Québec [2012-2014], dans Bourgeois, 2016, p. 99).

Il s'agissait d'une décision réfléchie, comme le démontre la liste des avantages et des inconvénients de refuser l'autorisation du projet Matoush produite par le sous-ministre Jacques Dupont en décembre 2012. Il est mentionné ceci :

> Avantages :
>
> h) Cette décision satisfera les communautés Cris qui verront dans cette décision un[e] ma[r]que de respect de la part du Gouvernement [*sic*]. Cette décision pourra possiblement faciliter la réalisation de futurs projets en Jamésie.
>
> i) Cette décision plaira aux groupes d'intérêt opposés aux projets d'exploration uranifère au Québec.
>
> j) Le refus du projet pourrait donner un signal clair comme quoi le Gouvernement du Québec est sérieux dans son opposition à la filière nucléaire.
>
> Désavantages :
>
> k) Une décision négative mettra en péril la survie de Ressources Stratéco.

l) Une action en Cour supérieure de la part de Ressources Sratéco est presque assurée pour contester cette décision ou pour obtenir des dédommagements pour la perte des 120 millions de dollars investis dans le projet à ce jour.

m) Le refus de ce projet pourrait donner un signal négatif à l'industrie minière.

n) Le refus du projet pourrait renforcer le pouvoir du Grand Conseil Cri en lui conférant *de facto* un droit de *veto* sur les projets nordiques sur le territoire d'Eeyou-Ischtee. Ce serait un précédent possiblement préjudiciable pour le Québec. Cette situation risque de se répercuter ailleurs au Québec dans la mesure où les autres communautés autochtones vont réclamer des droits similaires.

(Cour supérieure du Québec, 2017, p. 103-104).

Lorsqu'il se rend compte qu'un compromis acceptable n'est plus possible, le gouvernement du Québec choisit de favoriser ses relations avec les Cris et de répondre à la pression sociale. Si le changement politique, du gouvernement Charest (2008-2012) au gouvernement Marois (2012-2014), s'explique notamment par la dominance de la coalition contre l'exploration et l'exploitation uranifère (Bourgeois, 2016), il ne faut pas sous-estimer l'importance du positionnement des Cris à l'encontre du projet Matoush. Pour la majorité des intervenantes et des intervenants rencontrés dans le cadre de cette recherche, la décision de la nation crie de s'opposer au projet de Ressources Strateco est déterminante afin de comprendre la prise de décision du gouvernement du Québec. Ils ont des droits particuliers issus des traités qui impliquent que « le gouvernement [du Québec] est presque en table permanente avec les Cris » (voir entretien avec une conseillère ou avec un conseiller politique anonyme auprès du gouvernement Marois, dans Bourgeois, 2016, p. 69). Lorsqu'ils se positionnent, ils ajoutent des ressources politiques déterminantes à une large coalition anti-uranifère qui s'est formée sur ces enjeux dès 2009 (organismes environnementaux, groupes citoyens, etc.).

Pour résumer l'influence des Cris sur le processus, on peut identifier trois ressources principales : l'autorité légale, les ressources financières et l'influence politique permettent au GCCEI d'obtenir des ressources déterminantes. D'abord, le *Grand Conseil des Cris (Eeeyou Istchee)* a l'autorité légale de participer au processus de consultation des projets de développement situés en terres conventionnées en vertu de la Convention de la Baie-James et du Nord québécois et du chapitre 2 de la Loi sur la qualité de l'environnement. Le chapitre 2 de la Loi sur la qualité de l'environnement clarifie notamment les dispositions particulières à la région de la Baie-James et du Nord québécois. Elle y définit les compétences des organismes qui en découlent, dont le *Comité consultatif pour l'Environnement de la Baie-James* (CCEBJ) et les Comités d'examen dans la région de la Baie-James (COMEX et/ou COFEX-S). Le gouvernement de la nation crie nomme une partie des membres à ces deux comités, et ces membres ont alors un accès privilégié aux organismes de régulation afin de s'exprimer sur l'ensemble des projets qui ont potentiellement un impact auprès des communautés cries.

Ensuite, c'est le *Grand Conseil des Cris (Eeeyou Istchee)* qui a investi le plus de ressources financières afin de « défendre la position de la nation crie qui s'oppose à toute autorisation ou tout permis qui permettrait aux activités uranifères d'être réalisées dans le territoire d'Eeyou Istchee » par l'octroi de trois mandats de plus de 100 000 $ (Commissaire au lobbyisme, 2015). Finalement, le GCCEI a utilisé son influence politique en indiquant clairement au gouvernement du Québec que les Cris s'opposeraient à toute décision de développer la filière de l'uranium sur leur territoire.

Le *Consentement libre, préalable et éclairé* : un outil politique

Le cas de la suspension du certificat d'autorisation du projet Matoush illustre la capacité des Cris à imposer leur choix quant aux projets de développement sur leur territoire. Ils parviennent à contourner, en quelque sorte, les processus formels administratifs afin de faire valoir leurs droits, de s'approprier puis de mettre en œuvre le CPLE sur leurs territoires ancestraux.

En effet, pour les Cris, leurs droits issus des traités ne sont pas limités sur les terres conventionnées de catégorie III où était situé le projet Matoush. En mobilisant la notion de consentement et en utilisant leurs ressources légales, politiques et financières, ils ont établi un meilleur rapport de force qui a contribué à contraindre le gouvernement à prendre en compte leur prise de position sur la filière uranifère. Ils ont démontré qu'ils sont des acteurs incontournables du développement sur le territoire d'Eeyou Istchee Baie-James. Il s'agit d'un élément significatif qu'on retrouve dans le jugement *Ressources Strateco inc.* c. *Procureure générale du Québec* (QCCS, 2017, 2679).

Le juge mentionne notamment que la communauté crie n'a pas de droit de *veto* et qu'il appartient au gouvernement de tenir compte d'un ensemble de facteurs, dont l'absence d'acceptabilité sociale des Cris, dans sa prise de décision. Si les interprétations contradictoires du CPLE demeurent un enjeu au Canada, il n'en demeure pas moins que :

> [448] Tant l'esprit que le texte même de la CBJNQ ainsi que celui de la *Paix des Braves* mettent en relief l'importance de considérer les communautés locales avant l'acceptation de tout projet pouvant avoir des impacts environnementaux et sociaux sur le territoire visé. Non seulement le décideur peut considérer l'acceptabilité sociale d'un projet, mais il le doit.
> [449] Strateco sait depuis le début de ses démarches, dès le dépôt de son projet préliminaire en juillet 2008, que son projet devait être acceptable pour la communauté locale.
>
> (Cour supérieure du Québec, 2017)

Ce jugement souligne conséquemment que le positionnement des Cris sur les projets de développement doit être un élément de la prise de décision gouvernementale. De plus, le promoteur Ressources Strateco n'a pas complètement répondu aux questions de la communauté crie de Mistissini sur les phases d'exploration et d'exploitation du projet (Conseil de la Nation crie de Mistissini, 2014). Notamment, il n'a pas répondu aux demandes d'explication sur les effets à long terme associés à une phase ultérieure d'exploitation d'uranium. En ce sens, la communauté crie de Mistissini n'était pas en mesure de prendre une décision éclairée sur les impacts possibles de la poursuite du projet Matoush.

En conséquence, en appuyant pleinement la Déclaration des Nations unies sur les droits des peuples autochtones (Nations unies, 2007), ainsi qu'en favorisant un contexte dans lequel les Autochtones peuvent exprimer leur consentement préalable, libre et éclairé, le Canada pourrait faire du CPLE un outil pertinent de réconciliation (*Commission de Vérité et Réconciliation*, 2015 ; Iacobucci *et al.*, 2016). En l'absence de ces balises, cette recherche démontre que les Autochtones mobilisent diverses stratégies afin de s'approprier la norme contestée du consentement. Bien que le Canada n'ait pas encore mis en œuvre la Déclaration des Nations unies sur les droits des peuples autochtones (Nations unies, 2007) dans son droit national, *le Consentement préalable, libre et éclairé* (CPLE) devient un outil politique à défaut d'être une ressource légale pour les Autochtones. En pratique, lors d'un conflit d'usage du territoire, les communautés autochtones mobilisent notamment le CPLE afin d'établir un meilleur rapport de force.

Si cette étude de cas montre que la nation crie a été à même de mettre en œuvre son consentement en Eeyou Istchee, les communautés autochtones ne sont pas toutes égales en termes de ressources qu'elles peuvent mobiliser afin de faire respecter leur prise de décision, notamment si elles n'ont pas de droits issus d'un traité. L'enjeu du consentement demeure entier dans de nombreuses régions. En ce sens, une attention particulière à ces questions ne peut que mettre en évidence la nécessité d'aller plus loin que l'encadrement formel afin d'éclairer les dynamiques sous-jacentes à la prise de décision gouvernementale.

Bibliographie

Bourgeois, S. (2016), *Comprendre la construction du « moratoire administratif » sur l'exploration/exploitation uranifère : l'influence des coalitions allochtones et autochtones*. Mémoire de maîtrise, département de sciences politiques, Québec : Université Laval, [en ligne] Comprendre la construction du « moratoire administratif » sur l'exploration/l'exploitation uranifère : l'influence des coalitions allochtones et autochtones (ulaval.ca) [consulté le 29 octobre 2019].

Canada, Gouvernement du (2018), *Les gouvernements canadiens et la Déclaration des Nations unies sur les droits des peuples autochtones*, [en ligne] https://www.aadnc-aandc.gc.ca/fra/1524502914394/1524502949275 (consulté le 20 août 2018).

Canada, Ressources naturelles (2014), *À propos de l'uranium*, [en ligne] https://www.rncan.gc.ca/energie/uranium-nucleaire/7696 (consulté le 19 juillet 2016).

CBJNQ (Convention de la Baie-James et du Nord québécois) (2014), *Convention de la Baie-James et du Nord québécois et conventions complémentaires*, [en ligne] http://www3.publicationsduquebec.gouv.qc.ca/produits/conventions/lois/loi.en.html (consulté le 21 janvier 2020).

CCSN (Commission canadienne de sûreté nucléaire) (2016), *Projet d'exploration uranifère Matoush*, [en ligne] http://nuclearsafety.gc.ca/fra/resources/status-of-new-nuclear-projects/matoush (consulté le 29 octobre 2019).

COFEX-S (Comité fédéral d'examen Sud) (2011), *Rapport de recommandations. Projet d'exploration uranifère Matoush-QC*, [en ligne] https://www.ceaa-acee.gc.ca/1ED9DF1A-docs/Matoush_REA_6juin_final.pdf (consulté le 29 octobre 2019).

COMEX (Comité d'examen des répercussions sur l'environnement et le milieu social) (2011), *Rapport d'analyse environnementale pour le projet d'exploration uranifère Matoush.*

Commissaire au lobbyisme (2015), *Registre des lobbyistes Québec*, [en ligne] https://www.lobby.gouv.qc.ca/servicespublic/consultation/ConsultationCitoyen.aspx?id=0 (consulté le 15 décembre 2015).

Commission de vérité et réconciliation du Canada (2015), *Rapports de la Vérité et la Réconciliation*, [en ligne] https://nctr.ca/fr/reports2.php (consulté le 21 janvier 2020).

Conseil de la nation crie de Mistissini (2014), *No Uranium Development Without Our Consent*, [en ligne] http://www.bape.gouv.qc.ca/sections/mandats/uranium-enjeux/documents/MEM25.pdf (consulté le 18 septembre 2018).

Cour supérieure du Québec (2017), *Ressources Strateco inc.* c. *Procureure générale du Québec*, 21 juin.

Cree mineral exploration board (2014), *Brief of the Cree Mineral Exploration Board presented to the Bureau d'audience publique sur l'environnement concerning uranium*, [en ligne] https://archives.bape.gouv.qc.ca/sections/mandats/uranium-enjeux/documents/MEM104.pdf (consulté le 29 octobre 2019).

CSC (Cour suprême du Canada) (2004a), *Nation Haida* c. *Colombie-Britannique (ministre des Forêts)*, 18 novembre.

—, (2004b), *Première nation Tlingit de Taku River* c. *Colombie-Britannique (Directeur d'évaluation du projet)*, 18 novembre.

—, (2005), *Première nation crie* c. *Canada (ministre du Patrimoine canadien)*, 24 novembre.

Gaudreau, R. (2014), *État de la ressource uranifère au Québec*. Québec : Bureau d'audiences publiques sur l'environnement, [en ligne] https://archives.bape.gouv.qc.ca/sections/mandats/uranium-enjeux/documents/INFO9.pdf (consulté le 19 oct. 2019).

GCCEI (Grand Conseil des Cris (Eeyou Istchee) (2010), *Politique minière de la Nation crie*, [en ligne] https://www.cngov.ca/wpcontent/uploads/2018/03/politique_miniere_de_la_nation_crie.pdf (consulté le 18 février 2019).

Grammond, S. (2008), *La gouvernance territoriale et l'obligation constitutionnelle de consulter et d'accommoder les peuples autochtones*, Rimouski, Colloque de l'ASRDLF.

Hanna, P. et Vanclay, F. (2013), « Human rights, Indigenous peoples and the concept of Free, Prior and Informed Consent », *Impact Assessment and Project Appraisal*, 31(2), p. 146-157.

Iacobucci, F., *et al.* (2016), *Free, Prior and Informed Consent in Canada: Towards a New Relationship with Indigenous Peoples*, Montréal, TORYS LLP.

Jenson, J. et Papillon, M. (2000), « Challenging the Citizenship Regime: The James Bay Cree and Transnational Action », *Politics and Society*, 28(2), p. 245-264.

Khelfaoui, M. (2014), « Le nucléaire dans la stratégie énergétique du Québec, 1963-2012 », *Scientia Canadensis*, 37(1-2), p. 105-132.

Lacroix, M. (2016), *Parlez-moi du nucléaire*, Montréal, Presses internationales polytechniques.

McCarthy, S. (2016), « Liberals must give indigenous people "right to say no", AFN chief says », *The Globe and Mail*, 12 mai, [en ligne], https://www.theglobeandmail.com/news/politics/liberals-must-give-indigenous-people-right-to-say-no-afn-chief-says/article30006459/ (consulté le 20 août 2018).

Newman, D. G. (2014), *Revisiting the Duty to Consult Aboriginal Peoples*. Saskatoon, Purich Puching Ltd.

Miles, M. B., Huberman A. M. et Saldana J. (2014), *Qualitative Data Analysis A Methods Sourcebook*, New York, SAGE Publishing.

Nations unies (2007), *Déclaration des Nations unies sur les droits des peuples autochtones*, [en ligne] https://www.un.org/esa/socdev/unpfii/documents/DRIPS_fr.pdf (consulté le 15 octobre 2019).

—, (2016), *Instance permanente sur les questions autochtones. Le Canada appuie désormais « sans réserve » la Déclaration sur les droits des Autochtones*, [en ligne] https://www.un.org/press/fr/2016/dh5299.doc.htm (consulté le 30 août 2018).

Owen, J. R., et Kemp, D. (2014), « Free prior and informed consent, social complexity and the mining industry: Establishing a knowledge base », *Resources Policy*, 41, p. 91-100.

Papillon, M. et Rodon, T. (2016), « Proponent-Indigenous Agreements and the Implementation of the Right to Free, Prior, and Informed Consent in Canada », *Environmental Impact Assessment Review*, 62, p. 216-224.

—, (2017), « Indigenous Consent and Natural Resource Extraction Foundations for a Made-in-Canada Approach », *IRPP Insight*, 16, p. 1-26, [en ligne] https://irpp.org/wp-content/uploads/2017/07/insight-no16.pdf (consulté le 27 novembre 2019).

— (2019), « The Transformative Potential of Indigenous-Driven Approaches to Implementing Free, Prior and Informed Consent: Lessons from Two Canadian Cases », *International Journal on Minority and Group Rights*, 27, p. 1-22.

Poirier, G. (2015), *Vers la première mine de diamant au Québec*, Québec, Symposium international sur le développement nordique.

Pour un Québec sans uranium (2013), *Résolutions municipales*, [en ligne] http://www.quebecsansuranium.org/resolutions-municipales (consulté le 19 mai 2015).

Québec, énergie et ressources naturelles (2009), *L'exploration de l'uranium au Québec – une mise à jour*, [en ligne] https://mern.gouv.qc.ca/mines/quebec-mines/2009-02/uranium.asp (consulté le 14 janvier 2015).

Ressources strateco INC. (2013), « Ressources Strateco dépose une requête en mandamus et jugement déclaratoire à la Cour supérieure du Québec », *Communiqué de presse*, 17 janvier, Boucherville.

Rodhouse, T. et Vanclay, F. (2016), « Is Free, Prior and Informed Consent a Form of Corporate Social Responsibility? », *Journal of Cleaner Production*, 131, p. 785-794.

Rodon, T., (2003), *En partenariat avec l'État : les expériences de cogestion des Autochtones du Canada*, Québec, Les Presses de l'Université Laval.

—, (2015), « From Nouveau-Québec to Nunavik and Eeyou Istchee: The Political Economy of Northern Québec », *Northern Review*, 38, p. 93-112.

—, (2019), *Les apories des politiques autochtones du Canada*, Québec, Les Presses de l'Université du Québec.

Statistique Canada (2017), *Série « Perspective géographique », Recensement de 2016, Province du Québec*, [en ligne] https://www12.statcan.gc.ca/census-recensement/2016/as-sa/fogs-spg/Facts-pr-fra.cfm?LANG=Fra&GK=PR&GC=24&TOPIC=9 (consulté le 29 octobre 2019).

Tomlinson, K. (2017), « Indigenous rights and extractive resource projects: negotiations over the policy and implementation of FPIC », *International Journal of Human Rights*, 23(5), p. 880-897.

Wright, A. J. (2013), *Impact and Benefit Agreements: The Role of Negotiated Agreements in the Creation of Collaborative Planning in Resource Development.* Master of Science, Rural Planning and Development, Guelph, University of Guelph.

CPLE et protocoles de consultation autochtones au Brésil : trajectoires comparées[1]

Françoise Montambeault
Université de Montréal
Liana Amin Lima da Silva
Universidade Federal da Grande Dourados
Priscylla Monteiro Joca
Université de Montréal

Introduction

L'Amazonie, grande réserve naturelle de cours d'eau et espace riche en ressources naturelles prisées sur les marchés internationaux comme le bois et les minéraux, est au cœur du projet de développement économique du Brésil. Les grands projets d'exploitation des ressources naturelles qui s'y trouvent, menés par des entreprises brésiliennes et étrangères avec l'aval des autorités gouvernementales, ont toutefois été l'objet de maints débats politiques, sociaux et juridiques au cours des deux dernières décennies. Le projet de barrage hydroélectrique Belo Monte dans le bassin du fleuve Xingu, dans l'État du Para, en est un exemple emblématique. En effet, et bien qu'il ait été inauguré officiellement en 2016, la construction de ce barrage a suscité plusieurs controverses, conflits et débats avec les communautés affectées par sa construction, révélant notamment les contradictions entre le modèle de développement extractiviste néolibéral et les normes internationales et nationales en matière de droits de l'homme et de droits environnementaux (Bratman, 2014, Taylor Klein, 2018). Ce cas, comme plusieurs autres moins médiatisés, révèle aussi tout l'enjeu du développement des ressources en

[1] Les autrices remercient les organisateurs de ce numéro thématique pour leur invitation à réfléchir sur le cas brésilien à partir des intersections du droit et de la science politique, qui permettent d'offrir une compréhension interdisciplinaire riche des mécanismes juridiques et processus politiques entourant l'adoption et la mise en œuvre des protocoles communautaires autonomes de consultation autochtone au Brésil. Les recherches pour cet article ont été en partie financées par le Conseil de la recherche en sciences humaines du Canada (CRSH). L'article s'inscrit aussi dans le cadre du projet CNPq-Brésil « Observatório de Protocolos Comunitários de Consulta Livre, Prévia e Informada », dirigé par Liana Amin Lima da Silva, au sein duquel Françoise Montambeault et Priscylla Monteiro Joca agissent à titre de collaboratrices.

territoire autochtone, alors que les communautés affectées luttent pour leur droit à la participation et à l'autodétermination.

Partout au Brésil, les processus de consultation des peuples autochtones dans le cadre des grands projets de développement des ressources des années 1990 et 2000 sont contestés car orchestrés par le haut, menés par des acteurs non autochtones, et en porte-à-faux avec le droit autochtone à l'autodétermination. En effet, même si la Constitution de 1988 prévoit des droits explicites au territoire et à la participation pour les peuples autochtones, ces droits demeurent souvent inappliqués (Silva, 2016). De plus, si les principes de la consultation préalable et du *Consentement préalable, libre et éclairé* (CPLE) sont régulièrement mobilisés dans les discours politiques et devant les tribunaux par les groupes autochtones, la traduction de ces principes dans les pratiques demeure un objet de conflit et de contestation (Schumann, 2018b).

C'est dans ce contexte ambigu quant à l'interprétation juridique et aux usages politiques de la norme du CPLE qu'ont émergé depuis 2014 les protocoles communautaires autonomes de consultation autochtones (*Protocolos comunitários autônomos de consulta indígenas*). Le recours à de tels protocoles, développés unilatéralement par plusieurs communautés autochtones (Souza Filho, 2019), s'est depuis imposé comme « bonne pratique » au Brésil, alors que plusieurs peuples autochtones se sont dotés de protocoles depuis 2014. Si ces protocoles sont dorénavant largement répandus, peu de chercheurs en sciences sociales se sont jusqu'à présent penchés sur leur origine, leur nature et leur portée juridique et politique (Fernandes, 2018 ; Oliveira, 2016 ; Rojas Garzón *et al.*, 2016 ; Silva, 2017).

À partir de l'étude comparée de deux cas de protocoles brésiliens, soit les protocoles juruna et munduruku, cet article entend documenter le phénomène en analysant le rôle des protocoles qui peuvent devenir (ou non) des outils politiques et juridiques permettant aux peuples autochtones de s'approprier la norme du CPLE et de lui donner un sens en contexte brésilien. Bien que l'analyse comparée des protocoles existants suggère que ceux-ci proposent un cadre similaire pour traduire le CPLE et définir les processus de consultation, la comparaison des pratiques de mobilisation de ces protocoles comme outil politique et juridique dans le contexte de projets de développement spécifiques illustre par ailleurs la diversité des trajectoires de mise en œuvre des protocoles. En effet, ceux-ci s'inscrivent dans des contextes interactionnels locaux distincts, où évoluent des acteurs multiples aux rapports de force distincts et souvent inégaux. Notre approche vise donc à retracer l'émergence et les usages de ces protocoles par les acteurs en place, afin d'en souligner non seulement la portée juridique, mais aussi politique[1].

Droits autochtones et CPLE au Brésil : entre citoyenneté et tutelle de l'État

Le droit pour les peuples autochtones d'être consultés et de donner leur *Consentement préalable, libre et éclairé* (CPLE) est, comme les organisateurs de ce dossier thématique l'ont souligné, reconnu par la Convention 169 de l'OIT (C169 ci-après) (art. 6.1.a et 6,2) et la *Déclaration des Nations unies sur les droits des peuples autochtones* (DNUDPA) (art. 19 et 32). Or, afin d'en comprendre les implications juridiques et politiques réelles, ce droit doit être non seulement compris dans sa formulation et ses interprétations juridiques en droit positif international ou domestique (cf. Papillon et Rodon dans ce livre), mais il doit aussi s'analyser au regard des pratiques des pays l'ayant ratifié.

En Amérique latine, bien que la majorité des pays de la région aient ratifié la Convention 169 de l'OIT et la DNUDPA et qu'il existe une jurisprudence de plus en plus importante en la matière à la Cour interaméricaine, la mise en œuvre du CPLE demeure contestée et faiblement institutionnalisée, en raison notamment des interprétations concurrentes portées par les différents acteurs (Autochtones, États, entreprises) (Schilling-Vacaflor, 2017 ; Schumann, 2018a ; Tomaselli, 2016). Le Brésil ne fait pas exception. En effet, c'est dans un contexte juridique et politique marqué à la fois par l'héritage du paradigme indigéniste assimilationniste et tutélaire du régime de citoyenneté autochtone et par des pratiques de continuité de ce même paradigme dans les relations entre l'État et les peuples autochtones brésiliens que s'inscrivent la définition et les pratiques du droit à la consultation et au consentement préalables des peuples autochtones au Brésil.

---

[1] Le travail réalisé s'appuie sur une étude approfondie des protocoles de consultation autochtone et de la législation brésilienne en matière de reconnaissance des droits autochtones et de traduction juridique du CPLE, mais aussi des observations participantes de long terme menées par Liana Amin Lima da Silva, co-directrice de l'Observatoire des protocoles, ainsi que sur trois entretiens semi-dirigés menés auprès de l'expert Ricardo Cid, un anthropologue brésilien, et de leaders autochtones des communautés juruna (Bel Juruna) et munduruku (Karo Munduruku) en décembre 2018, servant à approfondir les logiques observées sur le terrain et les conversations informelles avec plusieurs acteurs des communautés autochtones concernées.

Un héritage assimilationniste et tutélaire

Issu d'une tradition coloniale répressive, le droit autochtone brésilien se construit, pour la majeure partie du XIXe et du XXe siècle, autour de deux principes qui guideront l'inclusion des Autochtones dans le régime de citoyenneté brésilien : 1) une logique de mise en tutelle, alors que les Autochtones sont considérés comme « incapables » puis « relativement incapables » d'exercer leurs droits à la citoyenneté, et 2) une logique d'assimilation à la culture brésilienne, sans reconnaissance de droits ou d'un statut particuliers (Moog Rodriguez, 2002). La période autoritaire, de 1964 à 1985, exacerbera cette logique, alors que sera adopté le Statut des Indiens (*Estatuto do Índio*), imposant des contraintes institutionnelles et juridiques au développement de la citoyenneté autochtone et au respect des droits politiques, économiques et culturels des peuples autochtones sous tutelle (Brésil, 1973, art. 1).

La Constitution de 1988, adoptée dans le contexte de la redémocratisation du Brésil, garantit des droits pour les peuples autochtones et est généralement considérée comme un point tournant dans l'histoire autochtone du pays. Fondée sur le principe de la différenciation des droits collectifs et individuels des peuples autochtones (droit à la différence), elle stipule que c'est à l'État brésilien de protéger le droit à l'autonomie, l'auto-détermination et à la participation aux décisions qui affectent leur vie et leur territoire, et ce dans le respect de l'organisation politique, sociale et culturelle de chacun des peuples autochtones. La Constitution garantit en effet la « reconnaissance de leur organisation sociale, coutumes, langues et traditions, ainsi que les droits ancestraux sur les terres qu'ils ont traditionnellement occupées » aux peuples autochtones (art. 231). La Constitution, qualifiée de « constitution multiculturelle » par certains (Souza Filho, 2009), visait donc, en principe, à rompre avec les théories légales basées sur la logique de tutelle et d'assimilation.

Les critiques relèvent les limites des droits constitutionnels autochtones en regard de leurs demandes d'autonomie et d'autodétermination, soulignant la persistance des pratiques contemporaines de mise en tutelle de l'État brésilien, notamment en raison du modèle de développement économique extractiviste préconisé par l'État brésilien (Julião, 2018 ; Luciano, 2006). En effet, bien que la Constitution soit ouverte à l'expression de la diversité culturelle et qu'elle définisse les contours institutionnels de la participation citoyenne (et notamment des peuples autochtones), elle renforce aussi les mécanismes de contrôle et le pouvoir de l'État national (Verdum, 2018) et des acteurs politiques y œuvrant. C'est en effet l'État et les acteurs politiques et bureaucratiques qui le composent qui conservent, dans les faits, la prérogative de la traduction et de la mise en œuvre juridique, législative et réglementaire des provisions constitutionnelles dans l'architecture institutionnelle du pays et dans les processus de prise de décisions politiques. Ainsi, on observe un fossé entre discours et pratiques au Brésil au regard de la question des garanties constitutionnelles pour la citoyenneté autochtone dans les années 1990-2000, fossé qui se reflète aussi dans la mise en œuvre du CPLE depuis 2002.

Le CPLE au Brésil : entre rupture et continuité

C'est en 2002 que le Brésil ratifie la C169, et en 2004 que celle-ci est promulguée par la loi-décret 5051 (Brasil, 2004) sous le gouvernement de gauche du *Parti des Travailleurs* (PT) de Inácio Lula da Silva, élu en 2002 avec, notamment, l'appui de certaines organisations autochtones. Or, malgré les intentions politiques affichées en faveur de la systématisation du droit autochtone à la consultation et au consentement, et malgré la tradition participative du PT[1], la traduction du droit d'être consultés et de donner leur consentement préalable, libre et éclaire dans les pratiques, c'est-à-dire dans l'architecture institutionnelle brésilienne et dans les décisions au regard des territoires autochtones n'échappe pas au décalage entre discours et pratiques caractéristique de la citoyenneté autochtone au Brésil.

D'abord, il convient de préciser qu'au Brésil, le CPLE est compris par le droit et le pouvoir exécutif fédéral comme le droit à la consultation, et non le droit au consentement. De fait, le consentement demeure un principe à viser dans les processus de consultation, et non comme une exigence légale ou un veto autochtone nécessaire pour mettre en œuvre une mesure administrative ou un projet, qu'il soit public ou privé. Ainsi, c'est par le biais de l'organisation de processus de consultation préalable dans le cadre des projets de développement des ressources sur les territoires autochtones que le discours du CPLE s'articule au Brésil. Il n'existe à ce jour aucune disposition légale qui définisse les procédures et mesures organisant la consultation[2] ; il y a

[1] Parce qu'il émerge dans les années 1980 dans le contexte de l'opposition au régime militaire et d'une culture opposée aux partis traditionnels accusés d'élitisme et de protéger les intérêts de classe dominante, le PT a développé sa proposition politique autour de deux axes principaux : l'idée de la participation citoyenne, et celle de l'inversion des priorités (notamment en matière de reconnaissance des droits et de dépenses publiques) vers les secteurs populaires et les catégories de la population ayant été traditionnellement exclus *de facto* du régime de citoyenneté brésilien (Keck, 1995), notamment les peuples autochtones.

[2] Le gouvernement brésilien a, en 2012, entamé des discussions avec plusieurs interlocuteurs représentant les peuples autochtones et *quilombolas* sur la possibilité de proposer un cadre règlementaire national qui aurait permis l'encadrement juridique et institutionnel de la norme du droit d'être consulté et de donner le consentement au Brésil (Schumann, 2018b). Or, les inégalités perçues dans la représentation par les acteurs autochtones, notamment, ainsi que les conflits entre différentes interprétations de la notion de droit d'être consulté et de donner le

toutefois un certain niveau de consensus juridique politique quant à la nature et à l'organisation de ces consultations (Garzón, Yamada, and Oliveira, 2016). En effet, la norme selon laquelle les instances gouvernementales ont l'obligation de consulter les peuples autochtones avant d'autoriser un projet de développement sur leurs territoires, et que les entreprises ou tierces parties impliquées ne peuvent conduire elles-mêmes ces consultations, est globalement admise (Silva, 2017). Selon ce principe, les processus de consultation et la recherche du consentement devraient être coordonnés par les instances gouvernementales responsables, que ce soit le Congrès (dans le cas de mesures législatives) ou les agences gouvernementales fédérales concernées (pour les mesures administratives), et réalisés par le biais de mécanismes de consultation et des institutions représentatives autochtones désignées par les communautés. De fait, la norme selon laquelle les processus de consultation devraient considérer les spécificités de chaque peuple et communauté impliqués et être « culturellement adéquats » est de plus en plus acceptée, du moins en dehors des sphères gouvernementales fédérales (ISA, 2009 ; RCA, 2017 ; Glass, 2019).

Malgré ce consensus apparent, la mise en œuvre du CPLE demeure encore aujourd'hui très limitée dans les pratiques. En 2015, aucune consultation adéquate du point de vue des standards internationaux n'avait en effet été organisée par les autorités gouvernementales responsables, alors que près de 3000 licences environnementales autorisant autant de projets ont été octroyées pendant la même période (Rojas Garzón, Yamada et Oliveira, 2016 ; Oliveira, 2016 ; Rojas Garzón *et al.*, 2016). Par ailleurs, le pouvoir exécutif a, pendant la période récente, approuvé et mis en œuvre plusieurs grands projets de développement d'infrastructures et d'extraction de ressources naturelles sans consultation adéquate préalable, comme on l'a vu dans le cas médiatisé de Belo Monte, dans le bassin amazonien (Bratman et Dias, 2018 ; Monteiro, 2018).

Si certains processus ont été contestés par les peuples autochtones devant les tribunaux locaux, donnant lieu à des décisions de tribunaux fédéraux de première instance reconnaissant le droit au CPLE pour les peuples affectés, des instances supérieures ont cassé ces décisions ou en ont proposé des interprétations restrictives. D'abord, en 2009, la Cour suprême brésilienne propose une interprétation qui restreint l'application du droit à la consultation (sans faire référence au consentement) dans le cas de *Raposa Serra do Sol*[1].

---

consentement incarnées par les différents acteurs participant au processus ont rapidement rendu les délibérations difficiles (Schumann, 2018a), jusqu'à la rupture du dialogue en 2013.

[1] Avec ce cas, la Cour Suprême interprète le droit à la consultation préalable comme n'étant pas absolu et pouvant être limité dans les cas impliquant des intérêts nationaux, par exemple la Défense nationale. Il existe des divergences d'interprétation de ce jugement, à savoir s'il est applicable au-delà du cas *Raposa Serra do* Sol. En 2017, le Procureur général de l'Union adopte un avis légal (n. 0001/2017) qui détermine que les conditions de ce jugement s'appliquent à

De plus, deux instruments procéduraux ont été appliqués par les juges des instances supérieures dans plusieurs cas, instruments appelés les *suspensions d'injonction* et les *tutelles anticipées (Suspensão de Liminar e Antecipação de Tutela).* Ces instruments de procédure permettent aux instances judiciaires supérieures de suspendre une décision d'un juge de première instance lorsque des raisons politiques suffisantes sont en jeu, par exemple lorsqu'on considère qu'il y a atteinte sérieuse à la défense nationale du Brésil, ou dans les cas où l'on « accepte les arguments du gouvernement en invoquant que les projets sont stratégiques pour l'ordre économique du pays » (Rojas Garzón *et al.*, 2016, p. 12). Ainsi, bien qu'une sentence locale ordonne la réalisation d'une consultation dans un cas précis, cette même décision peut ensuite être cassée, suspendue à travers les instruments cités (Rojas Garzón *et al.*, 2016).

Une autre limite à la mise en œuvre effective du CPLE au Brésil relève de l'interprétation des critères d'applicabilité de ce droit. En particulier, le critère de distance des projets de développement ou extractivistes par rapport aux terres autochtones (entente interministérielle 60) est souvent utilisé pour éviter la consultation autochtone. Par exemple, dans la région connue comme l'Amazonie légale, si la distance entre une terre autochtone et un investissement minier est de plus de 10 km, il n'y a pas d'obligation de tenir une évaluation d'impact environnemental qui considère les impacts possibles sur les terres autochtones. Or, le *Réseau de coopération amazonien* (*Rede de Cooperação Amazônica* - RCA)[1] comprend, quant à lui, ces critères de distance comme étant liés aux études d'impacts environnementaux et non aux processus de consultation qui, eux, devraient être soumis aux standards internationaux en matière de droit autochtone, c'est-à-dire aux critères établis par la Convention 169 (RCA, 2018). Malgré ce conflit d'interprétation, les gouvernements utilisent régulièrement le critère de distance pour justifier les décisions prises de manière unilatérale ou les consultations factices réalisées aux fins de négocier les compensations de possibles impacts dans les contextes qui auraient requis une consultation sur la viabilité du projet et le consentement autochtone (Fernandes, 2018 ; Rojas Garzón *et al.*, 2016).

---

tous les processus de démarcation des territoires autochtones au Brésil (STF, 2009). Selon ces conditions, les projets de nature « stratégique » (par exemple, alternatives énergétiques, expansion des toutes et installation de bases militaires), ainsi que l'armée et la police fédérale peuvent agir sans consultation sur les territoires autochtones (AGU, 2017). La constitutionalité de cet avis est toutefois contestée et remise en question par le Ministère public fédéral (MPF, 2018).

[1] La RCA est un réseau de mobilisation qui est constituée de 14 organisations, dont dix organisations autochtones, et quatre organisations indigénistes, représentant plus de 86 peuples autochtones qui vivent dans et autour de la zone de l'Amazonie (RCA, https://rca.org.br/sobre-a-rca/, consulté le 22 avril 2019).

Donc, au Brésil, bien que le langage de la norme internationale du droit autochtone à la consultation préalable, libre et éclairé soit devenu depuis 2002 indissociable de la rhétorique politique du gouvernement brésilien et des demandes des groupes autochtones, ce langage correspond à des cadres interprétatifs – et des actions – très distincts de la part des différents groupes impliqués (Schumann, 2018a), alimentant le conflit autour de sa mise en œuvre. Or la norme trouve écho chez les peuples autochtones brésiliens, et notamment dans le développement récent des protocoles autochtones de consultation, une innovation qui mérite une attention particulière.

Quand les peuples autochtones s'approprient le langage du CPLE : l'émergence des protocoles de consultation autochtones

Malgré leurs interprétations multiples et parfois conflictuelles à la fois au Brésil et en droit international (voir Leydet dans cet ouvrage), les notions de consultation et de consentement préalable, libre et éclairé des peuples autochtones n'en sont pas moins mobilisées par un grand nombre d'acteurs au Brésil. Au-delà des limites de la traduction institutionnelle des principes du droit au CPLE dans des mécanismes consultatifs formels, la norme vit et se définit localement par les acteurs autochtones, par le(s) sens qu'ils lui donnent dans leur discours et leurs actions, les mobilisant notamment dans leurs stratégies de résistance, d'affirmation de leurs droits et d'auto-détermination face aux gouvernements nationaux (Fontana et Grugel, 2016 ; Schilling-Vacaflor, 2017).

Ces mécanismes d'appropriation de la norme peuvent être de différents ordres, comme l'indiquent Papillon et Rodon dans une analyse récente du cas canadien. Par exemple, au Canada, ils identifient la contestation, la coopération et la création d'instruments de consultation autochtones comme principaux modes d'appropriation de la norme du CPLE dans les pratiques (Papillon et Rodon, 2017, 2018). Dans le cas brésilien, plusieurs de ces mécanismes peuvent en effet être observés, dont certains coexistent simultanément au sein des groupes et des communautés elles-mêmes à différents stades d'approbation d'un projet, comme dans le très controversé cas de Belo Monte, par exemple. Or, devant l'inobservance répétée des droits du CPLE par les autorités gouvernementales dans plusieurs cas et contextes au pays et devant les conflits d'interprétations de la norme de plus en plus clairs, un mode particulier d'appropriation de la norme du CPLE a émergé au Brésil depuis 2014. En effet, avec le support d'organisations autochtones et indigénistes comme la RCA, l'Institut socio-environnemental (*Instituto Socioambiental* – ISA) et le Conseil missionnaire autochtone (*Conselho Indigenista Missionário* – CIMI), plusieurs peuples et communautés autochtones ont développé leurs propres outils afin de se réapproprier et d'imposer eux-mêmes les termes de la définition de la norme : les protocoles communautaires de consultation autochtones (Fernandes, 2018 ; Monteiro, 2015 ; Oliveira, 2016 ; Rojas Garzón, Yamada et Oliveira, 2016 ; Silva, 2017).

Les protocoles de consultation communautaires autonomes[1] ont fait leur apparition au Brésil en 2014. Ils se veulent des instruments juridiques autonomes visant à imposer à l'État une manière de tenir les processus de consultation préalable dans le respect des coutumes, langues, traditions et organisation sociale de chacun des peuples, visent à permettre aux communautés qui les développent d'exprimer par l'action leur droit à la juridiversité (Souza Filho, 1998) et à l'autodétermination. Comme le souligne la RCA :

> « Les protocoles de consultation sont une proposition pour formaliser les manières adéquates pour l'État d'entrer en dialogue avec chaque peuple, organisation ou communauté [...]. [Ils] préparent politiquement les peuples et communautés à dialoguer avec le gouvernement et aident à construire le consensus et à disséminer les règles internes de prise de décision. [...] Ainsi, les protocoles assurent la sécurité et la légitimité de processus qui, depuis le départ, avaient tendance à être conflictuels et inégaux » (RCA, 2018a).

Conçus par les communautés elles-mêmes en partenariat et après délibération avec leurs membres, ces protocoles de consultation autochtones définissent donc les règles minimales et fondamentales de la consultation, notamment en vertu de la C169, qui stipule que « les gouvernements doivent consulter les

[1] À ne pas confondre avec d'autres « protocoles de consultation » adoptés dans d'autres pays latino-américains, notamment au Pérou, et qui sont bilatéraux ou étatiques et sont des instruments de régulation des étapes des processus de consultation. De plus, il est important de préciser la différence entre les protocoles communautaires en tant qu'instruments de sauvegarde de la biodiversité et connaissances traditionnelles associées (voir le Protocole de Nagoya) et les protocoles communautaires de consultation et de consentement préalable (protocoles de consultation autonomes). Les deux instruments juridiques sont développés par les peuples et communautés autochtones, *quilombolas* et traditionnels eux-mêmes. Et les deux diffèrent des « protocoles de consultation générale » réglementés par l'État. Mais, tandis que les protocoles communautaires de sauvegarde de la biodiversité et connaissances traditionnelles sont décrits par le Protocole de Nagoya (article 12, 3, a) comme des « Protocoles communautaires relatifs à l'accès aux connaissances traditionnelles associées aux ressources génétiques et au partage juste et équitable des avantages découlant de leur utilisation », donc avec un but précis, les protocoles de consultation autonomes donnent les normes, règles et procédures de consultation générales, et leurs fondements juridiques sont, principalement, les C169 et DNUDPA. On souligne que le Brésil n'a pas ratifié le Protocole de Nagoya. Cependant, la loi 13.123 de 2015 (cadre juridique pour la biodiversité au Brésil) fait référence aux « protocoles communautaires » de la socio-biodiversité, définis à l'article 1. Au Brésil, il existe deux protocoles communautaires pour la protection et la sauvegarde de la socio-biodiversité, également appelés « protocoles bio-culturels » : le Protocole des communautés bailliques (Amapá, 2015) et le Protocole bio-culturel communautaire des Raizeiras do Cerrado (Articulação Pacari, 2016).

peuples concernés par le biais de procédures appropriées et, en particulier, par le biais de leurs propres institutions représentatives » (OIT, 1989, art. 6.1a). Ainsi, l'interprétation autochtone des droits du CPLE se construit à travers l'appropriation de ce langage normatif et son arrimage aux pratiques traditionnelles de chacune des communautés, déterminant collectivement et imposant de fait leur compréhension de la norme et de ce qui est « culturellement approprié » et devrait guider les processus de consultation menés par l'État dans le cadre des projets de développement les affectant (Oliveira, 2016 ; Silva, 2017).

C'est devant les conflits qui les opposent régulièrement aux autorités gouvernementales en raison du non-respect du droit à la consultation sur le territoire autochtone Wajãpi que naît la réflexion au sein de la communauté Wajãpi (Amapa) et qui mènera à l'élaboration du premier protocole de consultation autochtone. Dans son introduction, le protocole mentionne en effet ce que le peuple Wajãpi perçoit comme une menace constante au droit à la consultation : « le gouvernement pose des actions sur la terre autochtone Wajãpi qui affectent nos droits, mais ne nous demande pas notre opinion. Le gouvernement n'a jamais consulté le peuple Wajãpi » (Povo Wajãpi, 2014, p. 7). L'adoption de ce protocole marque un changement de posture de la communauté Wajãpi vis-à-vis du gouvernement brésilien, affirmant son intention de redéfinir les termes de la relation de pouvoir en faveur de la communauté et de créer un dialogue permanent dans les termes définis par la communauté, comme l'indique la phrase d'ouverture du document, « c'est de cette manière que nous, le gouvernement et peuple Wajãpi, travaillons désormais » (Povo Wajãpi, 2014, p. 6). Ce protocole, qui en inspira ensuite plusieurs autres, se concentre, d'une part, sur la définition des frontières territoriales et symboliques de la communauté, ainsi que sur la définition des procédures et mécanismes d'une consultation jugée adéquate (qui doit être consulté, comment, à quel moment, etc.). Ils affirment ainsi avoir le droit d'être consultés sur l'ensemble des décisions relatives à leurs territoires et à leurs droits, et ce dans le respect de leur culture et de leur organisation politique.

Depuis l'adoption du protocole Wajãpi, plusieurs autres peuples et communautés autochtones du Brésil (principalement dans la région amazonienne) ont aussi adopté leurs propres protocoles autonomes de consultation autochtones, notamment avec l'appui d'organisations comme la RCA et de réseaux d'avocats et spécialistes du droit international. Sans compter les protocoles en cours d'élaboration, les protocoles en vigueur fin 2019 sont au nombre de 13 : Wajãpi (2014), Munduruku (2014), Munduruku et Apiaká du Planalto Santareno (2017), Juruna du territoire autochtone Paquiçamba (2017), peuples autochtones du Territoire du Xingu (2016), Krenak (2017), Waimiri Atroari (2018), Guarani Mbya (2018), Kayapó-Menkragnoti (2019), Yanomami et Ye'kwana (2019), peuples autochtones du Oiapoque (2019), Panará (2019), et Mura (2019). En plus d'établir le standard pour mettre en place des processus de consultation autochtones adéquats en vertu des modes de gouvernance et des lois traditionnels des peuples concernés, certains protocoles indiquent la nécessité de concevoir un plan de consultation concret pour chaque projet de développement dans le protocole même, suivant ainsi la recommandation de la RCA. Ces plans doivent être conçus par les peuples autochtones impliqués dans les consultations en collaboration avec les représentants de l'État. Si les protocoles établissent les grands principes de la consultation, ces plans sont nécessaires pour en définir les conditions précises et mettre en application les protocoles dans les pratiques, définissant l'agenda, les ressources, les représentants présents, etc. (RCA, 2018b).

Souvent cités comme « bonne pratique », les protocoles sont compris par plusieurs analystes comme un exercice d'autodétermination des peuples autochtones, en ce sens qu'ils établissent les principes d'un exercice d'autodétermination dont les bases sont définies par et pour ces derniers (Yamada, Grupioni, et Garzón, 2019 ; Gomes *et al.*, 2019 ; Silva, 2019 ; Souza Filho, 2019). De plus, parce qu'ils sont élaborés, discutés et négociés de manière autonome par les communautés, ces instruments permettent de clarifier et de rendre explicite la gouvernance interne, de traduire en règles concrètes les principes du droit à la consultation effectuée de manière adéquate et respectueuse des institutions de chaque peuple et/ou communauté en indiquant notamment qui sont les autorités légitimes pour définir le processus et établir le dialogue avec les représentants de l'État. Finalement, la discussion autour de la définition des termes des protocoles et de leur adoption au sein des communautés peut devenir un instrument de cohésion interne au sein des peuples, qui définissent entre eux les arrangements politiques appropriés et ainsi réaffirment la légitimité de toutes les communautés d'un même peuple comme sujets du droit à la consultation (Grupioni, 2017 ; Rojas Garzón, Yamada et Oliveira, 2016).

Or, malgré un accroissement du nombre de protocoles de consultation depuis 2014, et la diffusion de plus en plus large de ces instruments parmi les peuples autochtones du Brésil, ceux-ci reposent sur une conception pluraliste du droit qui ne fait certes pas l'unanimité parmi la classe politique, bureaucratique et juridique brésilienne et ne sont pas reconnus de manière effective par l'État (Moreira et Maciel, 2018), limitant leur portée réelle. Par contre, une décision judiciaire rendue en 2017 dans le cas du peuple autochtone juruna (représenté par le Ministère public fédéral) contre l'industrie minière canadienne Belo Sun, a reconnu le droit des Juruna d'être consultés à partir des règles établies par le protocole de consultation juruna, affirmant qu'il s'agit de la manière « culturellement adéquate » de le faire (Tribunal fédéral régional de la 1re région, 2017). Dans les faits, les interprétations juridiques actuelles de ces protocoles s'inscrivent au cœur de luttes et d'interactions qui, elles, sont, en partie du moins, politiques, entre acteurs aux intérêts différents et aux pouvoirs souvent asymétriques, différenciés et ayant des interprétations distinctes et souvent contradictoires de la valeur et de la portée juridique de ces outils dans le contexte national, mais aussi au niveau local. Ainsi, et c'est ce que la comparaison qui suit permet de mettre en lumière, même si les avancées et les défis des protocoles de consultation communautaires autochtones du Brésil sont en théorie similaires en essence, on observe en réalité une grande variation au regard de leurs trajectoires d'émergence et de mise en œuvre.

Les protocoles comme instruments juridiques et politiques ? Une comparaison des protocoles munduruku et juruna

Dans le cas des Munduruku comme dans le cas des Juruna, c'est dans le contexte de l'annonce d'un mégaprojet (respectivement hydroélectrique et minier) que les discussions autour de l'adoption d'un protocole de consultation autonome émergent. Dans les deux cas, il s'agit en effet de créer un outil juridique propre, permettant aux peuples autochtones concernés par les impacts socio-environnementaux de ces projets de réaffirmer leur droit au territoire, et d'affirmer devant l'État brésilien leur droit à la participation et à la citoyenneté autochtone en l'ancrant à la fois dans leurs pratiques et modes de gouvernance traditionnels, dans le droit constitutionnel brésilien et dans la norme du CPLE. En définissant les termes des consultations jugées « adéquates » du point de vue autochtone, ces outils sont un fondement à la critique des consultations menées par le haut par les autorités gouvernementales en collaboration avec les entreprises extractives, et souvent jugées factices ou insuffisantes.

Or, bien que les protocoles aient des référents communs, les usages de cet outil par les deux communautés sont différents : dans le cas des Munduruku, on assiste à une mobilisation politique de la norme du CPLE par le biais du protocole qui en traduit l'interprétation locale et d'une série d'actions collectives concertées, alors que dans le cas des Juruna, on assiste plutôt d'abord à une mobilisation juridique du protocole, devant les tribunaux locaux, qui ouvre ensuite vers des usages politiques dans la lutte contre l'installation de la mine Belo Sun. Ainsi, la comparaison montre que la mobilisation stratégique des protocoles autonomes de consultation autochtones par les acteurs autochtones peut prendre des formes variées selon les contextes et les intérêts des acteurs, mettant en relief l'importance de s'intéresser aux interactions locales et aux stratégies/trajectoires de construction et d'appropriation juridico-politiques de ces instruments par les groupes autochtones dans le cadre de l'implantation de projets de développement extractivistes.

Le protocole munduruku : un outil politique de résistance

Le peuple munduruku a été le deuxième peuple autochtone à se doter collectivement d'un protocole de consultation, et ce dès 2014. Deux éléments de contexte qui menacent le territoire et les droits des Munduruku sont au cœur d'une lutte commune pour la reconnaissance de leurs droits et de leur territoire en 2014 et qui, ensemble, concourent à la création du protocole munduruku (entretien, leader munduruku, 2018). D'abord, une lutte de longue date pour la reconnaissance du plein territoire occupé par le peuple munduruku marque le rapport tendu entre ce peuple et l'État brésilien et le contexte d'émergence du Protocole. En 2001, le gouvernement fédéral a promis aux Munduruku de Sawé Muybu, qui vivent aux abords du fleuve Tapajós (État du Para), de régulariser et de démarquer la terre autochtone sur laquelle ils sont établis. Or, en septembre 2014, les Munduruku attendent toujours la publication du rapport de régularisation territoriale qui était prévu pour 2013, ce qui génère évidemment des tensions importantes avec les autorités. Puis, en parallèle, une lutte se dessine pour le peuple munduruku dans le cadre du développement du méga complexe hydroélectrique du fleuve Tapajós, qui prévoit la construction de sept usines sur le fleuve et ses affluents pour alimenter la production d'hydroélectricité, dont une à São Luiz dos Tapajós. Comme Oliveira (2016, 2019) le souligne, ce projet aura de grandes conséquences socio-environnementales pour les communautés munduruku des abords du fleuve qui devront être délocalisées. Parce qu'il se réalise dans un contexte de non-respect du droit au CPLE, le peuple munduruku s'oppose à ce projet depuis qu'il en a pris connaissance, et cherche des façons d'y résister. C'est ainsi que le protocole se développe, s'inscrivant dans le déploiement d'une variété de stratégies d'action collective et d'autodétermination par les leaders de ce peuple.

Devant les développements autour du complexe hydroélectrique du Rio Tapajos, les Munduruku cherchent activement à faire respecter leur droit à être consultés de manière adéquate par les autorités gouvernementales. Entre 2012-2014, notamment à la suite d'une décision du Tribunal supérieur fédéral obligeant la tenue de consultations pour autoriser le projet de São Luiz, plusieurs discussions ont lieu entre les autorités gouvernementales fédérales et les représentants du peuple munduruku, alors que le gouvernement tente de négocier un « pacte » avec eux et le Ministère public fédéral autour d'un « plan de consultation » pour encadrer ce processus. Or, les conditions de réalisation des rencontres publiques entre les représentants munduruku et les autorités gouvernementales sont problématiques, loin des villages des communautés et ne rassemblent donc que très peu de membres des différentes *aldeias* du territoire. Par exemple, lors de la rencontre visant à présenter le plan de consultation, les représentants du gouvernement se sont réunis dans la municipalité de Jacareacanga (Pará) alléguant des enjeux de sécurité, alors que les Munduruku les attendent dans une *aldeia* à proximité, Sai Cinza, rendant impossible la discussion (Oliveira, 2016). Dans une lettre aux citoyens du Brésil publiée par les Munduruku, ceux-ci citent par ailleurs des conditions non favorables au dialogue et aux opinions plurielles, citant la présence lors des réunions de la police fédérale et des forces armées, intimidant et manipulant les représentants autochtones présents (Munduruku, 2013).

Malgré les tentatives des autorités de diviser les différentes *aldeias* et de miner la cohésion et la gouvernance interne des Munduruku, ceux-ci s'articulent et créent notamment le mouvement Iperĕg Ayũ, un regroupement d'associations munduruku qui fait la promotion « d'actions directes, de partenariats avec les ONG et les autres peuples en même temps que l'interaction avec les organes étatiques » (Oliveira, 2016, p. 70). Or, dans ce contexte institutionnel et politique de tensions peu propice au dialogue, les leaders munduruku comprennent assez rapidement les limites des voies institutionnelles de contestation du projet de la São Luiz dos Tapajos, et adoptent ainsi « un éventail ample de stratégies pour revendiquer leur droit au CPLE » (Oliveira, 2016, p. 59), faisant directement référence aux droits prévus par la Constitution brésilienne mais aussi à la C169, celle-ci devenant la pierre angulaire de leur stratégie de mobilisation pour le droit au territoire et de résistance contre le projet hydroélectrique. Parmi ces stratégies, les Munduruku feront usage de manifestations publiques, d'occupation d'usines hydroélectriques (notamment celles de Belo Monte), mais feront aussi appel au peuple brésilien pour dénoncer et faire pression sur le gouvernement, notamment par le biais de lettres publiques et la publication de vidéos dans les médias.

En septembre 2014, les Munduruku apprennent que la démarcation des terres autochtones Sawré Muybu est paralysée en raison du projet de São Luiz dos Tapajós. En effet, lors d'une rencontre avec les autorités de la Fondation nationale des Indiens, la FUNAI (*Fundação Nacional do Índio*), le président de la FUNAI explique que le processus de démarcation est ralenti en raison des intérêts politiques et économiques impliqués dans le projet São Luiz dos Tapajós[1]. La démarcation des terres rendrait en effet beaucoup plus difficile le projet d'usine, situé en partie sur ce territoire, compte tenu de la provision constitutionnelle qui interdit, sauf dans des cas exceptionnels, le déplacement des peuples autochtones de leur territoire reconnu (Joca et Nóbrega, 2017). À partir de là, le registre de l'action collective change, et le registre des droits territoriaux et de consultation définis dans la Convention 169 devient le registre principal de la mobilisation sur les deux fronts, celui de la résistance au projet hydroélectrique et de la reconnaissance des terres Sawré Muybu. Des assemblées sur la Convention 169 furent organisées par les membres du peuple munduruku qui, inspirés par l'expérience des Autochtones wajãpi,

---

[1] La rencontre fut filmée par les Munduruku, et est disponible ici : https://vimeo.com/111974175 (consulté le 10 avril 2017).

décident de construire leur propre protocole de consultation autonome et, du même souffle, de jeter les bases du processus d'autodémarcation des terres Sawré Muybu qui suivra en 2015-2016 (Oliveira, 2016). Le protocole précise en effet le point suivant : « avant de commencer une consultation, nous exigeons la démarcation de la Terre autochtone Sawré Muybu », affirmant savoir « que le rapport [de démarcation de la FUNAI] est prêt » (Povo Munduruku, 2014, p. 1). Ce protocole, qui devient le fondement de la lutte commune pour les droits et le territoire, est construit par les Mundurukus eux-mêmes lors de ces assemblées, selon les modes de gouvernance qui leur sont propres (leader munduruku, 2018), et sera adopté par plus de 800 membres du peuple réunis lors d'une assemblée générale spéciale.

S'il n'est pas reconnu d'emblée comme ayant une valeur juridique en droit brésilien, le protocole munduruku est rapidement mobilisé par les leaders de la communauté comme un « instrument juridique de résistance contre les investissements hydroélectriques » en droit international (Moreira et Maciel, 2018, p. 77). Les principes du CPLE sont traduits dans le protocole, notamment le principe de la bonne foi et de l'accès à une information vraie et claire, qui présuppose les droits territoriaux (Povo Munduruku, 2014) et légitime de fait le processus d'autodémarcation entrepris en parallèle. Or, vu sa grande légitimité au sein du peuple munduruku, et la capacité de ses leaders à mobiliser l'appui international autour du protocole, c'est surtout comme outil de mobilisation et de résistance politique que le Protocole a été utilisé dans le contexte munduruku, dans le cas du projet Tapajos, puis dans d'autres. En effet, comme l'explique un leader munduruku en entretien, le protocole a à la fois une grande légitimité externe et interne (leader munduruku, 2018). D'une part, le protocole propose une traduction de la norme du CPLE, et permet donc aux revendications locales d'être portées dans les espaces internationaux, et notamment auprès de Greenpeace et de la rapporteure spéciale de l'ONU, Victoria Tauli-Corpuz, qui appuiera les revendications munduruku en 2016 (Tauli-Corpuz, 2016). D'autre part, parce que le processus ayant présidé à sa création a permis d'amples débats internes au sein des *aldeias* locales, le protocole soulève une grande adhésion parmi les membres du peuple munduruku, alors que « personne ne se sent mis de côté ». Le protocole a non seulement été divulgué aux communautés via les radios et modes de communications locaux, mais il se veut inclusif car il s'inscrit dans une logique de lutte collective, et non de négociation pour l'obtention de compensations financières pour quelques groupes plus spécifiquement affectés.

Combinée aux actions directes et protestations, ainsi qu'à la recherche d'appuis des organisations environnementales et indigénistes au Brésil et au-delà, la stratégie des Munduruku de construire leur propre protocole de consultation, traduisant ainsi en actes l'obligation de consulter du gouvernement en vertu de la norme internationale du CPLE et tout en affirmant leur droit au territoire via un processus d'autodémarcation, porte ses fruits. Début 2016, la FUNAI publie finalement le rapport préliminaire en vue de finaliser la démarcation de 17 000 hectares de territoire munduruku sawré muybu, ce qui complique l'installation de l'usine de Sao Luiz dos Tapajos dans la région, dès lors territoire autochtone protégé par la Constitution (Almeida et Leite, 2016). Du même souffle, l'agence environnementale fédérale IBAMA annonce la suspension de l'approbation environnementale du projet en août, en raison des enjeux autochtones sous-jacents (Douglas, 2016), et le gouvernement fédéral coupe le dialogue avec les Munduruku. Malgré tout, l'équilibre demeure relativement fragile, puisque les procédures de régularisation foncière de la terre autochtone Sawré Muybu est encore en cours, et les tensions politiques et sociales autour du complexe Tapajós demeurent (Joca et Nóbrega, 2017). Plus d'une quarantaine d'autres projets de construction de barrages et d'usines sur le fleuve et ses affluents sont en discussion, et le chef Arnaldo Kaba Munduruku est clair : « Quand on regarde l'avenir, ce que nous voulons c'est qu'il n'y ait plus de barrages sur notre territoire » (Ponsford, 2016). Le protocole de consultation demeure donc un outil de mobilisation politique important pour le peuple munduruku, qui est au fondement de son répertoire d'action collective, de sa posture vis-à-vis de l'État et de la transnationalisation de ses luttes.

Le protocole de consultation juruna : un outil juridique qui politise la lutte

Le cas du protocole juruna qui, en principe, est assez semblable au protocole munduruku révèle, dans les faits, une stratégie et une trajectoire d'appropriation de la norme assez différente du cas précédent. En effet, le protocole sera d'abord mobilisé par certains leaders autochtones comme outil juridique dont la valeur et la légitimité pour encadrer le processus de consultation autochtone seront reconnues par les tribunaux, donnant une voix politique au peuple juruna dans sa lutte pour le respect de ses droits et de son territoire et devant la menace imminente de dommages socio-environnementaux et de violations des droits endossée par les autorités locales et fédérales.

C'est le contexte de l'implantation d'un mégaprojet de mine d'or à ciel ouvert par la compagnie minière canadienne Belo Sun, avec l'approbation des autorités brésiliennes, qui pave la voie à la construction d'un protocole autochtone communautaire de consultation par le peuple juruna du territoire autochtone de Paquiçamba, situé dans la région de Volta Grande do Xingu, dans l'État amazonien du Para. Situées à environ 10 km du barrage hydroélectrique de Belo Monte sur la rivière Xingu, les trois *aldeias* du territoire (Muratu, Furo Seco et Paquiçamba) ont subi les impacts des travaux de construction du barrage, sans toutefois avoir été consultées adéquatement. Comme l'indique un leader juruna impliqué dans la création du protocole en entretien (leader juruna, 2018), le souvenir du manque de respect des droits autochtones et des simulacres d'audiences publiques organisées dans le cadre de l'approbation du projet de Belo Monte leur avait laissé un goût amer. Devant l'imminence de l'implantation d'un mégaprojet minier sans consultation préalable par la minière Belo Sun, les Juruna, dont le territoire a été homologué comme terre autochtone en 1981, ont peur que l'histoire ne se répète, d'autant qu'ils ne sont pas considérés comme affectés, étant situés au-delà du 10 km prévu par la loi fédérale du site principal d'extraction d'or. Or, appuyés notamment par des organisations comme l'ISA, des universitaires et le Ministère public fédéral, les Juruna revendiquent d'être consultés malgré tout, puisque le projet affectera le fleuve Xingu et, donc, leur territoire et leur mode de vie. De fait, ils soutiennent qu'il est impossible « d'évaluer si le Xingu pourra supporter la superposition des impacts des projets Belo Monte et Belo Sun » (Chaves et Souza, 2018, p. 8), faisant reconnaître leur statut de peuple affecté par le projet.

Appuyés par la FUNAI dans les premières démarches en 2014, puis par l'ISA, les Juruna s'inspirent du protocole munduruku et proposent leur propre protocole en août 2017. Avec les fonctionnaires de la FUNAI, les leaders juruna organisés au sein de l'Association des Juruna Unis de Volta Grande do Xingu élaborent une première partie du document, mais cette collaboration s'arrête abruptement en 2015, alors que la FUNAI cesse son activité en regard du protocole (Leader juruna, 2018). À ce moment, les négociations avec la Belo Sun s'intensifient, la compagnie obtient une licence préalable, contre l'avis du Ministère public qui, dès 2013, avait demandé la réalisation d'une consultation et d'une étude du composant autochtone (ECI – *Estudo do Componente Indígena),* qui intente en 2016 une action juridique contre la minière, contestant la validité de l'ECI réalisée et demandant la suspension du permis d'installation. En mars 2017, le tribunal de Justice de l'État du Pará confirme la suspension du permis, alléguant que les études d'impact socio-environnementales « étaient non-concluantes et qu'il manquait des études spécifiques sur les impacts sur les peuples autochtones qui vivent à moins de 10 km de la région d'implantation de la mine, exigeant que la consultation préalable des peuples autochtones soit réalisée » (Chaves et Souza, 2018, p. 5).

C'est à ce moment que se met réellement en place la finalisation du document qui, un peu mis de côté jusque-là, deviendra le protocole juruna du territoire de Paquiçamba. En 2017, sous la pression exercée par quelques leaders craignant que la Belo Sun ne reprenne les discussions sans les impliquer, le besoin de finaliser cet instrument juridique est ravivé au sein du peuple juruna (entretien, leader juruna). Les 15 et 16 juillet 2017, les résidents des trois *aldeias* se réunissent donc dans le village de Muratu pour discuter des enjeux et impacts de la mine. Ensemble, et en présence de représentants de la FUNAI, du Ministère public et de l'université fédérale du Para, ils décident de passer à l'action afin de définir et de faire respecter leur droit à la consultation (Para, 2015). Ils se proposent donc de construire, en accord avec les résidents du territoire autochtone, leur propre protocole de consultation autochtone, qui garantit leur droit à la consultation préalable (et donc notamment dans le cadre de la réalisation des ECI) devant l'innocuité de la législation fédérale et les violations répétées de ce droit fondamental. Le protocole ancre la « manière de consulter les Juruna » dans le langage du droit à la consultation tel que défini par la C169, et souligne par ailleurs leur droit de ne « pas participer aux processus de consultation qui ne sont pas dans [leur] intérêt ou qui ne respectent pas [leur] protocole » (*Povo Juruna da Terra Indígena Paquiçamba*, 2017, p. 20). Sans le soutien de la FUNAI, les leaders autochtones juruna s'associent à l'ISA pour finaliser le document et mobilisent l'appui des membres de la communauté dans le cadre d'audiences publiques dans les *aldeias* (leader juruna, 2018). Or, le souvenir des divisions et des conflits pendant le processus de discussion de Belo Monte demeure vif, alors que certains groupes de la communauté étaient en proie au pouvoir des élites politiques usant de stratégies d'intimidation et de cooptation pour s'assurer de leur support (entretien, leader juruna). Les leaders juruna veulent éviter une telle situation, et le protocole de consultation est présenté par les leaders pour discussion par les membres des *aldeias* qui le valident, selon des mécanismes de participation et de représentation établis (anciens, jeunes, leaders, professeurs doivent être représentés) ou, s'il n'y a pas consensus, par un groupe de dix représentants désignés par chaque *aldeia* (*Povo Juruna da Terra Indígena Paquiçamba*, 2017).

Les Juruna mobilisent leur protocole comme instrument juridique pour contester, avec l'appui de Eliane Morera, procureure publique de l'État de Para, l'obtention du permis d'installation octroyé en 2014 par le conseil d'approbation environnemental en faveur de la Belo Sun. Cette trajectoire, qui fait valoir une mobilisation juridique du protocole devant les tribunaux, s'avère fructueuse et contribue à la politisation de la lutte juruna, dans un deuxième temps. En effet, le protocole juruna permet de traduire juridiquement la norme du CPLE dans les termes acceptés par la grande majorité des membres des trois *aldeias* locales. Alors que la Belo Sun conteste la décision du tribunal de l'État à l'automne 2017, alléguant que la loi fédérale sur la consultation des peuples autochtones ne fait l'objet d'aucune réglementation, le tribunal fédéral de première instance de la région confirme la suspension du permis sur la foi de l'existence du protocole juruna, qui prend dès lors une valeur juridique comme mécanisme de mise en œuvre de la C169 dans un contexte de vide institutionnel en cette matière au niveau national. En effet, la décision détermine que la consultation dans ce cas devrait suivre les termes définis par le protocole juruna afin d'être culturellement adéquate.

Selon certains membres du peuple juruna, cette décision peut être considérée comme un premier pas positif dans la mise en application juridique du protocole (leader juruna, 2018). En effet, ceci constitue un premier cas de jurisprudence en matière d'application des protocoles, forçant les autorités gouvernementales à formuler un plan de consultation en conformité avec le protocole juruna, que devra respecter l'entreprise pour ensuite pouvoir prétendre à l'obtention d'un permis d'installation de la mine. Or, malgré cela, les incidents visant à empêcher les discussions sur les impacts autochtones se multiplient[1], montrant que l'enjeu est avant tout politique.

Ceci dit, cette légitimation par les tribunaux locaux constitue un point important dans la politisation de la lutte juruna, qui recentre l'enjeu autour de la protection du droit au territoire et à sa biodiversité et du droit d'autodétermination autochtone. Le protocole permet dès lors de mobiliser de manière plus politique, demandant l'inclusion des peuples autochtones dès les premières étapes de la discussion avec l'État sur les orientations du plan de développement du territoire autochtone de Paquiçamba, comme l'explique l'anthropologue Ricardo Cid (entretien, 2018). En effet, les Juruna produisent collectivement à travers leur protocole « des informations sur le mode de vie », imposent « des règles à l'État et aux entreprises sur la manière d'interagir avec eux » (Chaves et Souza, 2018, p. 13). Or, comme le souligne le leader juruna lors d'une entrevue, les Juruna doivent, pour maximiser sa portée juridique, en savoir plus sur le droit au CPLE et, politiquement, doivent continuer de s'approprier leur protocole de consultation dans l'ensemble des dossiers de développement économique qui affectent le territoire autochtone de Paquiçamba, ses habitants et leur mode de vie traditionnel.

Conclusion

Nous l'avons vu, les protocoles de consultation autochtones sont souvent présentés comme instruments d'affirmation du droit autochtone à l'auto-détermination et à la participation, dans un pays considéré comme généralement hostile à la reconnaissance de ce droit dans les pratiques, surtout en matière de mégaprojets extractivistes. Si cette pratique a une valeur certaine pour la traduction du droit au CPLE, et permet d'occuper un espace juridico-institutionnel laissé vide par l'État brésilien et garantissant l'existence de mécanismes formels, le danger d'une telle analyse vient de la tentation d'en faire une « recette », un modèle à reproduire, occultant dès lors les dimensions contextuelles de son appropriation *politique* par les acteurs

[1] Par exemple, en novembre 2017, un groupe d'universitaires réunis à Belém, à l'université fédérale, ont été détenus par des autorités politiques et un groupe de supporters de la mine pour empêcher la discussion (Nolen, 2017).

autochtones dans leurs luttes et leurs rapports de force avec les entreprises et l'État brésilien. Or, au regard de l'étude comparée de deux trajectoires d'émergence des protocoles de consultation autochtone – celle des Munduruku de Sarwé Muyu près du fleuve Tapajos et celle des Juruna du territoire autochtone de Paquiçamba de la région de Volta Grande do Xingu – on constate que ceux-ci ont des trajectoires distinctes dans les pratiques, donnant lieu à différentes stratégies de mobilisation juridico-politiques des peuples autochtones dans leurs luttes contre les violations de leurs droits au territoire et à la participation.

Depuis la création du premier protocole par le peuple wajapi en 2014, les trajectoires de construction et de mise en œuvre des protocoles se croisent d'un endroit à l'autre au Brésil, donnant lieu à des pratiques d'échanges et d'apprentissage entre les peuples, donnant une certaine cohérence aux protocoles dans leur diversité. En effet, on observe une certaine forme de diffusion des « bonnes pratiques » entre les différents peuples autochtones qui développent leurs propres protocoles locaux, mais qui sont aussi appuyés par leurs organisations autochtones régionales et nationales et forment des alliances avec certaines organisations indigénistes, socio-environnementales, le Ministère public fédéral, les défenseurs publics et certains universitaires. On l'a vu, toutefois, les modes d'appropriation locale de cet instrument particulier diffèrent selon les stratégies de mobilisation des acteurs, le rapport des peuples concernés à la citoyenneté et à l'État brésilien, les rapports de pouvoir au sein même des communautés et les interprétations du CPLE qui en découlent. Dans ce cas-ci, les processus d'apprentissage et de diffusion peuvent aussi jouer un rôle : dans le cas Munduruku, la rencontre des peuples affectés par Belo Monte, et notamment les Juruna, a permis de consolider leur vision assez critique des pratiques de négociation conduites par les gouvernements et les entreprises, et en particulier des politiques de compensation souvent proposées dans le cadre des consultations (Oliveira, 2016).

Bien qu'expliquer ces différences ne soit pas l'objet de cet article, on peut supposer que ces stratégies révèlent des interprétations du CPLE et des rapports de pouvoirs différents, variant en fonction des contextes socio-politiques et socio-économiques locaux, des intérêts des différents acteurs en place, de la nature de la mobilisation autochtone, de la nature des projets de développement des ressources en jeu. La comparaison proposée ici montre qu'une analyse située contextuellement qui met la focale sur les stratégies et les pratiques des acteurs peut être plus fructueuses afin de comprendre, en pratique, comment opèrent les mécanismes d'appropriation de la norme et leur mise en œuvre.

Le droit à l'autodétermination des peuples autochtones et les limites de la consultation préalable au Pérou[1]

Roger Merino
École de gestion publique,
Universidad del Pacífico, Pérou

Introduction

En juin 2009, la ville de Bagua en Amazonie péruvienne a été le théâtre de l'un des événements politiques les plus importants de l'histoire récente du Pérou. Les peuples autochtones d'Amazonie ont bloqué l'autoroute Curva del Diablo durant deux mois en guise de protestation contre un ensemble de décrets gouvernementaux, approuvés par le président García et favorisant l'exploitation des ressources naturelles en Amazonie. Lors de la répression policière qui a suivi en réponse à ces manifestations, des centaines de personnes ont été blessées et trente-trois ont perdu la vie.

Cet événement politique péruvien, connu sous le nom de Baguazo, a conduit à l'émergence d'un certain consensus social basé sur l'idée que le pays devait adopter de nouvelles politiques interculturelles qui reconnaissent et valorisent les cultures autochtones et, de ce fait même, devaient contribuer à diminuer les conflits sociaux. La Loi n° 29785 de septembre 2011, ou *Loi sur le droit de consultation préalable des peuples autochtones*, est le mécanisme juridique qui a été adopté en vue de l'atteinte de ces objectifs. Cette loi, mieux connue sous le nom de « Loi sur la Consultation préalable » (*Ley de Consulta Previa*), s'inspire de la Convention 169 relative aux peuples indigènes et tribaux de l'OIT (Organisation internationale du Travail 1989). La Convention, ratifiée par le Pérou, établit notamment qu'il est obligatoire de consulter les peuples

[1] Traduction de l'anglais. Titre original : *Law and politics of Indigenous self-determination: the meaning of the right to prior consultation.* Je désire remercier Ana Dinerstein (Université de Bath), Sara Motta (Université de Newcastle, Australie) et Irene Watson (Université d'Australie du Sud) pour leurs commentaires sur les premières versions de ce chapitre. Je remercie tout particulièrement l'Université de Bath pour son soutien financier par l'entremise d'une bourse de recherche universitaire.

autochtones avant l'approbation de toute norme administrative ou juridique susceptible de porter atteinte à leurs droits collectifs. La loi sur la consultation préalable péruvienne est la première du genre en Amérique latine. Même si elle ne respecte pas complètement les normes les plus élevées de la *Déclaration des Nations unies sur les droits des peuples autochtones* de 2007 (DNUDPA), ni la jurisprudence de la Cour interaméricaine des droits de la personne, elle est considérée lors de son adoption comme une avancée dans la protection des droits autochtones au Pérou par les politiciens, les organisations internationales, les organisations de la société civile et le secteur des entreprises.

Dans le présent chapitre, je soutiendrai que la loi sur la consultation préalable, bien qu'innovatrice a plusieurs égards, reste ancrée dans un esprit de « colonialité » parce qu'elle ne reconnaît pas réellement le principe d'autodétermination des peuples autochtones[1]. Le concept de colonialité sous-entend l'idée que même si la domination coloniale a pris fin si on la considère en termes juridiques et politiques formels, il n'en demeure pas moins que la répartition du pouvoir continue de s'exercer en se basant sur une ontologie et une épistémologie d'esprit colonial. Plus encore, les relations sociales, juridiques et économiques avec les peuples autochtones s'inscrivent encore dans une logique de type inclusion-exclusion. Ainsi, après la colonisation, les élites politiques et économiques ont construit des systèmes politiques à partir de modèles européens, pour lesquels l'État était l'expression juridique et politique d'un collectif social homogène, une « nation ». Par conséquent, les peuples autochtones devaient soit être inclus dans ces nouveaux États-nations (qui niaient leurs différents arrangements sociaux, politiques et économiques), soit être exclus de ceux-ci (ce qui, dans certains contextes, signifiait l'élimination juridique et matérielle de ces peuples).

Cette logique continue à prévaloir aujourd'hui, bien que sous des formes plus subtiles et moins violentes. Ainsi, lorsque les constitutions latino-américaines reconnaissent le droit à l'autodétermination ou à l'autonomie des peuples autochtones, elles se réfèrent en fait au droit de chaque communauté autochtone à se gouverner dans un espace spécifique juridiquement protégé par des droits de propriété. Elles ne reconnaissent pas le principe d'autodétermination de l'ensemble d'une nation autochtone possédant des droits territoriaux, mais uniquement des communautés spécifiques d'individus « incluses » dans la logique politique et économique de l'État-nation. Selon la théorie libérale

[1] Bien que le concept « d'autodétermination » soit enraciné dans le projet de modernité et de libéralisme politique, dans une perspective décoloniale, que j'exposerai dans la section qui va suivre, l'on peut interpréter ce concept ainsi que d'autres concepts politiques à partir de diverses ontologies et épistémologies, ce qui leur confère de nouvelles significations et potentiels politiques.

dominante de la reconnaissance, du moins en contexte latino-américain, les peuples autochtones doivent être intégrés, inclus, ou accommodés dans un cadre libéral en tant que minorités ethniques ayant des droits de propriété, afin qu'ils puissent « participer » aux avantages du « développement », plutôt que de les considérer comme étant des nations qui ont des droits territoriaux et qui poursuivent leurs propres modèles de développement.

C'est la raison pour laquelle les peuples autochtones entretiennent une relation tendue et ambiguë avec les systèmes juridiques libéraux. Ils utilisent le droit inhérent à la propriété privée, les droits de la personne et le droit de « participer » pour défendre leurs territoires, tout en critiquant les limites de ce cadre normatif afin de pouvoir revendiquer une complète autodétermination. Ainsi, les peuples autochtones s'approprient le droit libéral de manière instrumentale, tout en en contestant la logique et les fondements. J'approfondirai ces questions dans le présent chapitre en examinant la mise en application de la loi sur la consultation préalable au Pérou, un exemple de mesure de reconnaissance en apparence émancipatrice mais qui, au fond, ne fait que reproduire la logique d'inclusion-exclusion et réduit les possibilités réelles d'autodétermination. Je procéderai d'abord à l'analyse de la signification du concept d'autodétermination dont la compréhension s'avère primordiale pour être en mesure de bien saisir le potentiel et les limites du droit à la consultation préalable. De même, l'analyse du concept d'autodétermination me permettra de souligner les différences qui existent entre le droit à la consultation préalable et le droit à un *Consentement libre, préalable et éclairé* (CLPE). Par la suite, j'examinerai les fondements juridiques et politiques de ce droit ainsi que sa relation à la colonialité, avant d'étudier en détail la loi sur la consultation préalable afin de souligner ses aspects problématiques. En dernier lieu, j'essaierai d'expliquer les raisons des tensions qui subsistent toujours entre les droits territoriaux autochtones, le concept d'autodétermination et « l'intérêt national » en contexte péruvien.

L'autodétermination autochtone et le paradoxe de l'inclusion-exclusion

La relation entre les droits autochtones et les lois étatiques a toujours été ambiguë car, pour les peuples autochtones, le système étatique demeure à la fois associé à la domination et source de protection. Comme le souligne Silvia Rivera, les peuples autochtones se sont depuis longtemps approprié le système juridique libéral de manière stratégique pour défendre leurs droits (Rivera Cusicanqui, 2010a). Suite au processus qui a conduit à l'indépendance de la Bolivie (1810-1825), certains peuples autochtones ont utilisé la législation coloniale en vigueur qui reconnaissait certains droits spéciaux aux « Indiens », leur permettant de défier l'État libéral[1]. Cette utilisation stratégique de la loi fait partie de la longue histoire de la résistance autochtone qui se poursuit encore aujourd'hui dans les différentes luttes visant à faire reconnaître leurs droits territoriaux.

Toutefois, les lois coloniales ou leurs versions libérales plus récentes n'ont jamais pu permettre l'expression de la réalité autochtone dans son entièreté car, en imposant une vision eurocentrique de la « nation » (Anderson, 1991 ; Chatterjee, 1993 ; Bhabha, 1990)[2] centrée sur les droits individuels, elles ont toujours soumis les peuples autochtones au paradoxe de l'inclusion et de l'exclusion.

Ce paradoxe implique qu'en construisant « une nation » qui ne donnait pas de visibilité aux nations autochtones au sein des anciennes colonies latino-américaines, la population autochtone s'est trouvée confrontée à deux options possibles. La première option pour ces nations consistait à être incluses dans le nouvel État-nation en vertu des lois libérales, ce qui impliquait la perte de leurs droits territoriaux et d'autodétermination, mais leur permettait de réaliser des gains en termes de droits de propriété et de droits de citoyen. Dans la seconde option, elles étaient exclues de la nouvelle logique d'État-nation, ce qui signifiait qu'elles pouvaient être soumises à des pratiques d'esclavage, de dépossession et de génocide.

Il n'est pas facile de préciser où se trouve la ligne de démarcation entre l'inclusion et l'exclusion car, dans de nombreux contextes, des pratiques de reconnaissance des droits à l'assimilation (inclusion) et de déni des droits (exclusion) ont été appliquées de manière simultanée ou consécutive. Ainsi, dans le passé, si les peuples autochtones se révoltaient contre des pratiques assimilatrices telles que la conversion forcée au christianisme ou une fiscalité abusive, ils étaient aussi objets d'exclusion et leur révolte était régulièrement réprimée par des moyens militaires (Sanders, 1989). Aujourd'hui encore, si les peuples autochtones s'opposent aux industries d'extraction des ressources et à leur « inclusion » dans un modèle de développement particulier, ils risquent de faire l'objet de répression. Au Pérou comme ailleurs, l'inclusion et l'exclusion ont été appliquées de manière simultanée, par exemple lorsque les individus autochtones ont été reconnus en tant que citoyens, mais dans des

[1] Par l'expression « législation coloniale », j'entends la loi sur les Indiens ou *Leyes de Indias*, un ensemble de lois et de décrets émis par la Couronne espagnole afin de réglementer les interactions entre les colons et les Autochtones dans ses colonies américaines et celles des Philippines.

[2] Pour une analyse du concept européen de « nation », voir Benedict Anderson, Imagined Communities: Reflections on the Origin and Spread of Nationalism (Verso, 1991) ; Partha Chatterjee, The Nation and its Fragments: Colonial and Postcolonial Histories (Princeton University Press, 1993) ; Homi Bhabha, Nation and Narration (Routledge, 1990).

conditions qui, dans la pratique, les privaient de l'exercice de leurs droits (par exemple, l'obligation de savoir lire pour pouvoir voter)[1].
Afin de bien comprendre les limites conceptuelles du paradoxe de l'inclusion-exclusion, il est important de préciser la signification du concept d'État-nation. En droit international, la loi définit l'État-nation comme étant une entité qui possède des aspects substantiels et formels (Craven, 2010). L'aspect substantiel renvoie à l'appartenance à une communauté politique qui partage des caractéristiques culturelles, un espace territorial, des objectifs politiques et une identité. L'aspect formel, quant à lui, renvoie à la configuration juridique de l'État et à sa reconnaissance par la communauté internationale. Le premier aspect renvoie à l'autodétermination des peuples qui est la base matérielle et culturelle de l'État-nation ; le second aspect désigne la souveraineté de l'État comme étant une capacité à gouverner dans un espace territorial et à être protégée par la loi internationale, tout en se voyant attribuer des obligations en vertu de celle-ci. L'État et la nation sont alors deux concepts différents bien qu'ils soient profondément liés. L'État est l'expression juridico-politique de la « nation » (un concept socioculturel), et le modèle européen de « l'État-nation » montre bien cette relation.

Toutefois, les peuples autochtones n'étaient pas reconnus comme étant des « nations » en ces termes. Dans certains contextes, ils étaient considérés comme des nations de seconde zone soumises à une puissance impériale (en Amérique du Nord), ou comme de simples tribus (en Amérique centrale). Par conséquent, ils n'étaient pas autorisés à être considérés comme des États ou des sujets en vertu du droit international. Cela créait une situation où, même s'ils pouvaient être reconnus en tant que communautés politiques, le fait qu'ils ne possédaient pas le statut d'État les rendait vulnérables, d'un point de vue juridique, à la domination des puissances impériales.

Après qu'elles aient obtenu leur indépendance des empires britannique, espagnol et portugais aux XVIIIe et XIXe siècles, les nouvelles entités politiques créées en Amérique ont acquis les aspects formels que leur conférait un statut d'État. L'aspect substantiel de l'autodétermination de ces États devait impliquer la construction d'une « nation » au sein de laquelle les nations autochtones devaient être soit incluses, soit exclues (Galindo, 2010). Ces nouveaux États-nations ont été construits sur le modèle des pays européens, chrétiens et blancs, ce qui ne laissait pas de place pour que des peuples autochtones autonomes puissent exister (Arocena, 2008). La dynamique politique qui a suivi a cependant créé une obligation de redéfinir

[1] Cette exigence a été supprimée il y a à peine quatre décennies avec l'adoption de la Constitution politique de 1979.

la notion d'autodétermination et revoir les arrangements d'ordre juridique et politique.

La notion d'autodétermination autochtone possède une riche généalogie qui prend sa source dans l'histoire de la colonisation impériale (Fitzpatrick, 2010 ; Pratt, 2004). Les débats sur la décolonisation de l'Afrique (Craven, 2010) ont cependant constitué une étape importante dans le cheminement suivi pour définir cette notion. À l'époque de la Première Guerre mondiale, le concept d'autodétermination est devenu le sujet d'un puissant discours politique associant décolonisation, nations et souveraineté territoriale (Philpott, 1995 ; Fromherz, 2008 ; Peang-Meth, 2002). « L'autodétermination des peuples » fut ainsi inscrite dans les principes fondateurs de la Charte des Nations unies (Napoleon, 2005). En 1960, l'Assemblée générale des Nations unies a adopté la Déclaration sur l'octroi de l'indépendance aux pays et aux peuples coloniaux, faisant référence à l'autodétermination de ceux-ci par rapport à la domination coloniale formelle (Assemblée générale des Nations unies, 1960 ; Muehlebach, 2003). Dans cette déclaration, les « peuples » auxquels on fait référence sont des peuples colonisés dominés par des puissances étrangères extraterritoriales. Pour ces peuples, l'autodétermination signifiait l'indépendance territoriale (la souveraineté) vis-à-vis de l'autorité coloniale, souvent européenne.

Toutefois, le fait d'associer ainsi la notion d'autodétermination à l'accession à la pleine souveraineté étatique pose problème, car tous les peuples du monde ne possèdent pas les attributs associés à la notion d'État-nation, soit les aspects substantiels et formels mentionnés précédemment. Bien que tous les États revendiquent la reconnaissance politique et la souveraineté internationales, de nombreux États « postcoloniaux » abritaient déjà différentes nations autochtones sur leur territoire. C'est dans ce contexte que les chercheurs universitaires internationaux ont établi une différence entre « l'autodétermination externe » et « l'autodétermination interne » (Fromherz, 2008 ; Dodds, 187)[1]. L'autodétermination externe fait référence à

[1] Les origines conceptuelles du droit à l'autodétermination des peuples autochtones se trouvent dans l'histoire impériale de la colonisation. En Amérique du Nord, la Proclamation royale britannique de 1763 a établi que la Couronne était la seule autorité habilitée à négocier avec les peuples autochtones (considérés comme des nations) et à garantir la propriété des colons. Après l'indépendance, le juge en chef Marshall dans Worcester v State of Georgia 31 US 515 (1832) a allégué que la propriété et le gouvernement autochtones étaient juridiquement reconnus, même s'ils étaient sous l'empire de la nation coloniale. Ainsi, bien que Marshall ait reconnu les nations autochtones comme souveraines, cette reconnaissance ne s'appliquait qu'aux relations entre ces nations et les autres États de l'Union, et non avec le gouvernement fédéral. Par conséquent, même si certains célèbrent la Proclamation royale et la jurisprudence de Marshall comme étant le fondement de l'autodétermination autochtone, dans la pratique, la *common law* a visé l'élimination des droits territoriaux autochtones. Voir Fromherz, note 15 ci-

une situation dans laquelle une nation spécifique a le droit d'être une république indépendante devant la communauté internationale. L'autodétermination interne, quant à elle, réfère à une situation dans laquelle différentes nations coexistent au sein d'un État spécifique tout en conservant un certain degré d'autonomie politique, même si elles sont régies par un cadre juridique et politique unitaire.

Lorsque les instruments juridiques internationaux et la plupart des chercheurs universitaires font référence à l'autodétermination des peuples autochtones, ils font référence à « l'autodétermination interne », comme étant le droit de maintenir leur territoire ancestral et les normes culturelles et sociales qui leur sont propres en tant que peuples autochtones au sein d'un État spécifique (Errico, 2007). Cette version du concept d'autodétermination a été reconnue par le Pacte international relatif aux droits économiques, sociaux et culturels ainsi que par le Pacte international relatif aux droits civils et politiques. Ces deux pactes ont été adoptés par l'Assemblée générale des Nations unies en 1966. Cela constitue la source de l'article 3 de la *Déclaration des Nations unies sur les droits des peuples autochtones* (DNUDPA) qui reconnaît le « droit à l'autodétermination », tout en respectant le principe d'unité politique de l'État souverain (Daes, 2008).

La reconnaissance juridique de l'autodétermination interne a été célébrée par certains chercheurs universitaires (Keal, 2003 ; Gilbert, 2007) parce qu'elle faisait des peuples autochtones des sujets plutôt que des objets du droit international. C'est en ce sens qu'Anaya affirme que la reconnaissance de « l'autodétermination » autochtone a été au cœur de leurs revendications au niveau international et que l'autodétermination est un principe fondamental qui englobe la constellation des droits autochtones. Pour Anaya, cela signifie qu'en vertu d'une approche fondée sur les droits de la personne, les peuples autochtones ainsi que les institutions sociales et politiques qui leur sont propres doivent pouvoir participer à tous les paliers du gouvernement dans lequel ils vivent sur une base égalitaire (Anaya, 2009).

Dans la pratique cependant, la reconnaissance de « l'autodétermination interne » signifie le renforcement du pouvoir de l'État sur le territoire autochtone en échange d'un certain degré d'autonomie. Le droit à l'autodétermination devient en ce sens un instrument de protection face à l'État qui « internalise » les nations autochtones et renforce le paradigme de l'État-nation unitaire, plutôt que celui du cadre décolonial, dans lequel le concept d'autodétermination a pris naissance et où il est défini comme étant

---

dessus ; S. Dodds, « Justice and Indigenous Land Rights » (1998) 41(2), Inquiry: An Interdisciplinary Journal of Philosophy 187.

un droit politique collectif spécifique enraciné dans la résistance à la colonisation (Engle, 2011).

Toutefois, le fait d'admettre que l'autodétermination est un concept qui ne peut être interprété que selon la conception libérale de l'État-nation et des droits de la personne, et donc qu'il doive être détaché des luttes décoloniales, semble poser problème. Au contraire, l'autodétermination, du point de vue autochtone, doit être interprétée par l'entremise d'un virage au niveau conceptuel qui, dans la théorie décoloniale, est appelé la « pensée frontalière » (Grosfoguel, 2009). Selon ce point de vue, l'épistémologie décoloniale n'implique pas le rejet fondamental de toutes les catégories occidentales, mais la reconnaissance qu'il existe des cadres théoriques non occidentaux et que ceux-ci doivent être abordés avec des termes qui leur sont propres. Ce n'est qu'à cette condition qu'il y aura possibilité d'entamer un dialogue et de procéder à des échanges entre les parties. Ainsi, la pensée frontalière ne rejette pas l'utilisation des catégories occidentales, mais elle nous invite à repenser ces catégories à partir d'épistémologies non occidentales (Mignolo et Tlostanova, 2006 ; Grosfoguel, 2006). De cette manière, elle permet une redéfinition des concepts et des paradigmes occidentaux tels que la démocratie, les droits de la personne et l'autodétermination.

Prise dans ce sens, l'autodétermination autochtone, dans une perspective décoloniale, implique deux options possibles pour les peuples autochtones. La première option consiste à intégrer les institutions politiques et économiques de l'État ; la deuxième option implique d'adopter les arrangements politiques et économiques qui leur sont propres en relation avec l'État (ce qui peut signifier la réémergence ou la réinvention de cadres juridiques et politiques précoloniaux). L'autodétermination autochtone, dans une perspective décoloniale, peut donc impliquer de passer par divers arrangements institutionnels, allant de la décentralisation et de la participation sociale à une autonomie complète. Sa mise en œuvre dépendra du contexte politique et social. Néanmoins, dans tous les cas, l'autodétermination autochtone doit être conçue en termes juridico-politiques, ontologiques et épistémologiques comme un droit qui est fondamental, soit celui de transcender le paradoxe de l'inclusion-exclusion (Merino, 2013).

Ce droit à l'autodétermination n'a jamais été pleinement reconnu. En effet, dans les pays d'Amérique latine, les droits des peuples autochtones promulgués l'ont été suite à une reconnaissance juridique de certaines « communautés autochtones » spécifiques, comme ce fut le cas au Pérou, ou de « resguardos autochtones » en Colombie[1]. Des unités constituées à partir

---

[1] Ces droits sont reconnus dans les constitutions politiques actuelles : la Constitution politique du Pérou (1993) et la Constitution politique de la Colombie (1991).

de territoires qui abritaient des segments de peuples autochtones avaient alors été organisées dans des zones spécifiques durant l'époque coloniale. Ainsi, lorsque les constitutions multiculturelles latino-américaines reconnaissent le droit des peuples autochtones à l'autodétermination ou à l'autonomie, elles reconnaissent le droit de chaque communauté à se gouverner dans cet espace spécifique (en termes politiques, économiques et juridiques). Elles ne reconnaissent pas l'autodétermination de l'ensemble d'une nation autochtone, mais une autonomie à partir du concept de « pluriculturalisme » en vertu duquel les peuples autochtones sont des unités autonomes au sein de la communauté politique nationale (Van Cott, 2000). Il importe ici de préciser la différence entre le concept de plurinationalisme et celui de pluriculturalisme. Le plurinationalisme reconnaît l'existence de différentes nations dans un cadre juridique et politique étatique, tandis que le pluriculturalisme ne célèbre que la « diversité culturelle » d'un pays sans reconnaître les peuples autochtones en tant que nations.

En vertu d'une autre structure institutionnelle, les peuples autochtones possèdent le droit inhérent d'être reconnus, non pas comme des unités au sein d'une nation, mais comme des nations différentes. Cette façon de voir n'implique pas de rejeter la souveraineté de l'État, mais plutôt de reconnaître le fait que les peuples autochtones n'ont pas à être assimilés à une nation dominante. Les modèles de confédération des nations autochtones proposés par Tully est un exemple de plurinationalisme complexe (Tully, 1995 ; Santos, 2007). Il est important de noter que ces différents arrangements politiques sous-entendent des niveaux d'autodétermination différents. L'anthropologue Richard Smith, qui suit l'évolution des mouvements sociopolitiques autochtones depuis des décennies, a pu constater que le concept d'autodétermination fait référence au droit d'un peuple de choisir le type de relation qu'il souhaite entretenir avec un État dominant (Smith, 2003). Il existe bien sûr des propositions plus radicales, comme la revendication de Ward Churchill qui plaide pour la constitution d'une nation indienne indépendante des États-Unis (Churchill, 2002). En matière d'autonomie cependant, la plupart des propositions académiques et politiques se retrouvent à l'intérieur d'un spectre qui est plus modéré. Ainsi, ces propositions vont d'un certain degré d'autonomie obtenu grâce à la décentralisation au sein d'une nation dominante, comme le multiculturalisme libéral en Amérique latine, à des projets politiques qui reconnaissent les nations autochtones au sein de l'État.

Toutefois, même dans les projets décoloniaux ou dans tout autre projet où l'on retrouve un État-nation dominant, l'autodétermination autochtone se trouve affectée par des normes qui prévoient des exceptions, et où l'intérêt national permet la reconstitution du droit libéral et le développement d'une économie politique d'extraction des ressources naturelles. Par exemple, la reconnaissance de la propriété collective autochtone est limitée parce que l'État (ou les sociétés transnationales ayant des droits de concession) peut toujours exploiter les ressources naturelles présentes dans le sous-sol des terres autochtones au nom de « l'intérêt national »[1]. En conséquence, la décolonisation du système juridique libéral devient une nécessité. Les peuples autochtones s'approprient des outils juridiques qui correspondent à leurs propres objectifs politiques, mais en même temps ils dépassent les frontières juridiques pour pouvoir avancer vers la reconnaissance de droits autochtones plus fondamentaux. Ainsi, la reconnaissance du territoire, de la nationalité et du droit au consentement constitue l'objectif ultime des luttes qui sont menées pour obtenir le droit de propriété, la reconnaissance de l'esprit de communauté et le droit à la consultation.

La Consultation préalable : entre l'inclusion et l'exclusion

Dans l'histoire du Pérou, la reconnaissance des droits autochtones n'est pas un fait nouveau. Le président Leguia (1908-1912 et 1919-1930) s'était fait le promoteur de la reconnaissance juridique des « communautés autochtones » dans la Constitution de 1920 (Pérou 1920). Il soutenait l'établissement d'une législation pro-autochtone dans le but de favoriser leur intégration dans la société nationale. Le président Velasco (1968-1975) a promulgué des lois reconnaissant les communautés paysannes et autochtones et mis en avant un projet de modernisation des communautés autochtones par la mise en œuvre d'un modèle agraire coopératif (Del Castillo, 1992 ; Matos, 1976). Les peuples autochtones ont ainsi été reconnus, mais traités comme des sujets à intégrer au monde moderne et chaque dispositif juridique qui reconnaît leurs droits était accompagné de normes qui renforçaient le pouvoir de l'État sur leur territoire au nom de « l'intérêt national ».

Au cours des années 90, la progression de la tendance multiculturelle a conduit à la reconnaissance constitutionnelle du Pérou comme société multiethnique, mais, d'autre part, cette reconnaissance a également entraîné l'affaiblissement des droits autochtones. La Constitution du Pérou de 1993[2] a ainsi affaibli les lois promulguées sous Velasco[3] relatives à l'inaliénabilité des terres autochtones. Cette constitution a réaffirmé le droit permettant le contrôle absolu de l'État sur les ressources naturelles, favorisant ainsi la vente,

---

[1] Par exemple, art. 21b de la loi n° 26834, 1997 ; art. 5c de la loi n° 28736, 2006.

[2] Articles 88 et 89 de la Constitution politique du Pérou, Titre 3 « Régime économique », chapitre 6 « Régime agraire des communautés paysannes et autochtones ».

[3] La principale législation autochtone du gouvernement de Velasco était le décret 17716, Loi de réforme agraire (1969) et le décret 20653, Loi sur les communautés autochtones et la promotion agricole dans les régions amazoniennes et basses amazoniennes (1974).

la location et l'hypothèque des terres autochtones (Loi de promotion des investissements dans le secteur agraire 1991). La reconnaissance du multiculturalisme incluait la reconnaissance formelle du militantisme autochtone dans un espace jusque-là réservé aux élites politiques et économiques, les Autochtones devenant alors des *indios permitidos*. Elle permettait également certaines réalisations importantes en lien avec la reconnaissance culturelle, mais elle sapait en même temps la possibilité d'énoncer d'autres revendications autochtones fondamentales (Hale, 2005). Par conséquent, l'on constate que le multiculturalisme constitue un instrument pour assurer le pouvoir des gouvernements néolibéraux, plutôt qu'un véritable engagement envers le respect des droits des peuples autochtones en matière de territoire et d'autodétermination (Sieder, 2011 ; Horton, 2006).

Le droit à la consultation s'inscrit dans cette logique. Ce droit a d'abord été reconnu par la Convention n° 169 de l'OIT (1989) comme un droit des peuples autochtones à être consultés avant l'approbation de toute mesure susceptible d'affecter leurs droits collectifs[1]. Selon cette Convention, avant d'agir, il suffisait généralement de consulter les peuples autochtones et non d'obtenir leur consentement (à l'exception des déplacements de population[2]). Les chercheurs universitaires ont critiqué cette notion de consultation, car elle est progressivement devenue un dispositif qui permettait aux entreprises de faire reconnaître leur souci de responsabilité sociale (Rodríguez-Garavito, 2011). Comme le soulignent Papillon et Rodon dans l'introduction du présent ouvrage, des institutions mondiales publiques et privées se la sont appropriée et l'ont remodelée, notamment la Banque mondiale, la Banque interaméricaine de développement et le Conseil international des mines et métaux. Ces institutions l'ont insérée dans une perspective d'économie politique mondiale qui reconnaît le droit des Autochtones à être consultés, mais leur refuse le droit de donner leur consentement (Szablowski, 2010). D'autres chercheurs portent un jugement critique face à l'idée que les consultations préalables permettent de prévenir et résoudre les conflits sociaux, alors qu'en réalité l'on sait qu'elles génèrent des tensions entre les visions des populations locales concernant leur développement et les objectifs économiques des États (Schilling-Vacaflor, 2014).

La DNUDPA (*Assemblée générale des Nations unies*, 2007) est allée plus loin en soulignant que les processus de consultation devraient viser à obtenir le « Consentement libre, préalable et éclairé » des peuples autochtones[3]. Elle a en outre expressément reconnu la nécessité d'obtenir leur consentement en cas de déplacement de population ou d'entreposage ou d'élimination de matières

[1] Article 6(1) de la Convention n° 169 relative aux peuples indigènes et tribaux de l'OIT (1989).
[2] *Ibidem*, art. 16(2).
[3] *Ibid.*, art. 19 et article 32(2).

dangereuses sur le territoire autochtone, ainsi qu'en cas d'utilisation ou d'occupation de biens et de territoires matériels et immatériels autochtones[1]. Papillon et Rodon soulignent aussi dans l'introduction que le droit au consentement reconnu dans la Déclaration peut être interprété de diverses manières. En dehors de situations bien précises, l'État peut interpréter le CPLE de manière à conserver finalement le pouvoir de prendre des décisions lorsque les entreprises et les peuples autochtones ne sont pas parvenus à un accord. Pourtant, la possibilité de donner pleinement son consentement est un corollaire d'une pleine capacité d'autodétermination ; par conséquent, un manque de reconnaissance de l'autodétermination réduit la portée du consentement.

On fait également le constat qu'il y a eu très peu de gains dans le domaine judiciaire en ce qui a trait à ces questions. Dans la plus importante décision à avoir été rendue en matière de droit au consentement (Saramaka c. Suriname, 2007), la Cour interaméricaine des droits de l'homme a jugé qu'il était nécessaire d'obtenir le consentement des peuples autochtones dans les cas de « projets de développement ou d'investissement à grande échelle » qui auraient un « impact majeur » sur « une grande partie du territoire », alors que la DNUDPA a établi que les États doivent consulter les peuples autochtones afin d'obtenir leur consentement libre et éclairé avant l'approbation de tout projet ayant des incidences sur leurs terres ou territoires ainsi que sur les autres ressources. L'argumentaire de la décision de la Cour permet une protection qui est moindre que celle offerte par la DNUDPA car, selon la Cour, si les activités des industries extractives n'ont pas une incidence sur une partie importante du territoire autochtone, il suffit d'instaurer des processus de consultation des peuples autochtones, et non de mettre en œuvre des processus visant à obtenir leur consentement (Pasqualucci, 2009). La décision la plus récente de la Cour sur la question de la reconnaissance du droit au consentement (Sarayaku c. Équateur, 2012) ne va pas plus loin à cet égard.

Par conséquent, il devient important d'établir des distinctions entre la norme de consultation actuelle, la norme de consentement et le consentement en tant qu'expression de l'autodétermination autochtone. Les deux premiers concepts concernent des normes expressément reconnues par le droit international, alors que le consentement est enraciné dans les luttes historiques pour la décolonisation, bien qu'il ne soit pas complètement reconnu par les normes nationales et internationales.

Les processus de consultation et le droit au consentement, dont l'application demeure limitée, ne sont pas seulement piégés par la logique du libéralisme multiculturel, mais ils permettent aussi d'expliquer la permanence du

[1] *Ibid.*, art. 10, article 11(2), article 28(1) et article 29(2).

paradoxe de l'inclusion-exclusion. Malgré la mise en œuvre de processus de consultation, le territoire des peuples autochtones est toujours soumis à l'exploitation des ressources « au nom de l'intérêt national », une orientation qui se justifie par l'idée que ces activités contribueront à la modernisation et au développement des communautés autochtones ainsi qu'à l'ensemble du pays. Les peuples autochtones se retrouvent ainsi inclus dans l'économie politique extractiviste, ce qui a pour effet de nier leurs propres modèles de développement qui pourraient différer de celui qui est proposé dans une perspective d'exploitation des ressources.
La promotion des projets d'extraction des ressources nécessite donc l'adoption d'un cadre juridique qui reconnaisse les droits autochtones comme étant uniquement liés à leur participation sociale et économique au projet (Satterthwaite et Hurwitz, 2005), et non comme étant en lien avec les droits d'autodétermination et de territorialité qui leur confèrent le droit de donner ou non leur consentement aux projets d'extraction des ressources. Les politiques économiques reposent implicitement sur la prémisse que les peuples autochtones ne possèdent pas la capacité de gérer adéquatement leur propre territoire en fonction de « l'intérêt national ». En somme, les lois et les politiques économiques extractivistes incarnent les préjugés des gouvernements coloniaux qui considéraient les peuples autochtones comme des primitifs qu'il fallait civiliser et éventuellement intégrer à la culture occidentale (Davis et Wali, 1994).

Critique de la loi sur la consultation préalable

L'État péruvien a ratifié en 1994 la Convention n° 169 de l'OIT. Après cette ratification, quelques agences étatiques, comme le ministère de l'Énergie et des mines, ont mis en application une version allégée des exigences de consultation énoncées dans la Convention. Au cours de la décennie suivante, la société civile et les organisations autochtones ont demandé avec fermeté que de véritables processus de consultation soient mis en œuvre en recourant une fois de plus à l'action en justice et au militantisme politique (Ruiz, 2011).

En 2011, Ollanta Humala est devenu président du Pérou en se présentant sous la bannière de « l'inclusion sociale ». Une nouvelle loi sur la consultation préalable est l'une des premières mesures qu'il a proposées et qui ont été adoptées par le Congrès péruvien. Si cette loi fut saluée pour son progressisme, plusieurs ont déchanté par la suite. Il faut comprendre que les législateurs du pays, se sentant dans l'obligation de mettre en application la Convention n° 169 de l'OIT, et non la DNUDPA (qui est considérée comme un document ayant une portée plus symbolique que normative), ont mis l'accent sur l'aspect de « consultation » plutôt que sur celui de « consentement ». Ainsi, en tenant compte de manière partielle des normes internationales, le Pérou consacre dans sa législation le droit à la « consultation libre, préalable et éclairée » plutôt que le droit au consentement libre, préalable et éclairé (tel qu'énoncé dans la DNUDPA).

L'engouement initial pour la Loi a rapidement fait place à la critique de son processus de mise en application[1]. Celle-ci établit des règles qui ont suscité de fortes polémiques, comme l'exemption de consultation pour les projets d'infrastructures en ce qui concerne la santé, l'éducation et les « services publics » en général. Le danger que représentent ces exemptions est bien réel, car ces projets ont presque toujours eu des impacts considérables sur les populations autochtones. De plus, la Loi n'accorde qu'une reconnaissance limitée au droit de donner son consentement, les peuples autochtones n'ayant le droit de donner leur consentement que lorsque l'État cherche à les déplacer vers d'autres territoires ou tente d'entreposer des matières dangereuses sur leurs terres[2]. Dans tous les autres cas, l'État peut se limiter à les consulter et, s'il y a désaccord entre les parties, celui-ci est résolu par l'État de manière unilatérale.

Ces limitations du droit à la consultation ont été soulignées par des militants, dans le but d'élargir la portée de ce dernier (Ruiz, 2011). Plus encore, une analyse approfondie de la Loi sur la consultation préalable et sa réglementation nous amène à nous interroger sur les fondements mêmes de cette loi. Commençons par l'examen de la structure du processus de consultation. Il s'agit d'un processus dit de « dialogue » entre l'État et les peuples autochtones, sans intervention des entreprises. Ce dialogue est dirigé par l'entité publique qui a promulgué une loi ou une norme administrative (y compris la délivrance des permis pour les activités d'extraction) susceptible d'avoir une incidence sur les droits collectifs autochtones. Ce processus peut ensuite comporter les six étapes suivantes (articles 14 à 23 de la réglementation), soit : (1) l'identification (des personnes concernées et de la norme édictée) ; (2) la publicité (à propos de la norme) ; (3) l'information (l'État informe les peuples autochtones de la mesure présentée) ; (4) l'évaluation interne (la communauté évaluera la pertinence de la mesure) ; (5) le dialogue interculturel (qui n'a lieu que si l'on n'est pas parvenu à un accord après l'évaluation interne) ; et (6) la décision. Ce processus se déroule sur une période de cent vingt jours, ce qui constitue un laps de temps très court.

L'ensemble du processus est en fait conçu comme un mécanisme destiné à informer et convaincre les peuples autochtones du bien-fondé d'une décision

[1] Règlement (Reglamento) de la loi 29785, Loi sur le droit de consultation préalable des peuples autochtones reconnu par la Convention n° 169 de l'Organisation internationale du travail (OIT), approuvé par le décret suprême N° 001-2012-MC, 3 avril 2012.

[2] Cet article est basé sur l'article 29(2) de la DNUDPA.

qui a déjà été prise. Le « dialogue interculturel » n'aura lieu que dans le cas où les peuples autochtones sont en désaccord avec la solution qui leur est présentée. Mais ne devrait-on pas procéder de manière différente ? Dans un État respectueux des peuples autochtones, la première étape du processus devrait consister en un dialogue interculturel, ce qui permettrait de connaître les priorités et les aspirations de ces populations et d'engager un dialogue qui enrichirait mutuellement les deux parties.

S'ils sont en général critiques de la Loi et de sa mise en œuvre, il serait cependant erroné de croire que les peuples autochtones défendent une position unique en ce qui a trait au développement. Chez les Awajuns, par exemple, les dirigeants autochtones, les organisations et les intellectuels ont généralement des visions assez plurielles de la mondialisation et des industries extractives et ne s'entendent pas tous sur la position à prendre[1]. Pour Greene, ces tensions résultant de visions différentes sont normales (Greene, 2009). Plutôt que de les percevoir comme des contradictions, il faudrait les considérer comme étant les différentes voies pouvant être empruntées par les Awajuns pour élaborer leurs projets d'autodétermination. En effet, ces divergences de visions n'impliquent pas le renoncement à l'autodétermination autochtone. La territorialité et une vive préoccupation en ce qui concerne l'environnement sont toujours des thèmes au centre des objectifs généraux des peuples autochtones. Dans la plupart des débats qui ont lieu, les protagonistes ne renoncent pas à ces idéaux, mais ils visent à définir dans quelle mesure le fait de s'engager dans l'économie politique capitaliste et le système juridique libéral pourrait avoir une incidence sur ceux-ci. Par conséquent, ce que les peuples autochtones veulent négocier dans le cadre des processus de consultation n'est pas le renoncement à leur autodétermination, mais un espace au sein duquel cette autodétermination pourra s'exprimer et interagir avec le marché et l'État.

La loi actuelle ne permet cependant pas un exercice complet de l'autodétermination car, en vertu de celle-ci, il n'est pas possible de s'opposer aux industries extractives. Les peuples autochtones sont donc très critiques à l'égard de cette Loi, mais, dans le même temps, ils utilisent le système

---

[1] En 2012-2013, j'ai effectué un travail de terrain en collaboration avec le peuple awajun dans le nord de l'Amazonie et l'*Association interethnique pour le développement de l'Amazonie péruvienne* (AIDESEP). Les Awajuns sont l'un des 52 peuples autochtones officiellement reconnus par l'État péruvien (base de données officielle du ministère de la Culture, 2014). Selon le vice-ministère des Affaires interculturelles, le recensement des communautés autochtones d'Amazonie réalisé en 2007 a permis d'estimer qu'il y avait 55 366 personnes auto-identifiées comme appartenant au peuple awajun. Celles-ci habitaient des communautés autochtones et des *centros poblados* situés surtout dans les départements de Loreto, Amazonas, San Marin et Cajamarca. La plupart des organisations des Awajuns font partie de l'AIDESEP, la plus grande organisation autochtone d'Amazonie.

judiciaire pour exiger davantage de processus de consultation, et en particulier en ce qui a trait aux activités minières qui n'ont jamais été l'objet de consultation (Ruiz, 2014). En réalité, cette apparente contradiction découle de la politique autochtone, car la consultation constitue un des rares outils du système libéral qui est à leur disposition et qu'ils peuvent utiliser jusqu'à ce qu'ils obtiennent la pleine reconnaissance de leur autodétermination. C'est également la raison pour laquelle les processus de consultation sont si complexes et controversés.

Dans ce contexte, les différents niveaux d'implication à l'égard des processus de consultation et des autres dispositifs libéraux ne doivent pas être interprétés comme une acceptation de ceux-ci ou de la vision économique qu'ils sous-tendent. En vertu de celle-ci, les peuples autochtones sont généralement décrits comme étant « libéraux » s'ils s'engagent dans des processus de consultation et de reconnaissance des droits de l'homme. De même, ils sont vus comme des « entrepreneurs potentiels » s'ils utilisent les droits de propriété pour défendre leur territoire et ils sont considérés comme des « terroristes de la gauche radicale » s'ils s'opposent aux activités d'extraction des ressources. Encore une fois, la logique de l'exclusion-inclusion force les peuples autochtones à faire un choix qui n'en est pas véritablement un.

Avant la consultation préalable : les droits territoriaux et la politique d'autodétermination autochtone

Je soutiens le fait que la logique de la Loi sur la consultation préalable est enracinée dans la colonialité parce qu'elle ne permet pas aux peuples autochtones d'affirmer leur autodétermination. En effet, même si les peuples autochtones peuvent participer au processus, ils n'ont pas la possibilité de s'opposer aux décisions prises par l'État. Ainsi, l'objectif espéré de certaines entreprises et de certains technocrates a consisté à institutionnaliser les conflits au sein de la Loi sur la consultation préalable et, par l'entremise de ce processus de transmission d'informations et de persuasion, à légitimer la politique selon laquelle « si le consentement préalable est obtenu de façon correcte, il devrait permettre la réalisation des grands projets de l'industrie extractive dans un contexte moins conflictuel » (Laplante et Spears, 2008). En somme, la loi et sa réglementation visent à figer la politique autochtone dans de nouvelles politiques extractivistes.
À cela s'ajoutent les attentes et la propagande entourant la Loi sur la consultation préalable qui relèguent dans l'ombre d'autres droits d'importance qui ont fait partie des objectifs historiques des peuples autochtones. Ainsi, les chercheurs universitaires et les militants ont tendance à focaliser les droits autochtones autour du droit à la consultation (Salmón, 2013), de sorte que

d'autres droits sont considérés comme de simples droits émergents susceptibles d'être un jour reconnus par la loi. Cependant, des droits fondamentaux tels que ceux de la territorialité ne sont pas des revendications émergentes et possèdent une longue histoire d'affirmation et de résistance ancrée dans la politique d'autodétermination autochtone (Pérou, 1993).

Au Pérou, les articles 89 et 149 de la Constitution reconnaissent l'autodétermination comme étant l'autonomie des communautés paysannes et autochtones. Cette reconnaissance s'accompagne du droit à l'organisation autonome, au travail communautaire, à l'utilisation et à la libre disposition des terres, ainsi qu'à l'autonomie économique, administrative et juridictionnelle dans le cadre de la loi. Néanmoins, comme cette autonomie ne signifie pas que les peuples autochtones détiennent un pouvoir décisionnel complet sur leurs terres, et qu'ils n'ont aucun droit sur les ressources du sous-sol, ils orientent souvent leurs revendications vers des projets décoloniaux. La mise en œuvre d'un projet décolonial, comme dans le cas de la Bolivie, impliquerait la reconnaissance des peuples autochtones non pas en tant que « communautés », mais en tant que « nations », et la reconnaissance de leurs espaces vitaux non pas en vertu de « droits fonciers », mais de « droits territoriaux ».

En fait, le concept clé de territoire présente des spécificités qui le différencient du concept de propriété. La théorie économique et politique occulte le fait que les Européens ont imposé des systèmes de propriété aux colonies et que les peuples autochtones vivaient dans ces lieux avant leur arrivée et qu'ils possédaient déjà leurs propres systèmes de tenure (Tully, 1994). En fait, les peuples autochtones revendiquent le concept de territoire en tant qu'espace géopolitique qui comprend un système communautaire de tenure des terres et des ressources plutôt qu'un système de propriété.

La littérature en lien avec le concept de territoire autochtone a montré de quelle façon le territoire consolide un ensemble singulier de réseaux sociaux entre les différents habitants qui partagent cet environnement (Garcia Hierro et Surralles, 2004). Comme il s'agit d'un lieu de reproduction identitaire, il représente plus qu'un simple enjeu économique. Le territoire possède des dimensions sociales, culturelles et spirituelles (Daes, 2008 ; Roldán, 2004) qui constituent des conditions préalables à la survie matérielle et culturelle des peuples autochtones (Sweptson et Plant, 1985 ; Stamatopoulou, 1994). Cela ne signifie pas que les territoires autochtones sont donnés ou statiques. En effet, leur constitution est le fruit de négociations internes et externes au sein des collectivités et de l'État (Erazo, 2013). C'est la raison pour laquelle on assiste à l'émergence d'une politique de l'espace ou encore que des conflits d'ordre cartographique surgissent entre les revendications autochtones de réinvention de leurs territorialités et la réaffirmation par l'État de son pouvoir absolu sur les espaces vitaux autochtones (Wainwright et Bryan, 2009).

Comme mentionné précédemment, l'autodétermination doit être considérée comme le principal droit des peuples autochtones ; c'est un droit fondamental en ce sens qu'il est à la base de tout un système juridique, politique et économique enraciné dans des ontologies et des épistémologies non occidentales (Merino, 2013). L'autodétermination et la territorialité soutiennent le droit au consentement, qu'on appelle à tort « droit de veto », car il ne découle pas d'un pouvoir spécial conféré aux peuples autochtones en raison de leur position hégémonique dans le système démocratique (comme c'est le cas avec le droit de veto présidentiel), mais constitue une expression de leur autodétermination en tant que peuples. L'autodétermination soutient également le droit d'utiliser et de retirer des avantages directs de la terre ou le droit des peuples d'élaborer leur propre vision du développement. Ceux-ci ne constituent que quelques exemples des droits qui contrastent avec les nouveaux droits qui ont été reconnus au cours des dernières décennies par les normes internationales, telles que la Convention n° 169 de l'OIT et la jurisprudence de la Cour interaméricaine des droits de l'homme.

En fait, bon nombre de ces nouveaux droits répondent à une logique occidentale. Par exemple, le droit à la consultation (articles 6(1), 6(2) et 15(2) de la Convention n° 169 de l'OIT) part du principe qu'un État aura une incidence sur l'autodétermination des peuples autochtones et qu'il doit au minimum leur demander leur opinion. Le droit des peuples autochtones de participer aux avantages économiques obtenus par les industries extractives (article 15(2) de la Convention n° 169 de l'OIT) est une réponse au fait que les entreprises exploitent (ou vont exploiter) les terres et les ressources autochtones.

Cela ne signifie pas qu'il n'y a pas de reconnaissance des droits fondamentaux au niveau international. En effet, la Convention n° 169 de l'OIT reconnaît timidement le droit au territoire et la DNUDPA reconnaît une version édulcorée du droit à l'autodétermination. Cela ne signifie pas non plus que de nombreux peuples autochtones, en raison de leur processus historique, se rapprochent davantage du discours et de la pratique des nouveaux droits (tels que la consultation et les avantages économiques). Cela signifie plutôt que le problème de la colonialité est toujours bien présent et qu'il se cache derrière un discours optimiste sur la mondialisation des droits des Autochtones.

Cette situation a des conséquences d'ordre pratique. Après avoir promulgué la Loi sur la consultation préalable, le gouvernement péruvien a dû déterminer quel serait le premier processus de consultation. Les Quichuas de Pastaza ont été choisis en tant que premières communautés à être consultées, car ils avaient souffert des impacts environnementaux des industries extractives pendant des décennies et avaient été l'objet d'une attention médiatique considérable. Il était prévu que la consultation devait se tenir au début des activités d'exploitation de la concession pétrolière 1AB située à proximité de ces communautés. Les Quichuas de Pastaza ont toutefois fait valoir qu'avant de prendre part à tout processus de consultation, ils souhaitaient que l'on reconnaisse leurs droits territoriaux et exigeaient aussi des réparations pour les soixante années au cours desquelles leur territoire avait subi des impacts environnementaux néfastes. Le gouvernement a d'abord dû retarder le processus de consultation avant de renoncer à le mettre en œuvre. Cet exemple montre bien comment de nouveaux droits comme la « Consultation » peuvent être confrontés à des droits fondamentaux tels que les droits territoriaux.

Se concentrer surtout sur la consultation pose problème, car en privilégiant cette orientation on est susceptible d'occulter les droits fondamentaux qui font aussi partie des objectifs actuels des peuples autochtones. L'organisation autochtone la plus importante du Pérou (l'AIDESEP[1]) et l'une des organisations non gouvernementales les plus influentes en matière de soutien aux droits autochtones (l'Institut du Bien commun, *Instituto del Bien Comun*) font, par exemple, la promotion de la notion de « territoire intégral »[2]. Selon cette notion, le problème provient du fait que les titres de propriété des communautés autochtones ne portent que sur les petites parcelles dans lesquelles ils vivent (comme dans les Andes) et ne prennent pas en compte l'ensemble du territoire qui comprend des espaces de pêche, de chasse et de cueillette. Par conséquent, de vastes zones sont considérées comme des « espaces libres » et donc allouées à des activités d'extraction des ressources sans qu'il soit nécessaire de procéder à des consultations. Pour faire face à ce problème, les communautés autochtones ont commencé à revendiquer des titres de propriété sur des habitats territoriaux plutôt que sur des parcelles spécifiques. Ils délimitent ainsi leur territoire dans le cadre d'une stratégie à long terme qui vise sa reconnaissance juridique complète.

Dès lors, en paraphrasant Silvia Rivera (Rivera Cusicanqui, 2010b), on pourrait concevoir la politique autochtone comme une politique sur le long terme qui implique la prééminence d'une longue mémoire (luttes anticoloniales, ordres préhispaniques). Toutefois, au contraire de Rivera, nombreux sont les fonctionnaires et technocrates de l'État (ainsi que certains militants) qui associent encore la politique autochtone aux réformes agraires des années soixante et aux revendications d'étatisme et de redistribution des terres, même si ces mesures entraîneraient aujourd'hui une situation de sous-développement. Ainsi, cette courte mémoire (la peur de l'intervention de

[1] L'Association interethnique de l'Amazonie péruvienne.
[2] Entrevue avec Ermeto Tuesta, Lima, 4 avril 2013.

l'État sur le marché) et la politique à court terme (le soutien à d'intenses activités d'extraction des ressources pour obtenir une croissance économique rapide) semblent inconciliables avec une mémoire longue (une histoire de la colonialité) et une politique à long terme (prônant des stratégies comme celle du territoire intégral).

Comme l'affirme Orihuela, l'essor des industries extractives modernes est lié à l'exploitation et à la dépossession des Autochtones, autant dans les mines des Andes que dans les plantations de caoutchouc de l'Amazonie (Orihuela, 2012). Il est donc naturel que dans les pays au passé colonial, les droits fonciers ne soient pas clairement définis et que l'État possède toutes les ressources du sous-sol, car cela lui permet d'avoir effectivement le droit de déplacer des communautés au nom de l'intérêt public général. En vertu de ces normes d'exception, l'État peut ainsi exploiter des ressources dans des zones protégées en raison de leur fragilité environnementale (article 21b de la loi n° 26834, 1997), et même dans des réserves destinées aux peuples autochtones placés en isolement volontaire (article 5c de la loi n° 28736, 2006), car le caractère intouchable des réserves peut être brimé par l'État au nom de l'intérêt public (Finer *et al.*, 2008 ; Hughes, 2010). Par conséquent, en élaborant des politiques fondées sur la logique de la colonialité, le gouvernement s'assure d'un contrôle total sur les espaces vitaux des peuples autochtones et se donne la possibilité de réduire ou violer leurs droits en affirmant que la situation exige nécessairement un sacrifice compte tenu de la promesse de développement (Stetson, 2012). Ce pouvoir sur les peuples autochtones est généralement justifié en affirmant qu'il est une expression de la souveraineté de l'État (en s'appuyant sur l'argument selon lequel les peuples autochtones ne peuvent pas avoir un « droit de veto » sur l'État), ou qu'il découle de la nécessité pour le gouvernement de favoriser le développement économique et d'assumer ainsi ses responsabilités sociales (Laplante et Spears, 2008).

Conclusion

Tout au long de ce chapitre, j'ai voulu expliquer une conséquence capitale du processus de colonisation qui, aujourd'hui encore, a des implications sur la politique. Il s'agit d'un double déni envers les peuples autochtones, soit le déni de leurs territoires et de leur propriété collective et le déni de leur caractère particulier en tant que « nations ». Ces dénis font en sorte que les peuples autochtones sont considérés, au mieux, comme étant des propriétaires fonciers (capables de détenir des droits de propriété) et des citoyens (capable de détenir des droits politiques de participation) appartenant à des minorités ethniques, au lieu d'être considérés en tant que peuples ayant des droits territoriaux et faisant partie d'une nation déterminée.

Ce chapitre m'a également permis de clarifier la signification du paradoxe d'inclusion et d'exclusion, à partir duquel les peuples autochtones sont, soit inclus dans la logique de l'État capitaliste libéral, soit ils en sont exclus. Le statut d'Autochtone n'est toléré que dans la mesure où il ne contredit pas les fondements politiques et économiques de ce système. Ainsi, les droits participatifs et économiques des peuples autochtones sont conçus en fonction de l'économie politique extractiviste. C'est-à-dire que les peuples autochtones sont consultés sur la façon dont les activités d'exploitation des ressources doivent être entreprises, en partant du fait que l'on ne peut pas les éviter, et ils ont aussi le droit de retirer des avantages économiques de ces activités.

De nombreux peuples autochtones cherchent à transcender le paradoxe de l'inclusion et de l'exclusion en prônant une politique d'autodétermination. Je suggère que l'autodétermination autochtone implique le fait que les peuples autochtones aient le droit d'adopter leurs propres systèmes juridiques, politiques et économiques. Ce principe ne nie pas l'interrelation des peuples autochtones avec l'État et le marché, ni la pluralité des politiques autochtones ; ce principe sous-entend que les peuples autochtones devraient avoir la possibilité de décider de l'avenir de leur territoire et de la manière dont ils souhaitent mettre en œuvre leur propre vision du « développement ».

C'est pourquoi je conçois l'autodétermination comme un « droit fondamental ». J'établis une distinction entre les droits autochtones fondamentaux, tels que l'autodétermination et la territorialité, qui se situent ontologiquement au-delà du paradoxe de l'inclusion et de l'exclusion et qui soutiennent donc l'ensemble du système autochtone, et les « nouveaux droits autochtones », tels que le droit à la consultation ou le droit de tirer des avantages économiques des activités d'extraction des ressources. Au lieu des droits fondamentaux qui sont ancrés dans des principes non occidentaux, les nouveaux droits autochtones se situent dans le contexte de l'économie politique mondiale d'extraction des ressources et ne remettent pas en cause les deux dénis des peuples autochtones que j'ai déjà mentionnés.

J'ai aussi démontré que la Loi sur la Consultation préalable est marquée par un esprit de colonialité car elle ne considère les peuples autochtones que comme des minorités ayant des droits de propriété et pouvant « participer » aux avantages du « développement ». Cela explique aussi pourquoi le cadre juridique libéral n'est pas en mesure de contenir toute la cosmologie autochtone. D'autre part, cela permet de mieux comprendre la raison pour laquelle les peuples autochtones utilisent ce système juridique et le dépassent dans le cadre d'un projet d'émancipation sociale qui cherche à réinventer la structure étatique pour faire reconnaître les droits territoriaux et l'autodétermination autochtones.

Références

Affaire peuple Saramaka c. Suriname (2007), Cour interaméricaine des droits de l'homme, 28 novembre.

Affaire peuple autochtone Kichwa de Sarayaku c. Équateur (2012), Cour interaméricaine des droits de l'homme, 27 juin.

Anaya, J. (2009), « Derecho de los pueblos indígenas a la libre determinación tras la adopción de la Declaración », *in* Charters, C. and Stavenhagen, R., (eds*), El desafío de la declaración: Historia y futuro de la declaración de la ONU sobre pueblos indígenas*, Copenhague, IWGIA, p. 194-209.

Anderson, B. (1991), *Imagined Communities: Reflections on the Origin and Spread of Nationalism*, New York, NY, Verso.

Arocena, F., (2008) « Multiculturalism in Brazil, Bolivia and Peru », *Race & Class*, 49(4), p. 1-21.

Assemblée générale des Nations unies (1960), *Déclaration sur l'octroi de l'indépendance aux pays et aux peuples coloniaux, A/RES/1514(15)*, 14 décembre. New York, Nations unies.

Assemblée générale des Nations unies (2007), *Déclaration des Nations unies sur les droits des peuples autochtones, A/RES/61/295* (adoptée le 13 septembre 2007).

Bhabha, H. (1990), *Nation and Narration*, London, Routledge.

Chatterjee, P. (1993), *The Nation and its Fragments: Colonial and Postcolonial Histories*, Princeton, NJ, Princeton University Press.

Churchill, W. (2002), *Struggle for the Land: Native North American Resistance to Genocide, Ecocide, and Colonization*, San Francisco, CA, City Lights Books.

Colombie, Gouvernement du (1991), *Constitution politique de la Colombie.*

Craven, M. (2010), « Statehood, Self-Determination and Recognition », *in* Evans, M., (eds), *International Law*, 3rd ed. Oxford, Oxford University Press.

Daes, E. (2008), « An Overview of the History of Indigenous Peoples: Self-Determination and the United Nations », *Cambridge Review of International Affairs*, 21(1), p. 7-26.

Davis, S. et Wali, A. (1994), « Indigenous Land Tenure and Tropical Forest Management in Latin America », *Journal of the Royal Swedish Academy of Sciences*, 23(8), p. 485-490.

Del Castillo, L. (1992), « ¿Tienen futuro las comunidades campesinas? » Debate agrario, 14, p. 39-53.

Dodds, S., (1998), « Justice and Indigenous Land Rights », *Inquiry: An Interdisciplinary Journal of Philosophy*, 41(2), p. 187-205.

Engle, K. (2011), « On Fragile Architecture: The UN Declaration on the Rights of Indigenous Peoples in the Context of Human Rights », *European Journal of International Law*, 22(1), p. 141-163.

Erazo, J. (2013), *Governing Indigenous Territories: Enacting Sovereignty in the Ecuadorian Amazon*, Durham, Duke University Press.

Errico, S. (2007), « The Draft UN Declaration on the Rights of Indigenous Peoples: An Overview », *Human Rights Law Review*, 7(4), p. 741-755.

Finer, M., Jenkins, C., Pimm, S., Keane B. et C. Ross, C. (2008), « Oil and Gas Projects in the Western Amazon: Threats to Wilderness, Biodiversity, and Indigenous Peoples », *Plos One*, 3(8), p. 1-9.

Fitzpatrick, P. (2010), « Necessary Fictions: Indigenous Claims and the Humanity of Rights », *Journal of Postcolonial Writing*, 46(5), p. 446-456.

Fromherz, C. (2008), « « Indigenous Peoples » Courts: Egalitarian Juridical Pluralism, Self-Determination, and the United Nations Declaration on the Rights of Indigenous Peoples », *Review 1341*, 156(5), Philadelphia, PA, University of Pennsylvania Law Review.

Galindo, J. (2010), « Cultural Diversity in Bolivia: From Liberal Interculturalism to Indigenous Modernity », *in* Janssens, M. *et al.*, (ed.), *The Sustainability of Cultural Diversity: Nations, Cities and Organizations*, UK, Edward Elgar Publishing.

Garcia Hierro, P. et Surralles, A. (dir.) (2004), *Tierra Adentro: Territorio indigena y Percepcion del entorno*, Lima, IWGIA - Grupo Internacional de Trabajo de Asuntos Indigenas.

Gilbert, J. (2007), « Indigenous Rights in the Making: The United Nations Declaration on the Rights of Indigenous Peoples », *International Journal on Minority and Group Rights*, 14, p. 207-230.

Greene, S. (2009), *Customizing Indigeneity: Paths to a Visionary Politics in Peru*. Redwood City, CA, Stanford University Press.

Grosfoguel, R. (2009), « A Decolonial Approach to Political-Economy: Transmodernity, Border Thinking and Global Coloniality », *Kult*, 6, p. 10-38.

Grosfoguel, R. (2006), « World-Systems Analysis in the Context of Transmodernity, Border Thinking, and Global Coloniality », *Review of the Fernand Braudel Center*, 29(2), p. 167-187.

Hale, C. (2005), « Neoliberal Multiculturalism: The Remaking of Cultural Rights and Racial Dominance in Central America », *Political and Legal Anthropology Review Political and Legal Anthropology Review*, 28(1), p. 10-28.

Horton, L. (2006), « Contesting State Multiculturalisms: Indigenous Land Struggles in Eastern Panama », *Journal of Latin American Studies*, 38(4), p. 829-858.

Hughes, N. (2010), « Indigenous Protest in Peru: The "Orchard Dog" Bites Back », *Social Movement Studies*, 9(1), p. 85-90.

Keal, P. (2003), *European Conquest and the Rights of Indigenous Peoples: The Moral Backwardness of International Society*, Cambridge, Cambridge University Press.

Laplante, L., et Spears, S. (2008), « Out of the Conflict Zone: The Case for Community Consent Processes in the Extractive Sector », *Yale Human Rights & Development Law Journal*, 11 (08-24), p. 69-116.

Loi de promotion des investissements dans le secteur agraire (1991), Décret-loi n° 653 (Pérou).

Matos, J. (1976), « Comunidades indígenas del área andina » *in* Matos, J., (eds), *Hacienda, comunidad y campesinado en el Perú*, Lima, Instituto de Estudios Peruanos, p. 179-218.

Merino, R. (2013), « Critical Human Rights and Liberal Legality: Struggling for "The Right to Have Communal Rights" », *Philosophy Study*, 3(3), p. 246-261.

Mignolo, W. et M. Tlostanova, M. (2006), « Theorizing from the Borders: Shifting to Geo- and Body-Politics of Knowledge », *European Journal of Social Theory*, 9(2), p. 205-221.

Muehlebach, A. (2003), « What Self in Self-Determination? Notes from the Frontiers of Transnational Indigenous Activism », *Identities: Global Studies in Culture and Power*, 10(2), p. 241-268.

Napoleon, V. (2005), « Aboriginal Self Determination: Individual Self and Collective Selves », *Atlantis*, 29(2), p. 31-46.

Organisation internationale du travail (1989), *Convention relative aux peuples indigènes et tribaux*, No 169 (entrée en vigueur le 5 septembre 1991).

Orihuela, J. C. (2012), « The Making of Conflict-Prone Development: Trade and Horizontal Inequalities in Peru », *European Journal of Development Research*, 24, p. 688-705.

Pasqualucci, J. (2009), « International Indigenous Land Rights: A Critique of the Jurisprudence of the Inter-American Court of Human Rights in Light of the United Nations Declaration on the Rights of Indigenous Peoples », *Wisconsin International Law Journal*, 27(1), p. 51-98.

Peang-Meth, A. (2002), « The Rights of Indigenous Peoples and Their Fight for Self-Determination », *World Affairs*, 174(3), p. 101-114.

Pérou, Gouvernement du (1993), *Constitution politique du Pérou de 1993.*

Pérou, Gouvernement du (1920), *Constitution de la République du Pérou de 1920.*

Philpott, D. (1995), « In Defense of Self-Determination », *Ethics*, 105(2), p. 352-385.

Pratt, A. (2004), « Treaties vs. Terra Nullius: "Reconciliation", Treaty Making and Indigenous Sovereignty in Australia and Canada », *Indigenous Law Journal*, 3, p. 43-60.

Rodríguez-Garavito, C. (2011), « Ethnicity.gov: Global Governance, Indigenous Peoples, and the Right to Prior Consultation in Social Minefields », *Indiana Journal of Global Legal Studies*, 18(1), p. 263-305.

Roldán, R. (2004), « Models for Recognizing Indigenous Land Rights in Latin America », *Biodiversity Series*, Paper No 99. Wahington, DC: World Bank Environment Department.

Rivera Cusicanqui, S. (2010a), « The Notion of "Rights" and the Paradoxes of Postcolonial Modernity: Indigenous Peoples and Women in Bolivia », *Qui Parle : Critical Humanities and Social Sciences*, 18(2), p. 29-54.

Rivera Cusicanqui, S. (2010b), *Oprimidos pero no vencidos: Luchas del campesinado Aymara y Qhechwa 1900-1980*. 4th edn. La Paz, Wa-Gui.

Ruiz, J. (2014), « Problemas Jurídicos en la Implementación de la Consulta Previa en el Perú », *Derecho & Sociedad*, 42, p. 179-192.

Ruiz, J. (2011), *La implementación del derecho a la consulta previa de los pueblos indígenas: Una mirada constitucional*, Lima, IDL.

Salmón, E. (2013), « The Struggle for Laws of Free, Prior, and Informed Consultation in Peru: Lessons and Ambiguities in the Recognition of Indigenous Peoples », *Pacific Rim Law & Policy Journal*, 22(2), p. 353-390.

Sanders, D. (1989), « The UN Working Group on Indigenous Populations », Human Rights Quarterly, 11(3) *Human Rights Quarterly*, p. 406-433.

Santos, B. (2007), « La reinvención del Estado y el Estado plurinacional », *OSAL*, 8(22), p. 25-46. Buenos Aires, CLACSO.

Satterthwaite, M. et Hurwitz, D. (2005), « The Right of Indigenous Peoples to Meaningful Consent in Extractive Industry Projects », *Arizona Journal of International & Comparative Law*, 22(1), p. 1-5.

Schilling-Vacaflor, A. (2014), « Rethinking the Link between Consultation and Conflict: Lessons from Bolivia's Gas Sector », *Canadian Journal of Development Studies/Revue canadienne d'études du développement*, 35(4), p. 503-521.

Sieder, R. (2011), « « Emancipation » or « Regulation » ? Law, Globalization and Indigenous Peoples' Rights in Post-war Guatemala », *Economy and Society*, 40(2), p. 239-265.

Smith, R.C. (2003), « Los indígenas amazónicos suben al escenario internacional: Reflexiones sobre el accidentado camino recorrido » *in* Morin, F. and Santana, R., (eds*), Lo transnacional: Instrumento y desafío para los pueblos indígenas*, Quito, Abya-Yala.

Stamatopoulou, E. (1994), « Indigenous Peoples and the United Nations: Human Rights as a Developing Dynamic », *Human Rights Quarterly*, 16(1), p. 58-81.

Stetson, G. (2012), « Oil Politics and Indigenous Resistance in the Peruvian Amazon: The Rhetoric of Modernity Against the Reality of Coloniality », *Journal of Environment and Development*, 21(1), p. 76-97.

Sweptson, L. et Plant, R. (1985), « International Standards and the Protection of the Land Rights of Indigenous and Tribal Populations », *International Labor Review*, 124(1), p. 91-106.

Szablowski, D. (2010), « Re-empaquetando el CLPI: las conexiones globales y el debate sobre el consentimiento indígena para la extracción industrial de recursos », *Anthropologica* ,28(28), p. 217-238.

Tully, J. (1995), *Strange Multiplicity: Constitutionalism in an Age of Diversity*. Cambridge, Cambridge University Press.

Tully, J. (1994), « Aboriginal Property and Western Theory: Recovering a Middle Ground », *Social Philosophy and Policy*, 11(2), p. 153-180.

Van Cott, D. (2000), *The Friendly Liquidation of the Past: The Politics of Diversity in Latin America.* Pittsburgh, PA, University of Pittsburgh Press.

Wainwright J. et Bryan, J. (2009), « Cartography, Territory, Property: Postcolonial Reflections on Indigenous Counter-Mapping in Nicaragua and Belize », *Cultural Geographies*, 16(2), p. 153-178.

D'un régime de consultation à l'exercice du droit au consentement préalable : les limites du modèle colombien

Viviana Lopez Toro
Doctorante du laboratoire d'anthropologie des institutions et organisations sociales (LAIOS) EHESS Paris

Le droit à la consultation et au consentement préalable, libre et éclairé (CPLE) est au cœur des luttes des peuples autochtones pour la défense de leurs territoires en Amérique latine (Tomaselli et Wright, 2019 ; Leifsen *et al.*, 2017 ; Schilling-Vacaflor et Flemmer, 2020). La Convention 169 de l'Organisation internationale du travail (Convention 169) et la Déclaration des Nations unies sur les droits des peuples autochtones (DNUDPA, adoptée en 2007) sont les principaux instruments internationaux qui consacrent ces droits. Si la DNUDPA a une portée politique importante, elle a toutefois une portée juridique plus limitée, car elle est non contraignante[1]. En revanche, la Convention 169 de l'OIT est un instrument juridique contraignant pour les vingt-quatre pays l'ayant ratifiée. La plupart des États signataires de la Convention 169 sont latino-américains. Parmi ceux-ci, la Bolivie, le Brésil, le Chili, la Colombie, l'Équateur, le Guatemala, le Mexique, le Nicaragua et le Pérou ont mis en place des mesures favorisant sa mise en œuvre (OIT, 2016, p. 78). Dans ce contexte régional, la Colombie est perçue comme un modèle de mise en œuvre de la Convention 169, en raison notamment des dispositions qu'elle a adoptées quant au droit à la consultation et des institutions chargées exclusivement de sa gestion (OIT, 2016, p. 78).

Forte de cette longue expérience, la Colombie est un cas intéressant pour évaluer l'évolution des pratiques en matière de participation autochtone. En effet, les analyses portant sur les droits à la participation, à la consultation et au consentement des peuples autochtones en Amérique latine soulignent en général la discontinuité entre les discours et les politiques adoptées et les pratiques (Tomaselli et Wright, 2019), ainsi que l'effet de dépolitisation des revendications autochtones résultant d'un accent mis sur les procédures de

[1] Il faut noter à ce sujet que le statut de la DNUDPA, y compris son caractère non contraignant, fait l'objet de débats chez les juristes spécialistes de la question. Voir, par exemple, à ce sujet Barelli (2016) et Doyle (2015).

consultation au détriment de la substance des droits revendiqués par ces derniers (Leifsen *et al.*, 2017 ; Schilling-Vacaflor et Flemmer, 2020).

Est-ce le cas en Colombie ? Dans cet article, nous nous intéresserons aux mécanismes mis en place en Colombie pour mettre en œuvre les principes de consultation et de consentement autochtone. Nous verrons que si le principe de la consultation est effectivement fortement institutionnalisé en Colombie, c'est grâce notamment à l'interprétation de la Convention 169 par la Cour constitutionnelle colombienne qui a fixé les balises du modèle. Les procédures adoptées ne sont cependant pas dénuées de controverses. Alors que les autorités gouvernementales et les entreprises reprochent aux processus consultatifs leur lourdeur, les organisations autochtones y voient plutôt une manière de les diviser et de circonscrire leurs droits tout en donnant aux décisions gouvernementales une aura de légitimité. Face à ces limites, le débat se déplace désormais sur le terrain du consentement. Dans ce contexte, nous verrons que le droit colombien et les processus consultatifs existants, s'ils créent un espace de revendication pour les Autochtones, constituent surtout des obstacles institutionnels pour une plus grande reconnaissance du principe de consentement. En ce sens, la Colombie, souvent citée en exemple en matière de participation autochtone, ne se démarque pas nécessairement lorsqu'il s'agit de reconnaître aux peuples autochtones un véritable pouvoir décisionnel.

Après une mise en contexte historique du « modèle colombien », nous présenterons le cadre juridique et politique entourant la consultation en Colombie, ainsi que les mécanismes de mise en œuvre de ce principe. Nous discuterons ensuite des limites de ce modèle, ce qui nous conduira à réfléchir à la transition vers un modèle reposant moins sur la consultation que sur l'exercice du droit au consentement (CPLE). Nous verrons les défis que pose une telle transition dans le contexte colombien, mais aussi certaines avancées en ce sens.

Ce travail s'appuie sur une recherche doctorale, de nature anthropologique, portant sur l'exercice du droit à la consultation et au consentement en Colombie. Les enquêtes de terrain ont été réalisées entre 2016 et 2018 auprès des directions du ministère de l'Intérieur chargées de la consultation préalable que nous avons accompagnées dans leurs missions auprès de différentes communautés et auprès du peuple arhuaco, au nord-est du pays. Les enquêtes sont appuyées sur la méthode de l'observation participante, complétée par des interviews des personnes engagées dans le processus de consultation (fonctionnaires du gouvernement, représentants autochtones, employés des entreprises, notamment).

Contexte sociohistorique

L'histoire de la Colombie est marquée par une série de paradoxes. D'une part, de fortes inégalités sociales ont donné lieu à plus de soixante ans de conflits armés internes. Les peuples autochtones furent particulièrement touchés par ces conflits parfois violents, mais ils bénéficient néanmoins d'une importante reconnaissance juridique en comparaison avec de nombreux pays latino-américains. D'autre part, les institutions chargées de protéger ces droits sont bien reconnues, mais sa réelle efficacité est contestée, si bien que la jouissance de ces droits ne se traduit guère dans les faits.

En 2020, selon l'organe étatique chargé des statistiques (Departamento Administrativo Nacional de Estadística - DANE), sur les 48,2 millions de Colombiens, 19,62 millions sont en état de pauvreté monétaire et 6,11 millions en état de pauvreté monétaire extrême (DANE, 2022a)[1]. Les inégalités socio-économiques et les perpétuels affrontements sur la propriété de la terre ont donné lieu à un conflit qui a causé 260 000 morts et environ 80 000 victimes de disparition. Plus de 17 778 enfants et adolescents ont été recrutés pour la guerre ; 178 056 ont été victimes d'assassinats ciblés, 1754 victimes des violences sexuelles et 6,8 millions des personnes déplacées par la force[2].

---

[1] En 2021, 39,3 % des Colombiens (19 621 330) étaient en situation de pauvreté monétaire, soit une diminution de 2,9 points de pourcentage (p.p.) par rapport à 2020, où ils étaient 42,5 % (21 021 564). L'incidence de l'extrême pauvreté monétaire dans le pays pour 2021 était de 12,2%, soit 2,9 points de pourcentage (p.p.) de moins que l'incidence enregistrée l'année précédente. Le pourcentage de personnes en situation de pauvreté multidimensionnelle était de 16,0 % du total national en 2020 il était de 18,01 %. Entre 2019 et 2020, 3,5 millions de personnes sont entrées dans la pauvreté monétaire, et 2,8 millions de personnes sont entrées dans la pauvreté monétaire extrême. La crise provoquée par la Covid19 a été une des raisons pour cette importante augmentation (DANE 2021ab et 2022ab). Pour approfondir la question des concepts et méthodologies de mesure de la pauvreté monétaire et pauvreté multidimensionnelle appliqués en Colombie voir :
https://dds.cepal.org/eventos/presentaciones/2018/0305/Atelier3_indicateurs_2018_vtromben.pdf et https://ophi.org.uk/multidimensional-poverty-index/global-mpi-2018/

[2] Ces chiffres approximatifs étaient avancés sur le site web du Centre de la mémoire historique en 2019. Voir : https://www.centrodememoriahistorica.gov.co/micrositios/informeGeneral/index.html. Ils varient continuellement et diffèrent des chiffres avancés par d'autres organes. Par exemple selon l'UNHCR, environ 7,7 millions de personnes ont été déplacées de force depuis 1985, chiffres qui sont encore en cours de validation, en raison de la complexité du conflit et de la persistance des déplacements. Les différences dans les chiffres sont également dues au fait qu'il existe de nombreuses commissions d'étude et de recherche sur le phénomène de la violence en Colombie. Actuellement (2022), les chiffres présentés par le Centre de la mémoire historique ont été modifiés par rapport à ceux que nous avons connus en 2019 (ces modifications font l'objet de plaintes de la part de plusieurs organisations de victimes). Nous avons choisi de conserver les chiffres approximatifs pour 2019. Parmi les chiffres qui ont changé entre 2019 et 2022, on trouve par exemple ceux des disparitions forcées, qui sont passés de 80 000 à 25 007. Le nombre de personnes déplacées de force est passé de 6,8 millions à 5,7 millions. En termes d'enfants et d'adolescents recrutés pour la guerre, il existe une variation entre 6 000 et 18 000 (Human right Watch, 2004 ; Natalia Springer, 2012 ; Defensoría del Pueblo, 2020b). Pour la

Malgré les accords de paix signés en novembre 2016 entre le gouvernement et les *Fuerzas armadas revolucionarias* de Colombia (FARC), les défenseurs des droits de l'homme continuent d'être la cible de menaces de mort et d'actes de violence, de même que les syndicalistes, les journalistes, les dirigeants autochtones et afro-colombiens et les activistes en général.

Les peuples autochtones sont particulièrement touchés par ces conflits et par la pauvreté. La spoliation foncière et les conflits armés entraînent d'importantes migrations et contribuent à affaiblir les liens sociaux au sein des communautés. Il est également difficile de protéger les territoires réservés (*resguardos*) des peuples autochtones face aux incursions des groupes armés. S'ajoute à cela la politique économique du pays, orientée vers l'extraction des ressources naturelles (charbon, gaz naturel, pétrole, fer, nickel, or, cuivre, émeraudes, énergie hydroélectrique et éolienne, monocultures de rente, coca, principalement), qui touche d'autant plus les peuples autochtones que leurs terres se trouvent à l'épicentre des projets extractifs qui entraînent, si ce n'est toujours des déplacements, du moins des conditions de vie opposées à leurs cosmovisions (Escobar, 2005).

Les peuples autochtones en Colombie

L'article 7 de la Constitution indique que l'État reconnaît et protège la diversité ethnique et culturelle de la nation. L'expression « communautés ethniques », employée dans la Constitution et dans les politiques du multiculturalisme, désigne les peuples autochtones (*pueblos indígenas*), les Afro-Colombiens (*afrodescendientes, negros o mulatos, raizales, palenqueros*) et les Roms ou *gitanos*. Bien que le droit à la consultation s'applique à toutes les communautés ethniques en Colombie, ce texte porte exclusivement sur la manière dont il s'applique aux peuples autochtones. La grande diversité des peuples autochtones de Colombie ne peut être présentée *in extenso* dans le cadre de cet article, qui se limitera à présenter quelques indicateurs socio-économiques et géographiques.

---

collecte de données et de chiffres sur les victimes du conflit, il existe deux registres officiels, le Registre unique des victimes avec un mandat d'attention et de réparation, et le Centre national de la mémoire historique avec un mandat de clarification historique. Bien que tous deux soient des registres officiels, leurs mandats ont des objectifs différents et des méthodologies parfois divergentes. C'est pourquoi les chiffres qu'ils produisent et l'usage qui en est fait changent. Le processus de compilation, l'étendue et les limites des prémisses de chaque registre, ainsi que l'impact des conditions politiques et juridiques sur la collecte et l'enregistrement des informations sont différents, ce qui explique les contrastes marqués dans les produits de chaque entité. Pour plus de précisions, voir : Luis Fernando Suarez (2018), https://journals.openedition.org/nuevomundo/72680.

En 2018, la population « ethnique » en Colombie était évaluée à 6 579 426 personnes, dont 1,9 million étaient des Autochtones, ce qui constitue 4,4 % de la population nationale. Le *Departamento Administrativo Nacional de Estadística* (DANE, 2019) répertoriait 115 peuples autochtones différents[1] dont la diversité s'appuie sur la pratique de 65 langues, regroupées en 13 familles linguistiques et présentant des variantes (plus huit langues isolées, pas encore regroupées avec d'autres)[2]. Ces peuples divers se distribuent sur la quasi-totalité du territoire national, habitant principalement les territoires légalement constitués que sont les *resguardos* et les *parcialidades*[3] ainsi que des territoires non délimités en zones rurales (décret 2164 de 1995). Ensemble, ils « possèdent » 29,02 % du territoire (33 081,534 hectares) [CNTI[4], 2021]. La plupart des titres de propriété sur ces territoires ont été obtenus après que les peuples autochtones eurent lutté pour récupérer les fermes et les terres qui leur appartenaient originellement, mais qui avaient été prises de manière illégale et généralement avec violence par une classe de propriétaires fonciers (CADPI, 2017).

Les autorités colombiennes, tout comme la société civile, savent que les peuples autochtones vivent dans des conditions de grande vulnérabilité. Selon le *Centro para la Autonomía y Desarrollo de los Pueblos Indígenas* (CADPI), en 2010, 63 % des personnes autochtones vivent sous le seuil de pauvreté ; 47 % sous le seuil d'extrême pauvreté ; et 70 % des enfants autochtones souffrent de malnutrition chronique (CADPI, 2017). Un fort contraste persiste également entre les Autochtones et le reste de la population en matière d'éducation. Cela a pour conséquence une forte discrimination sur le marché

---

[1] En 2005, certains chiffres officiels avançaient le nombre de 87 peuples et les organisations autochtones comme l'ONIC (Organización nacional indígena de Colombia) celui de 102. Voir le premier rapport de remise de l'ONIC à la juridiction spéciale pour la paix – JEP, du 9 août 2019 disponible sur : https://www.onic.org.co/comunicados-onic/2513-primer-informe-onic-jep. Les peuples supplémentaires en 2018 correspondent à de nouvelles reconnaissances ethniques ou à des peuples autochtones dans les zones frontalières.

[2] Voir le document de 2007, disponible sur :
https://www.dane.gov.co/files/censo2005/etnia/sys/colombia_nacion.pdf

[3] Le *resguardo* est une institution légale et sociopolitique de caractère spécial, composée d'une ou de plusieurs communautés autochtones dotée(s) d'un titre de propriété collectif qui bénéficie des garanties de la propriété privée, en possession du territoire. Ce titre régit la gestion du territoire et sa vie interne par une organisation autonome, protégée par la reconnaissance d'une juridiction autochtone et un système normatif propre : les *resguardos* sont administrés par les *cabildos* ou autorités traditionnelles des communautés, en accord avec leurs usages et coutumes (article 22 du décret). L'expression *« comunidades* ou *parcialidades indígenas»* désigne un groupe ou un ensemble de familles d'ascendance autochtone qui ont conscience de leur identité et partagent des valeurs, caractéristiques, usages et coutumes de leur culture, ainsi que des formes de gouvernance, gestion, de contrôle social, ou des systèmes normatifs propres qui les distinguent d'autres communautés, qu'elles disposent ou non de titres de propriété, qu'elles puissent ou non les accréditer légalement, ou encore que les *resguardos* aient été dissous, divisés ou déclarés vacants (Article 2 du décret 2164 de 1995) [notre traduction].

[4] *Comisión Nacional de Territorios Indígenas* [Commission nationale des territoires autochtones].

du travail et un très faible taux d'emploi et de représentation au sein des institutions politiques (DANE, 2005 et 2019).

Contexte politico-légal

Dans les années 1970, les organisations autochtones et paysannes ont noué des alliances dans le cadre de luttes pour la récupération des terres et contre la réforme agraire et la loi du travail (Sanchez et Molina, 2010 ; Osorio, 2011). Ces alliances ont favorisé la participation de représentants autochtones à la rédaction d'une nouvelle constitution, adoptée en 1991 et toujours en vigueur. Cela débouche notamment sur la reconnaissance de la multiculturalité de l'État, de sa composante autochtone et des droits de ces peuples dans le texte constitutionnel de 1991.

La Constitution de 1991 déclare notamment la Colombie « État social de droit, organisé en République unitaire, décentralisée [...], démocratique, participative et pluraliste, fondée sur le respect de la dignité humaine ». Elle prévoit que les peuples autochtones bénéficient de droits spéciaux, comme l'indique l'article 330 :

> Les territoires autochtones sont gouvernés par des conseils dont la composition et l'organisation suivent les usages et coutumes de la communauté, et qui exercent les fonctions définies dans cet article. [...] L'exploitation des ressources naturelles ne doit pas porter atteinte à l'intégrité culturelle, sociale et économique des communautés autochtones. Dans les décisions adoptées concernant cette exploitation, le gouvernement doit encourager la participation des représentants des communautés concernées (notre trad.).

L'article 63 de la Constitution établit également que les terres communales des groupes ethniques et les terres de *resguardo* sont inaliénables, imprescriptibles et insaisissables. L'article 329 établit que les *resguardos* autochtones sont des propriétés collectives. La reconnaissance comme « entités territoriales politiques et administratives » prévue à l'article 286 donne également une certaine autonomie aux autorités autochtones sur ces territoires[1]. La Constitution prévoit enfin la participation des Autochtones au Congrès (Sénat et Chambre des représentants) et à certaines autres institutions étatiques.

Si les normes constitutionnelles et légales ainsi que la jurisprudence concernant les droits, les garanties et les devoirs des peuples autochtones sont

---

[1] L'article 22 du décret 2164 de 1995 établit que les *resguardos* autochtones seront administrés par les *cabildos* ou autorités traditionnelles des communautés, en accord avec ses usages et coutumes.

bien développées en Colombie[1], le fait est que leur application est fortement limitée par des conflits entre normes, notamment sur les questions foncières, ainsi que par les conflits armés et l'absence de présence de l'État. C'est pourquoi les peuples autochtones continuent à lutter pour la reconnaissance de leurs droits et exigent leur application dans les politiques publiques. En 1996, notamment, les peuples autochtones se mobilisent à nouveau dans tout le pays. Ces actions aboutirent à la signature du décret 1396 qui établit la *Comisión Nacional de los Derechos Humanos* et du décret 1397, laquelle crée la *Comisión Nacional de Territorios Indígenas* (CNTI) et la *Mesa permanente de Concertación* (MPC) [« Table de concertation permanente » – MPC, s.d.].

La création de la MPC est particulièrement importante, car celle-ci constitue un espace de dialogue direct avec le gouvernement, au sein duquel les peuples et les organisations autochtones peuvent notamment conclure des ententes sur toutes les décisions administratives et législatives pouvant les affecter, évaluer la mise en œuvre de la politique autochtone et assurer le suivi des divers accords conclus aux niveaux régional et local à travers le pays (art. 11 du décret 1397 de 1996). Il s'agit là d'un exemple de structure de participation politique directe résultant d'une action collective (Tilly, 1995, p. 45). Ce dispositif a aussi servi de base à la mise en œuvre de la consultation préalable en Colombie.

Le droit à la *Consultation préalable, libre et éclairée* en Colombie

La Colombie a ratifié la Convention 169 de l'OIT en 1991 et l'a intégrée à son régime juridique par la loi 21 de 1991. C'est le premier pays à adopter une réglementation pour la *Consultation préalable, libre et éclairée* prévue dans la Convention (Décret n° 1320 de 1998) et l'un des rares pays latino-américains qui consulte autant sur les mesures législatives et administratives concernant les peuples autochtones que sur les projets économiques susceptibles de les affecter. Il est important de souligner que la Cour constitutionnelle a interprété le droit à la consultation prévu dans la C169 de manière fort libérale, lui conférant une force sans équivalent ailleurs (voir notamment les arrêts : T-652 de 1998 ; T-256 de 2015 ; T-485 de 2015)[2]. La Cour a ainsi érigé le droit à la consultation en un droit fondamental des « communautés ethniques » :

[1] Voir les arrêts de la Cour constitutionnelle colombienne SU-039 DE 1997 ; T-849 de 2014 ; T-005 de 2016 et T-197 de 2016.

[2] Selon la question qu'ils résolvent, les arrêts de la Cour constitutionnelle sont identifiés par trois acronymes : les examens de de constitutionalité (arrêt C-) ; de *tutela* (arrêt T-) et d'unification de jurisprudence (arrêt SU).

> […] en garantissant leur participation aux décisions qui les concernent, le droit à la consultation préalable garantit l'intégrité et la subsistance des minorités ethniques. Ladite participation, par le biais du mécanisme de consultation, acquiert la connotation d'un droit fondamental, puisqu'il s'agit d'un instrument essentiel pour la préservation de l'intégrité ethnique, sociale, économique et culturelle des communautés (Arrêt SU-039 de 1997, notre trad.).

C'est en réaction à cette décision de 1997 qu'est adopté le décret 1320 de 1998[1] définissant la portée et les mécanismes de la consultation. La consultation des peuples autochtones (à travers leurs autorités légitimes et/ou les organisations représentatives) et des autres groupes ethniques a pour but de protéger leur intégrité culturelle, sociale et économique et de garantir le droit à la participation (Rodriguez, 2014). Le ministère de l'Intérieur est responsable de la mise en place de ce dispositif. La « *Dirección de consulta previa* » était l'organe spécialisé du ministère qui devait coordonner les consultations sur les projets d'investissement, la réalisation de travaux ou d'autres activités. En 2019, deux décrets modifiant la structure du ministère ont été adoptés (Décrets 2353 et 2354 du 26 décembre 2019). Avec les décrets la Direction a été transformée en « *Autoridad Nacional de Consulta Previa* » (DANCP) pour lui octroyer plus d'indépendance administrative et financière. Ce changement visait aussi à se conformer aux ordonnances émises dans l'arrêt SU-123 de 2018 de la Cour constitutionnelle ; cependant il a été largement critiqué car le gouvernement partait du principe que les décrets n'apportaient que des réformes structurelles et n'a pas consulté les peuples autochtones alors que certains des changements apportés étaient préoccupants (Defensoría del Pueblo Colombia, 2020a ; Duarte et Gomez, 2020). Les consultations sur les mesures législatives et autres mesures administratives ou relatives aux politiques publiques sont coordonnées et réalisées par la *Dirección de Asuntos Indígenas, ROM y Minorías* (DAIRM) du même ministère, sous les directives de la DANCP.

Consultation concernant les mesures législatives, administratives ou des politiques publiques

Au vu de la jurisprudence constitutionnelle, ce type de consultation ne peut avoir lieu que lorsque les mesures législatives sont susceptibles d'affecter directement les peuples autochtones (arrêt C-461 de 2008). Une loi peut affecter directement les peuples autochtones lorsque le projet présente des aspects liés intrinsèquement à leur identité, comme leur relation spéciale avec le territoire, leur culture et leurs priorités de développement. Même si la mesure est susceptible de les favoriser, elle doit faire l'objet d'une

[1] Ce décret est contesté par plusieurs analystes pour ne pas correspondre aux standards internationaux. À ce propos, voir l'arrêt de la Cour constitutionnelle T-737 du 14 juillet 2005 et l'arrêt 5091 du 20 mai 1999 du Conseil d'État.

consultation (arrêt C-175 de 2009 et C-030 de 2008). La consultation doit être faite avant le dépôt du projet de loi devant le Congrès, de façon à avoir une incidence sur le contenu du projet (arrêts T-382 de 2006 ; T-154 et C-615 de 2009). Néanmoins, un flou juridique règne quant à la réglementation de la consultation, et aucune directive ne protège les accords conclus au cours des consultations législatives puisque que les peuples autochtones sont en minorité au Congrès (Rodriguez et Orduz, 2012, p. 8) et leurs préférences ne sont guère prises en considération par la majorité des législateurs.

La consultation dans le cadre des processus législatifs et politiques se réalise avec la MPC, puis les discussions se déroulent dans les communautés s'il en est ainsi décidé avec les représentants autochtones. La MPC, composée de membres du gouvernement national et des délégués de cinq organisations autochtones[1], compte aussi trois observateurs : *l'Organisation internationale du Travail*, la *Commission interaméricaine des droits de l'homme* et la Conférence épiscopale de la Colombie.

Aucune procédure n'est définie pour mener à bien les consultations. Cependant la Cour constitutionnelle a souligné la nécessité d'une préconsultation des populations autochtones (par un dialogue antérieur à la consultation proprement dite) pour fixer les conditions du processus. Les communautés doivent être informées par la voie de leurs instances représentatives (Convention169 ; arrêt C-030 de 2008). Malgré le manque de clarté sur le déroulement du processus, quelques conditions minimales ont été posées par la *Cour interaméricaine des droits de l'homme* (CIDH) et la Cour constitutionnelle colombienne : 1) la consultation doit être libre, sans aucun type de coercition ni pression ; 2) le gouvernement doit transmettre toute l'information aux populations concernées, les renseigner sur la portée de la mesure proposée et sur la manière dont elles pourraient être affectées et ainsi leur donner une occasion efficace de prendre position ; 3) la consultation doit être réalisée de bonne foi, c'est-à-dire que son but réel n'est pas de satisfaire une exigence administrative, mais de parvenir à de véritables accords à travers des procédures culturellement adéquates. La consultation n'est donc pas une fin en soi mais un moyen de protéger des droits fondamentaux et collectifs (*Saramaka* vs *Surinam*, Cour CIDH 2007 ; arrêt C-461 de 2008).

En 2016, lors d'un rapport interne sur ses fonctions, la DAIRM recensait 17 consultations sur des mesures administratives et des projets législatifs,

---

[1] Organización Nacional Indígena de Colombia (ONIC); Organización de Pueblos Indígenas de la Amazonia Colombiana (OPIAC) ; Confederación Indígena Tayrona (CIT) ; Autoridades Tradicionales Indígenas de Colombia (Gobierno Mayor) ; Autoridades Indígenas de Colombia por la Pacha Mama (AICO). Chaque région envoie cinq délégués, en plus de trois anciens membres autochtones de la Constituante ainsi que les sénateurs autochtones. Cette structure de représentation est prévue par les décrets 1396 et 1397 de 1996.

menées avec la MPC entre 2010 et 2018[1]. Selon ce rapport, le processus suit six étapes (DAIRM, présentation, Nabusimake, 2016) :

1) Présentation de la mesure législative ou administrative à la MPC.
2) Préconsultation : mise en place du processus de consultation préalable.
3) Mise en œuvre : formation d'une commission conjointe réunissant les délégués de la MPC et de l'institution nationale concernée. Réunions en territoire autochtone sur la mesure concernée.
4) Présentation devant la MPC du travail effectué par la commission sur la mesure législative ou administrative. Unification des propositions des cinq organisations autochtones dans une seule proposition qui sera présentée au gouvernement.
5) Réunions régionales, locales ou macro-régionales selon la méthodologie définie en phase 2. La norme soumise à consultation est discutée et révisée sur le plan technique.
6) Examen et ajustements finaux de la mesure avant la formalisation des recommandations et la clôture du processus devant la MPC. Les accords et désaccords sont répertoriés.

Il est important de détailler ce processus, car la Cour a déclaré inconstitutionnelles plusieurs lois en raison des lacunes du processus de consultation. Par exemple, l'absence d'un processus authentique de consultation préalable a été le motif conduisant à la déclaration d'inconstitutionnalité d'une « loi foresterie » (arrêt C-030 de 2008), d'une loi sur le développement rural (arrêt C-175 de 2009) et de modifications au Code minier de 2010 (arrêt C-366 de 2011).

Si la MPC est le principal cadre dans lequel se réalisent les consultations sur des mesures législatives, ce n'est toutefois pas le seul. Des mécanismes similaires existent au niveau local, par exemple en Amazonie (MRA : *Mesa regional amazónica*) et dans le Cauca (PUPSOC : *Mesa Proceso de Unidad popular del Sur occidente colombiano* et le *Comite de Integración del Macizo colombiano* CIMA). Ces mécanismes témoignent de la nécessité de revenir au niveau local pour résoudre certains conflits et prendre des décisions plus faciles à concrétiser en comptant, par exemple, sur les autorités et le budget local pour mener à bien les négociations.

[1] Dans une réponse à la Defensoría del Pueblo (2019), la DAIRM indique qu'en plus des consultations achevées, il existe actuellement trois processus de consultation suspendus : le projet de réforme de la loi 99 de 1993 sur les corporations autonomes régionales, le projet de loi sur la terre et le développement rural et le projet de loi sur *les entités territoriales autochtones (ETIS)* selon la loi 1454 de 2011 (art. 37 para. 2). Il indique également qu'il y a sept projets qui auraient dû être consultés mais qui ne l'ont pas été ou qui, un processus de consultation ayant été entamé, n'ont pas été menés à terme pour diverses raisons.

Ce dispositif fort développé est une avancée importante pour les peuples autochtones. Il convient néanmoins d'en souligner les limites. Sur la base de nos observations, nous pouvons souligner notamment que ce ne sont pas tous les peuples autochtones qui y participent. L'ordre du jour des discussions est aussi majoritairement défini par l'État et les questions soulevées par les Autochtones sont souvent ignorées. Enfin, une grande partie des accords passés avec le gouvernement restent lettre morte et sans effet. Lors d'un forum international sur la consultation préalable qui s'est tenu à Bogotá en février 2017, plusieurs représentants autochtones ont déclaré que la MPC n'était qu'un moyen de légitimer les décisions du pouvoir exécutif et de freiner la mobilisation autochtone par la négociation d'accords « bidon » qui ne sont pas respectés (*Foro internacional : la consulta y el consentimiento, previo, libre e informado*). En octobre 2017, lors d'un nouveau cycle de mobilisations, la *minga indígena nacional*[1], les organisations autochtones ont fait état de plus de 1 392 accords avec le gouvernement qui n'étaient pas appliqués (CRIC, s.d.). En juillet 2019, les cinq organisations autochtones de la MPC, la CNTI et la *Commission nationale des droits de l'homme des peuples autochtones* ont dénoncé le non-respect des accords conclus avec les organisations et les peuples autochtones en ce qui concerne la loi 1955 de 2019, par laquelle est émis le *Plan national de développement* 2018-2022 (PND 2018-2022). De même, ils ont dénoncé le non-respect des accords structurels conclus avec le gouvernement lors des multiples *mingas* autochtones organisées en 2019. À cet égard, ils ont indiqué : bien que les peuples autochtones aient convenu avec le gouvernement national de 216 engagements agrégés en six axes thématiques dans le PND 2018-2022, à ce jour, ceux-ci n'ont pas été respectés, ce qui montre que l'intérêt du gouvernement national à travers la *Consultation préalable* était de valider son Plan de développement, mais pas de garantir une Politique publique qui permette la survie des peuples autochtones de Colombie (MPC, 2019). En 2021, les différentes organisations autochtones ont continué à dénoncer le non-respect des accords.

Malgré de nombreux problèmes, les processus de concertation entre le gouvernement national et les gouvernements autochtones, fondés sur la reconnaissance par l'État de leur autorité politique, reflètent une attitude démocratique unique en Amérique latine. Il reste cependant nécessaire de réduire l'asymétrie de pouvoir qui marque ces relations, afin que le dialogue ne soit pas une fin en soi, mais bien une véritable opportunité de mise en œuvre des revendications autochtones (Brilman, 2013). Bien qu'il soit nécessaire de

---

[1] Le terme « *minga* » désigne ici l'ensemble des marches et manifestations des peuples autochtones dans différentes régions du pays. Par des actions précises (comme le blocage de routes principales), les organisations de ces peuples poussent le gouvernement à entendre leurs revendications et à négocier des accords. La *minga* n'a pas de périodicité définie, et son déroulement dépend du climat politique.

renforcer et de restructurer les espaces de dialogue avec le gouvernement, les peuples autochtones ne sont pas prêts à abandonner ces espaces, qu'ils ont obtenus après des décennies de lutte, et ils défendent leur droit de veiller à ce que le dialogue et la concertation ne soient pas vidés de leur sens. Un exemple de cette volonté est l'action en justice engagée par le CNTI, qui cherchait à « mettre en évidence les actions répétées de discrimination et de racisme structurel, du gouvernement national à travers ses fonctionnaires dans les différents espaces de participation des peuples autochtones ».

Consultation pour des projets sur les territoires autochtones

La consultation portant sur les projets de développement en territoire autochtone obéit à un processus distinct, également défini à la suite d'une directive présidentielle datant de 2013, partiellement modifiée en 2020. Le processus comporte dans ce cas cinq étapes : détermination de l'opportunité d'une consultation préalable ; coordination et préparation ; préconsultation ; consultation préalable ; suivi des accords (Directives présidentielles n° 10 de 2013 et n° 8 de 2020) [voir fig.1][1].

Figure 1. Directive présidentielle N° 08 du 9 septembre 2020

La dimension la plus innovante du processus est sans doute la présence de protocoles. Ce sont des rapports, signés par les parties à la fin des processus de consultation, relatant les conclusions et les possibles désaccords qui peuvent persister après la consultation. La signature d'un protocole ne signifie donc pas nécessairement qu'il y a accord sur les conclusions ou même sur le processus de consultation lui-même. Ces protocoles sont, de fait, rédigés par les représentants du gouvernement en présence des représentants des communautés et des entreprises concernées (tabl. 1 et 2).

[1] Voir aussi la directive présidentielle 01 de 2010 qui établit les actions nécessitant la garantie du droit à la consultation préalable.

Tableau 1.
Nombre de protocoles d'accords par année

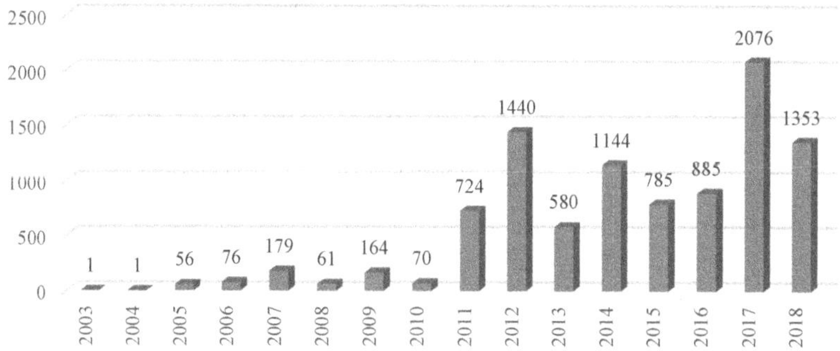

Tableau 2. Nombre de protocoles d'accords avec et sans entente

ANNÉE	AVEC ENTENTE	SANS ENTENTE	TOTAL
2003	n/a	n/a	1
2004	n/a	n/a	1
2005	n/a	n/a	56
2006	n/a	n/a	76
2007	n/a	n/a	179
2008	n/a	n/a	61
2009	n/a	n/a	164
2010	n/a	n/a	70
2011	n/a	n/a	724
2012	n/a	n/a	1440
2013	n/a	n/a	580
2014	1106	38	1144
2015	757	28	785
2016	847	38	885
2017	2015	61	2076
2018	1292	61	1353
TOTAL	**6017**	**226**	**9595**

n/a non applicable (pas de données disponibles)

Entre 2003 et 2018, la DCP répertorie 9595 protocoles. Afin de préparer un rapport sur la Consultation, le défenseur du peuple a soumis un droit de pétition à la *Dirección de la Autoridad Nacional de Consulta Previa* (DANCP) dans lequel, entre autres, il demandait le nombre de consultations effectuées pour les projets de développement. Selon les informations fournies, il a été établi que, jusqu'au 30 mars 2020, 14 242 consultations préalables ont été réalisées dans le pays, correspondant à 1 838 projets. Parmi ces processus, 10 569 étaient actifs et 3673 étaient clôturés. Sur le nombre total de processus, 12 104 ont été réalisés avec des peuples autochtones (1428 projets), 2102 avec des Afrodescendants (380 projets) et 36 avec des communautés Raizales (30 projets). (*Defensoría del Pueblo Colombia*, 2020a). Ces informations contrastent avec les données contenues sur le site web de la DANCP qui indique : « Au 31 mars 2022 et selon les informations fournies par le *Système d'information sur les consultations préalables* (SICOP), 7456 consultations préalables ont été menées à bien avec les communautés autochtones, garantissant le bloc constitutionnel, la jurisprudence et le respect des décisions de justice, soit un taux de conformité de 100 %[1]. Devons-nous alors comprendre que sur les 12 104 processus réalisés avec les communautés autochtones un pourcentage significatif n'est pas compté parmi les processus qui ont garanti le respect des consultations susmentionnées ? Ou quels sont les critères pris un compte pour effectuer les différents calculs ? Il est difficile d'établir le nombre total de consultations réalisées car les données des différents rapports varient et les critères de mesure changent (ou ne sont pas spécifiés) dans chaque rapport institutionnel ou dans chaque communication d'informations aux différents organismes qui demandent des données en fonction de leurs besoins. Cependant, malgré les différences dans les chiffres, la Colombie est le pays qui a effectué le plus grand nombre de consultations depuis l'entrée en vigueur de la C169.

Dans son rapport 2020, la DANCP fait référence aux indicateurs et métriques de la sous-direction de la gestion (chargée de la réalisation des consultations préalables). À cet égard, elle définit ce qu'elle entend par « projets habilités » : l'habilitation fait référence au changement de statut du projet qui passe d'actif à enregistré. Cela se produit lorsque toutes les communautés impliquées dans un projet de développement ont signé les protocoles, permettant ainsi aux promoteurs de demander un permis environnemental ou de commencer l'exécution du projet.

[1] Disponible sur : https://www.mininterior.gov.co/wp-content/uploads/2022/04/Indicadores-de-Sinergia-Corte-Marzo-2022.pdf

Figure 2. Projets habilités 2018-2020

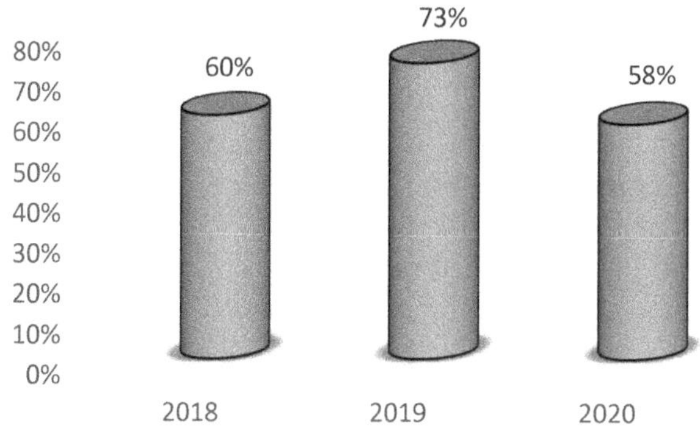

. Source : DANCP 2020

« Pour l'année 2020, il y a eu une diminution du nombre de projets habilités par rapport à 2019 en raison de l'urgence sanitaire décrétée par le gouvernement national suite au COVID 19, où il y avait une restriction de la mobilité et du contact avec les communautés. Malgré cela, le résultat a été positif car dans cette période, la mise en œuvre de 42 projets a commencé par rapport à 72 projets qui avaient des protocoles d'accords avec les communautés :

- Délai moyen entre la phase de préconsultation et la phase de protocoles d'accords pour projets d'investissement : 117 jours.
- Délai moyen entre la phase de préconsultation et la phase de protocoles pour les mesures administratives : 94 jours.
- Secteur où le temps d'attention entre la préconsultation et les protocoles est le plus court : environnement avec 49 jours.
- Secteur ayant le temps le plus long : mines 578 jours.
- La région ayant le temps le plus long : Pacifique 426, 26 jours.
- La région ayant le temps le plus court : les Andes 76, 91 jours » (notre trad.).

Bien que la mission de cette direction soit de « garantir une procédure régulière dans l'accomplissement du droit fondamental à la consultation préalable des sujets collectifs », l'approche adoptée dans l'analyse de ses fonctions prend le nombre de projets autorisés et les variables du nombre de consultations et du temps nécessaire à leur réalisation comme base pour mesurer l'efficacité de sa gestion. Ces statistiques sont présentées par le gouvernement comme preuve indéniable que les peuples autochtones sont bel et bien consultés en Colombie. Cela dit, l'augmentation importante du nombre de protocoles soulève des questions, tant au niveau du processus que de l'effectivité de ces consultations. Certaines communautés se plaignent d'être surconsultées et de manquer de ressources pour faire face à la demande. Certaines ont dû adapter leur quotidien au déroulement des consultations, parfois au détriment des activités de la communauté (décisionT-969 de 2014). Comme le soulignent plusieurs analyses, la mise en place d'un tel instrument juridique entraîne de fait des modifications sociales et structurelles au sein des communautés (Rodriguez-Garavito, 2010 ; Schilling-Vacaflor et Flemmer, 2020). Mes enquêtes de terrain, conduites entre 2016 et 2018, auprès de seize communautés, m'ont notamment permis de constater l'émergence au sein des communautés d'une nouvelle « figure d'autorité », composée par les représentants autochtones servant d'intermédiaires entre des « autorités ancestrales », l'État et les entreprises.

Un rapport de 2014 du Défenseur du peuple de la Colombie à propos de la crise dans La Guajira (crise produite par les nombreux décès des femmes et enfants autochtones dus à la malnutrition) illustre la perturbation que suscite la multiplication des autorités au sein du peuple wayúu. Le rapport estime que cela tient à l'importation de concepts étrangers aux usages et coutumes du peuple wayúu – telle cette figure de « l'autorité ancestrale ». Alors qu'il existait, jusqu'au début des années 1990, dix-huit clans considérés comme solides et quatre clans en danger, plus de 6000 « autorités traditionnelles » ont émergé chez les Wayúus, dont le but, toujours selon le rapport du Défenseur du peuple, serait essentiellement d'obtenir des ressources liées au système général de participation. Cette atomisation contribue à affaiblir la cohésion du peuple wayúu et sa capacité de mobilisation collective. Le défenseur du peuple constate aussi que de nouvelles communautés viennent s'installer dans la zone d'influence d'un projet en vue de bénéficier des compensations ou des bénéfices qui y sont liés (Defensoría del Pueblo, Colombia, 2014).

Mes enquêtes de terrain confirment que, dans certaines communautés et organisations autochtones, des dirigeants ou des membres des communautés se spécialisent dans les processus de consultation et tout ce qui s'y rattache. J'ai pu observer cette spécialisation dans des réunions consacrées à la construction des stratégies politiques et territoriales de la communauté. Cette professionnalisation s'applique aussi pour d'autres espaces d'interaction avec l'État et aux demandes portées devant les organes onusiens ou devant le système régional des droits de l'homme. Les représentants autochtones n'ont ainsi pas toujours le temps de retourner dans leurs communautés à cause d'un agenda de consultation ou des réunions avec le gouvernement trop chargé. Certains d'entre eux tendent ainsi à s'éloigner de la réalité de leur peuple ce qui contribue aux difficultés rencontrées pour la mise en place de consultations qui tiennent véritablement compte des intérêts et perspectives autochtones.

Du côté étatique, l'inflation des tâches liées au processus de consultation a surchargé les directions du ministère de l'Intérieur concernées. Mais le problème le plus important était que les fonds nécessaires pour répondre aux besoins croissants en personnel provenaient souvent d'autres ministères, par exemple celui chargé de l'exploitation minière et pétrolière. Pour cela à partir de la transformation de la DCP en Autorité nationale, le gouvernement a cherché à doter cette institution de plus d'expertise technique avec autonomie administrative et budgétaire (décrets 2353 et 2354 de 2019). À cette fin, la loi 1955 de 2019, approuvant le PND 2018-2022, a créé une « redevance pour les services de coordination pour la mise en œuvre de la consultation préalable et pour l'utilisation et l'accès à l'information sur la présence des communautés », à payer par la « partie intéressée à la réalisation d'une consultation préalable » dont les ressources, selon la loi, seront versées au « Fonds de la Direction de la consultation préalable », pour couvrir les dépenses de cette direction. Le défenseur du peuple a exprimé son inquiétude quant aux implications possibles de cette disposition sur la conception et la garantie du droit à la consultation préalable. Il estime que l'accomplissement des devoirs de l'État en matière de garantie et de protection de ce droit fondamental pourrait finir par se limiter à la configuration d'une relation de prestation de services individualisée et rémunérateurs, dans laquelle le « tiers intéressé à une consultation préalable » est conçu comme celui qui a payé au préalable la taxe correspondante, conformément aux étapes de règlement ou aux phases consultatives, et non les peuples autochtones comme il est indiqué dans la Convention 169 (Defensoría del pueblo, Colombia, 2020a). Cette préoccupation est reprise par des auteurs tels que Carlos Duarte (2020) qui parle des possibles asymétries et relations de pouvoir qui peuvent découler de ce paiement en faveur de la partie intéressée et au détriment des communautés ethniques. En pratique, cela signifie que, dans un dialogue qui devrait être symétrique, certains acteurs (entreprises intéressées) ont le sentiment de payer pour le service de consultation préalable et que les fonctionnaires chargés de superviser ce droit ont le sentiment d'être payés par l'une des parties, celle qui a, naturellement, déjà le plus de pouvoir.

Du côté des entreprises, on voit qu'elles s'adaptent en augmentant les ressources associées aux relations avec les communautés. Ces services emploient de nombreux anthropologues et ex-fonctionnaires du ministère de l'Intérieur qui ont l'expérience des consultations et qui sont connus des communautés[1]. En plus des coûts supplémentaires pour des travaux qui sont d'intérêt public. La substitution de la fonction publique de l'État par des entreprises privées est une source de débat depuis des décennies, encore plus depuis que celles-ci ont commencé à intervenir avec plus de force dans des territoires que l'État n'a historiquement pas pu atteindre. La consultation préalable n'est pas étrangère à ce débat. Dans son analyse du point de vue des entreprises sur la consultation préalable en Amérique latine (2021), l'OIT indique que, dans le cas de la Colombie, au lieu d'être un espace de dialogue entre l'État et les communautés ethniques, la consultation est devenue un espace de négociation entre le promoteur et les communautés.

---

[1] Entretien au ministère de l'Intérieur, 28 juillet 2016, Bogota.

La multiplication des demandes de consultation découle directement de la politique économique du pays, orientée vers l'extraction des matières premières. Les pressions pour accélérer et alléger ces procédures sont donc sans surprises importantes. D'autant plus que la consultation reste toujours perçue par une grande partie du secteur privé et par le gouvernement comme un simple processus, et non comme l'exercice d'un droit fondamental (Rodriguez, 2009).

D'aucuns arguent que la consultation représente un obstacle aux projets de développement du pays. La consultation constituerait un labyrinthe interminable et très coûteux, un processus en crise qui paralyse la gestion étatique, tant législative qu'administrative (ministre de l'Agriculture, dans Valero, 2013). Cet argument est relayé par les médias. Pour le journaliste d'opinion Daniel Valero, qui écrit dans un journal influent, la consultation est une procédure politique et juridique complexe et inutile qui paralyse le pays et affecte son développement économique (Valero, 2012, 2013). Selon lui, les communautés cherchent à convertir la consultation en une sorte de droit de veto sur le développement du pays.

Pour Francisco José Lloreda Mera, président de l'Association pétrolière colombienne, il est frappant de constater que, « dans un pays où la population « ethnique » » représente moins de 14 % de la population totale, dont un peu plus de 3 % d'Autochtones, plus de 10 200 consultations sont en cours. Par ailleurs, des pays de la région comme le Pérou et la Bolivie, où la population autochtone représente un pourcentage plus élevé de la population totale (28 et 40 %, respectivement), comptent respectivement 92 et 166 consultations en cours. Ces chiffres suggèrent que le mécanisme est utilisé de manière abusive dans notre pays. Cela ne veut pas dire qu'il n'y a pas eu de processus appropriés de consultation préalable, mais beaucoup sont devenus un obstacle au développement de projets d'intérêt général et un mécanisme de pression. Les exemples abondent, dans les secteurs des infrastructures et de l'énergie, générant des coûts absurdes pour le secteur public et privé et une incertitude juridique croissante et inutile (Lloreda, 2019).

Les élites politiques reprennent ces mêmes thèmes. Lors du Congrès national des mines de 2017, le président de la République Juan Manuel Santos affirmait ceci :

> [...] la Consultation préalable est un droit constitutionnel qu'en tant que gouvernement nous avons l'obligation de respecter et de garantir. Mais nous considérons aussi, parce que c'est devenu un casse-tête pour nous, qu'il est fondamental de le réglementer pour clarifier sa procédure (Le président Juan Manuel Santos, 2017, notre trad.).

Pour le vice-président de la Colombie, Germán Vargas Lleras, « dans certains cas, le mécanisme de consultation préalable est devenu un mécanisme d'extorsion, pour exiger des investisseurs et des exécutants des projets des engagements qui ne relèvent pas de ce droit » (*El Tiempo*, 2016, notre trad.). Ces propos témoignent du climat de méfiance qui règne dans la sphère politique face à la consultation des peuples autochtones. De tels propos influencent fortement la perception concernant la consultation dans le pays et l'opinion de la société majoritaire sur les peuples autochtones.

Cette perception a même fait partie de documents de politique publique, comme le document 3762 de 2013 du *Consejo Nacional de Política Económica y Social* CONPES sur les « orientations politiques pour le développement de *projets d'intérêt national et stratégiques* PINES ». Dans ce document il est écrit que « Les principaux goulots d'étranglement qui affectent l'agilité et la viabilité du développement des projets dans ces secteurs sont, entre autres, les processus liés à l'acquisition de terres, la consultation préalable des communautés, les relations avec les communautés dans les différentes régions, et les permis et processus environnementaux (...) ». Ainsi, la consultation préalable est considérée comme un obstacle au développement, à l'agenda législatif et à d'autres projets d'intérêt national, ce qui, à certaines occasions, a eu de graves conséquences sur la sécurité physique des leaders et des communautés autochtones dans le contexte du conflit armé colombien et sur les garanties de leur participation aux mesures qui peuvent les affecter (Defensoría del Pueblo Colombia, 2020a).

La manière dont chaque gouvernement conçoit la consultation préalable a une forte incidence sur la réalisation effective du droit et sur ce qu'il vise à protéger. Ainsi, sous le gouvernement du président Iván Duque, plusieurs décisions ont été prises que certains ont qualifiées de régressives. On peut citer à titre d'exemple la circulaire CIR2020-29-DMI-1000 publiée le 27 mars 2020 par le ministère de l'Intérieur, qui recommande l'utilisation d'outils technologiques pour les consultations préalables sur les projets, lors de l'isolement préventif dû au COVID19, et suspend les réunions en présentiel prévues par la *Dirección de la Autoridad Nacional de Consulta Previa* (DANCP). Cette disposition a suscité de vives réactions de rejet de la part de différentes organisations autochtones (regroupés par la CNTI), d'organes de l'État (bureau du Procureur, Défenseur du peuple), d'universitaires et d'écologistes (Carta Abierta al Presidente Iván Duque, Bogotá, 14 avril 2020). Bien que le ministère eût dû abroger la circulaire, pour certains, cela a renforcé la façon dont le gouvernement actuel conçoit la consultation, à savoir comme une simple procédure administrative sans tenir compte des conditions qui doivent être réunies pour qu'elle protège efficacement les droits des peuples autochtones et des communautés ethniques du pays. Cela rejoint les dénonciations faites par les peuples et organisations autochtones dans la

« Déclaration de Bogotá des peuples autochtones de Colombie sur le droit fondamental à la consultation préalable » (*Organización Nacional Indígena de Colombia*-ONIC, 2019). Ils y déclarent : « Les gouvernements nationaux et territoriaux réduisent la consultation préalable à une simple procédure administrative pour faciliter les processus de dépossession et de contamination de nos territoires ».

Plusieurs dirigeants autochtones reconnaissent que la consultation peut constituer un obstacle à la mise en œuvre du modèle de développement national, axé sur l'extraction des ressources naturelles, et que les Autochtones ont parfois fait des erreurs dans la manière d'exercer ce droit (notes de terrain, Valledupar, 2 mai 2018). Mais ils insistent aussi sur la nécessité de consolider le modèle en place afin de favoriser l'exercice de leur autonomie sur leurs terres et de garantir le respect de leurs droits et de leurs manières de voir le développement économique. Pour ces dirigeants autochtones, la consultation, comme elle est réalisée aujourd'hui, est biaisée en faveur des projets industriels ; elle sert principalement à leur donner une légitimité juridique. Ils estiment qu'une vision strictement procédurale de la consultation contribue à alourdir le processus et ne permet pas une véritable prise en compte de leurs droits plus substantiels, notamment en matière de protection du territoire, d'autonomie gouvernementale et de protection de la culture et des modes de vie. Autrement dit, comme ailleurs en Amérique latine, on constate en Colombie une réduction du champ des revendications autochtones par suite de l'institutionnalisation de la consultation (voir Schilling-Vacaflor et Flemmer, 2020).

De la Consultation au consentement : enjeux de la reconnaissance

Face aux limites des processus consultatifs mis en place depuis maintenant trente ans en Colombie, les organisations et leaders autochtones revendiquent de plus en plus une reconnaissance du principe de *Consentement préalable, libre et éclairé* (CPLE) dans le droit national. Ils butent cependant sur deux obstacles importants. D'une part, le CPLE, s'il est de plus en plus reconnu au niveau international, demeure un principe contesté (voir Papillon et Rodon dans cet ouvrage), aux contours encore flous sur le plan juridique. Les tribunaux colombiens reflètent jusqu'à présent ce flou dans leur interprétation du principe. D'autre part, la forte institutionnalisation de la consultation en Colombie favorise la résistance face à celui-ci.

Un principe aux contours flous

Bien que le droit au Consentement préalable, libre et éclairé soit inscrit dans la DNUDPA, une certaine ambiguïté persiste quant à sa portée véritable (Bellier *et al.*, 2017 ; Desmarais, 2006 ; Doyle, 2015 ; Papillon et Rodon, 2017 et 2018 ; Leydet, 2019). Plusieurs voient dans le CPLE un corollaire du droit à l'autodétermination, et donc une affirmation de l'autorité politique et juridique des peuples autochtones sur leurs terres ancestrales (Doyle et Cariño, 2013 ; Anaya, 2013). Le droit international reconnaît en effet que le droit à l'autodétermination des peuples constitue la base de l'exercice d'autres droits, tels ceux liés à la participation à la prise de décisions sur les questions qui les concernent ou les affectent (Charters et Stavenhagen, 2010). D'autres voient plutôt dans le CPLE une extension du droit à la consultation entraînant une obligation, pour l'État, de tenter d'obtenir l'accord des communautés autochtones sans toutefois qu'il y ait d'obligation de résultat en ce sens. D'aucuns craignent en effet qu'une définition du CPLE entraînant une obligation de résultat équivaudrait à reconnaître aux Autochtones un droit de veto sur les lois et les politiques définies par les institutions démocratiques d'États souverains. Le texte de Dominique Leydet, dans cet ouvrage, offre un bon aperçu de ces débats interprétatifs sur lesquels nous ne nous étendrons pas ici.

Dans leur introduction à ce volume, Martin Papillon et Thierry Rodon soulignent que la controverse sur l'interprétation du CPLE signifie que sa définition relève moins de principes abstraits que du jeu politique qui opère à la fois sur le plan international et au niveau des États. En ce sens, le contexte juridique et politique propre à chaque pays aura une influence importante sur la portée du principe et sur sa mise en œuvre. Cela est certainement vrai en Colombie.

Portée du droit et rôle de la Cour constitutionnelle colombienne

La Cour constitutionnelle colombienne a commencé à mentionner le principe du CPLE dans sa jurisprudence, en s'appuyant notamment sur les arrêts de la *Cour interaméricaine des droits de l'homme* (Cour CIDH) et sur la *Déclaration des Nations unies sur les Droits des Peuples autochtones* (DNUDPA) de 2007. La Cour constitutionnelle de Colombie a déclaré que, pour autoriser un projet d'exploration et d'exploitation des ressources pouvant avoir un impact important ou mettant en péril la survie des peuples autochtones, il est nécessaire d'obtenir le CPLE des communautés concernées. Cette jurisprudence dérive du cas *Saramaka* vs. *Surinam* (2007), dans lequel la Cour CIDH précise que la consultation doit avoir pour but d'informer les communautés sur le projet et ses risques afin qu'elles puissent exprimer leur acceptation, ou leur refus, concernant le plan de développement proposé (*Saramaka* vs *Surinam*, Cour CIDH, 2007).

Dans son arrêt T-129 de 2011, la Cour constitutionnelle colombienne juge également nécessaire que la consultation préalable et le consentement éclairé des communautés ethniques (en général) contribuent à déterminer *la solution de remplacement la moins nuisible* dans les événements qui : (1) impliquent le transfert ou le déplacement de communautés ; (2) sont liés au stockage ou au déversement de déchets toxiques sur des terres ethniques ; et/ou (3) représentent un impact social, culturel et environnemental important dans une communauté ethnique, qui pourrait notamment compromettre son existence. Dans ces trois cas, l'obtention du consentement est une obligation (arrêt T-129 ; notre trad.). Dans un exercice d'unification de la jurisprudence (rassemblement des critères juridiques) relative au contenu et à la portée du droit à la consultation, la Cour constitutionnelle souligne ceci :

> La Consultation préalable est un droit fondamental et inaliénable qui a pour objectif d'essayer d'obtenir, de manière véritable et par le dialogue interculturel, le consentement des communautés autochtones et tribales sur les mesures (administratives et législatives) les affectant. Elle doit être guidée par les principes généraux de bonne foi entre les parties, de participation active et effective des peuples concernés, de dialogue interculturel, d'absence de droit de veto, de flexibilité, d'information et de respect de la diversité ethnique et culturelle. La Consultation préalable est une manifestation du droit de participation. En vertu du principe de proportionnalité, ce droit s'exerce à différents niveaux en fonction du degré d'engagement d'une communauté : a) une participation basique en l'absence d'impact direct ; b) une Consultation préalable lorsqu'il y a un impact direct et c) une requête de consentement préalable, libre et éclairé lorsque l'impact sur les droits des personnes ethniques est intense (Arrêt SU-123 de 2018, notre trad.)

Cette interprétation, qui rejoint celle avancée par plusieurs États dans les débats sur la mise en œuvre de la DNUDPA, a pour effet de réduire la portée du CPLE à une obligation procédurale plutôt que d'en faire un droit substantif (Doyle, 2015).

Face à la résistance de la Cour constitutionnelle et des autorités colombiennes, certains leaders autochtones cherchent à éviter le langage du CPLE et préfèrent parler « d'objection culturelle », un concept qui s'inscrit dans la continuité du droit colombien. Déjà en 1991, le dirigeant guambiano Lorenzo Muelas signalait que cette objection visait la possibilité de s'opposer à des projets qui présentent un risque certain pour la survie sociale ou culturelle des communautés et qui vont à l'encontre de leurs cosmovisions (Santamaria, 2013 ; Cardenas, 2017). Un tel principe, puisqu'il repose sur le principe de la « survivance culturelle », serait plus limité que le CPLE, qui repose sur le droit à l'autodétermination.

Il est intéressant de noter que le concept « d'objection culturelle » a été introduit dans l'accord de paix signé entre l'État et les FARC, en novembre 2016 :

> La nature principale et non subsidiaire de la consultation préalable, libre et informée et du droit à *l'objection culturelle* sera respectée [...]. Par conséquent, la mise en œuvre des accords, en ce qui concerne les groupes ethniques, doit respecter le droit à ladite consultation dans le respect des normes constitutionnelles et internationales (Poder Legislativo, Colombia, 2016, p. 207, notre trad.).

L'inclusion de l'objection culturelle dans un accord majeur pour la Colombie donne une force à cette notion, mais sa définition et les moyens de son application (sans médiation du droit à la consultation, par exemple) sont très vagues. Un autre exemple d'instrument où l'objection culturelle est incluse est une proposition de protocole de consultation préalable pour les Communautés noires, afro-colombiennes, *raizales* et *palenqueras* en milieu rural et urbain, approuvée dans le cadre du Congrès national autonome de ces communautés ethniques (août 2013), on pouvait lire :

> « Principe du consentement : la Consultation préalable, libre et éclairée a pour but de protéger l'intégrité ethnique, sociale et culturelle des peuples. La Consultation préalable vise à obtenir le consentement des populations sur les mesures proposées. L'une des façons de matérialiser le consentement est l'objection culturelle aux projets. Les peuples ont le droit de proposer une objection culturelle à une mesure législative ou administrative qui affecte leur survie physique, culturelle et spirituelle.
>
> Objection culturelle : toute décision qui méconnaît les droits des peuples peut être soumise au principe de l'objection culturelle en vertu de leur droit propre ou d'une manière similaire à l'objection de conscience. Ce principe de respect culturel a été reconnu par la Cour constitutionnelle et sa portée implique que les peuples peuvent s'opposer ou refuser la décision proposée et que leur décision s'impose à l'État et au reste de la société »[1] (notre trad.).

Les avantages du droit à l'objection culturelle restent, pour le moment, théoriques, mais cette notion permet d'inscrire le principe du consentement dans le contexte colombien, tout en évitant de parler de veto (une possibilité que craignent les élites politiques comme nous l'avons vu plus haut) et de droit à l'autodétermination.

Traduction du principe dans la pratique

Dans la pratique cependant, on ne voit pas en Colombie se matérialiser le droit au consentement ou à l'objection culturelle – en dehors des cas soulignés par la Cour constitutionnelle. On observe que le langage du consentement est de plus en plus présent dans les discussions entourant les processus de consultation, mais son interprétation demeure limitée. Dans les différents espaces générés par la consultation (formation technique, socialisation avec

[1] https://dacn.mininterior.gov.co/sites/default/files/protocolo_consulta_previa_comunidades_negras.pdf

les communautés ou secteur privé, réunions des organisations autochtones, etc., auxquelles j'ai pu assister lors du travail de terrain), nous voyons se développer un langage adapté au public et variant selon les émetteurs et le contexte. Ainsi, quand les représentants des différentes directions du ministère vont dans les communautés expliquer le droit à la consultation et au CPLE, ils mettent l'accent sur le fait qu'il n'existe pas de droit de veto en Colombie et s'appuient sur les jugements de la Cour constitutionnelle et sur les recommandations de l'OIT en la matière.

Pour la *Dirección de Asuntos indígenas* (DAIRM), l'objectif de la consultation est de chercher un accord réalisable (consentement) avec les collectivités sur les mesures législatives/administratives qui affectent leurs intérêts et aussi de protéger et garantir leurs droits fondamentaux, collectifs et intégraux. Mais cela n'implique ni l'obligation de parvenir à un accord ni le droit de veto des collectivités (DAIRM). Dans son rapport au parlement colombien daté de juin 2018, la *Dirección de consulta previa* (DCP), écrivait :

> Aujourd'hui, nous avons la satisfaction d'avoir la garantie du Consentement préalable, libre et éclairé dans plus de 6243 processus de Consultation préalable avec les différentes communautés du territoire colombien. Les principes de la jurisprudence sont donc pleinement respectés dans les consultations préalables qui ont eu lieu jusqu'à présent (Ministerio del Interior Colombia, 2018, notre trad.).

Lors des présentations qu'elle réalise sur le droit à la consultation dans les premières réunions des processus de consultation que j'ai pu observer, entre 2016 et 2017, la DCP n'évoquait que la simple obligation d'informer et de rechercher un accord, sans obligation d'arriver à un consentement et sans que la communauté puisse s'opposer à des projets. Le dialogue avec les communautés a pour objectif de chercher un accommodement, ce qui veut dire chercher le consentement et non pas l'obtenir nécessairement, sauf dans les cas précisés plus haut par la Cour. S'ils veulent obtenir un droit de consentement, les autochtones doivent dès lors aller devant les tribunaux.

Conclusion

La Colombie fait souvent figure d'exemple à suivre concernant la participation autochtone à la prise de décision en matière de développement territorial. Comme nous l'avons vu, la jurisprudence de la Cour constitutionnelle colombienne a permis la mise en place de procédures de consultation relativement précises et détaillées. Ces décisions permettent de dynamiser les droits reconnus par la Charte constitutionnelle, en définissant le contenu et le champ d'application tant du droit à la consultation que du droit au consentement. La plupart de ces avancées juridiques sont le résultat de stratégies de litige élaborées par les peuples autochtones (Muñoz, 2016, p. 219). Comme le signale aussi Angela Santamaria (2010), ces stratégies correspondent à un processus de juridicisation de la politique autochtone. Le fait que les avancées doivent passer par la voie judiciaire témoigne des luttes que doivent encore mener les peuples autochtones pour surmonter les obstacles sur le plan politique.

Depuis le début des années 2000, les peuples autochtones de Colombie évoquent de plus en plus le droit au consentement préalable, libre et éclairé afin de suppléer aux lacunes des processus de consultation existants. Malgré une institutionnalisation sans égale ailleurs en Amérique latine, la consultation s'inscrit en effet en Colombie dans une logique de légitimation des décisions gouvernementales plutôt que dans une logique de respect de la volonté des peuples autochtones. Les données issues de nos enquêtes de terrain confirment également que les dispositifs de consultation ont pour effet de modifier les pratiques politiques et les structures d'autorité au sein des communautés, afin de rendre ces dernières plus compatibles avec les pratiques administratives et juridiques de la société majoritaire (voir Rodriguez-Garavito, 2010).

Si le « modèle colombien » de consultation incorpore de plus en plus le principe de consentement, il favorise aussi, paradoxalement, une interprétation restreinte du CPLE, limitée à une obligation de consulter dans le but de chercher l'atteinte d'un accord, sans pour autant exiger un tel accord. Le consentement est ainsi séparé du droit à l'autodétermination – d'où il tire pourtant sa substance, selon plusieurs juristes et leaders autochtones. Le droit au consentement est en quelque sorte capturé dans une logique administrative de consultation largement contrôlée par l'administration gouvernementale.

Dans ce contexte, on peut craindre que la forte institutionnalisation de la consultation se fasse au détriment de la pleine reconnaissance du CPLE, dans la mesure où elle confine les communautés autochtones à un statut de participant dans un processus qu'ils ne contrôlent aucunement. Il est important malgré tout de souligner l'importance des espaces de dialogue générés par les processus de consultation. Le processus de la consultation permet de mener une négociation directe avec les entreprises et donne la possibilité de dialoguer avec des représentants du gouvernement, au risque d'être cooptés par les unes et dominés par les autres. Sachant que les peuples autochtones de Colombie ont peu d'espace où ils sont considérés comme de véritables interlocuteurs, on peut estimer que, malgré l'asymétrie des pouvoirs, même si la « place » qui leur est accordée est éphémère, la reconnaissance par le biais de la consultation n'est pas négligeable. Ils deviennent acteurs de ces processus institutionnels.

Tant les recours devant les tribunaux que la participation aux processus de consultation ont permis aux Autochtones de faire connaître leurs droits et d'invoquer la nécessité de les respecter. Comme au Canada, et parce qu'elles veulent éviter les problèmes sociaux avec les communautés ou les conséquences monétaires des conflits juridiques, quelques entreprises (comme certaines du secteur des énergies éoliennes) cherchent désormais à passer des accords directement avec les communautés et qui s'approchent le plus possible des termes du consentement. La négociation de ces ententes, tout comme la mobilisation de l'« objection culturelle », montre que le principe de consentement et sa mise en œuvre continuent d'évoluer dans le contexte colombien (Rodriguez, 2014). Il est cependant trop tôt pour savoir s'il se matérialisera plus concrètement dans les pratiques, à travers le principe d'« objection culturelle » ou sous d'autres formes.

Références

Anaya, J. (2013), *Rapport du Rapporteur spécial sur les droits des peuples autochtones, A/HRC/24/41*, 24e session.

Barelli, M. (2016), *Seeking Justice in International Law: The Significance and Implications of the UN Declaration on the Rights of Indigenous Peoples*, New York, Routledge.

Brilman, M. (2013), « La Mesa Permanente de Concertación con los pueblos y organizaciones indígenas. El dialogo que es su propio fin », *Revista de Derecho Público,* 31, p. 5-23. Universidad de los Andes.

Bellier, I., Cloud, L. et Lacroix, L. (2017), *Les droits des peuples autochtones. Des Nations unies aux sociétés locales*, Paris, L'Harmattan.

CADPI (Centro para la Autonomía y Desarrollo de los Pueblos Indígenas), (2017), *Nota técnica de país sobre cuestiones de los pueblos indígenas, Republica de Colombia,* FIDA (Oficina Pueblos Indígenas), [en ligne] https://www.ifad.org/documents/38714170/40258424/colombia_ctn_s.pdf/1733d955-f27c-4c7b-b2de-9165d548b09c?t=1523289323000 (consulté le 29 avril 2022).

Cardenas, J. (2017), *De la consulta previa a la objeción cultural de los pueblos indígenas*, Tesis de maestría, Bogotá, Universidad Nacional.

Charters, C et Stavenhagen, R. (dir.) (2010), *El desafío de la declaración historia y futuro de la declaración de la ONU sobre pueblos indígenas*, Copenhague, IWGIA.

CIDH (Corte Interamericana de Derechos Humanos), (2007), *Caso del Pueblo Saramaka Vs. Surinam* (Excepciones Preliminares, Fondo, Reparaciones y Costas), Sentencia del 28 de noviembre de 2007.

CNTI (Comision Nacional de Territorios Indigenas), (2021), *Informe de balance sobre la formalización y acceso a la propiedad colectiva de los pueblos indígenas en el año 2020.* Observatorio de Derechos Territoriales de los Pueblos Indígenas. Secretaría Técnica Indígena, Bogotá, [en ligne] https://cntindigena.org/documents/Informes/Informe-Balance-sobre-la-formalizacio%CC%81n-ODTPI-8062021.pdf (consulté le 29 avril 2022).

Congreso de la Republica de Colombia (1991), *Constitución Política de Colombia*, Ley 21l.

DAIRM (Dirección de Asuntos Indígenas, Rom y Minorías) (2016), *Consulta previa para medidas legislativas*, Nabusimake, DAIRM.

DANE (Departamento administrativo nacional de estadística) (2005), *La visibilización estadística de los grupos étnicos colombianos*, [en ligne] https://www.dane.gov.co/files/censo2005/etnia/sys/visibilidad_estadistica_etnicos.pdf (consulté le 29 avril 2022).

— (2007), *Colombia una nación multicultural. Su diversidad étnica*, [en ligne], https://www.dane.gov.co/files/censo2005/etnia/sys/colombia_nacion.pdf (consulté le 29 avril 2022).

— (2018), *Resultados Colombia, total nacional. ¿Cuántos somos?* [en ligne] https://www.dane.gov.co/files/censo2018/infografias/info-CNPC-2018total-nal-colombia.pdf (consulté le 29 avril 2022).

— (2019), *Población indígena de Colombia. Resultados del censo nacional de población y vivienda 2018,* [en ligne] https://www.dane.gov.co/files/investigaciones/boletines/grupos-etnicos/presentacion-grupos-etnicos-2019.pdf (consulté le 29 avril 2022).

—, (2021a), *Comunicado de prensa. Pobreza monetaria 2020*, [en ligne] https://www.dane.gov.co/files/investigaciones/condiciones_vida/pobreza/2020/Comunicado-pobreza-monetaria_2020.pdf (consulté le 29 avril 2022).

—, (2021b), *Pobreza multidimensional. Resultados 2020*, [en ligne] https://www.dane.gov.co/files/investigaciones/condiciones_vida/pobreza/2020/presentacion-rueda-de-prensa-pobreza-multidimensional-20.pdf (consulté le 29 avril 2022).

—, (2022a), *Pobreza monetaria y grupos de ingreso en Colombia. Resultados 2021*, [en ligne], https://www.dane.gov.co/files/investigaciones/condiciones_vida/pobreza/2021/Presentacion-pobreza-monetaria_2021.pdf (consulté le 29 avril 2022).

—, (2022b) *Pobreza multidimensional. Resultados 2021*, [en ligne] https://www.dane.gov.co/files/investigaciones/condiciones_vida/pobreza/2021/presentacion-rueda-de-prensa-pobreza-multidimensional-21.pdf (consulté le 29 avril 2022).

Defensoria del Pueblo Colombia, 2014 : *Crisis humanitaria en La Guajira. Acción integral de la defensoría del pueblo en el departamento*. Bogotá, Defensoria del pueblo Colombia, [en ligne] https://repositorio.defensoria.gov.co/bitstream/handle/20.500.13061/295/Crisis_humanitaria_en_la_guajira_2014.pdf?sequence=1 (consulté le 29 avril 2022).

—, (2020a), *Informe defensorial : Garantía y Protección del Derecho Fundamental a la Consulta Previa y el Consentimiento Libre, Previo e Informado de los Pueblos y Comunidades Étnicas en Colombia*, [en ligne] https://www.defensoria.gov.co/attachment/3374/Informe_Defensorial_Derecho_a_Consulta_Previa_(1).pdf?g_show_in_browser=1 (consulté le 29 avril 2022).

—, (2020b), *Dinámica del reclutamiento forzado de niños, niñas y adolescentes en Colombia. Retos de la política pública de prevención*, Bogotá, [en ligne] https://www.defensoria.gov.co/public/pdf/Dinamica-reclutamiento-forzado-ni%C3%B1os-ni%C3%B1as-%20adolescentes-Colombia.pdf?g_show_in_browser=1 (consulté le 29 avril 2022).

Desmarais, F. (2006), « Le consentement préalable, libre et éclairé des peuples autochtones en droit international à la lumière des modèles de l'intégrité culturelle et de l'autodétermination », *Revue québécoise de droit international*, 19(1), p. 161-209.

DCP (Dirección de consulta previa), 2018: *Balance de gestión y logros* del 7 agosto 2014 al 15 junio 2018, Ministerio del Interior, Bogotá.

DANCP (Direcccion de la autoridad nacional de consulta previa), 2020: *Informe de gestion 2020*. Ministerio del Interior, Bogotá, [en ligne] https://consultaprevia.mininterior.gov.co/sites/default/files/documentos/informe_de_gestion_2020-version-final.pdf (consulté le 29 avril 2022).

Doyle, C. (2015), *Indigenous Peoples, Title to Territory, Rights and Resources*, London, Routlege.

Doyle, C. et Cariño, J. (2013), *Making Free, Prior & Informed Consent a Reality, Indigenous Peoples and the Extractive Sector*, London, PIPLinks, Middlesex University.

Duarte, C., (2020), « 'La Consulta Previa ¿hacia donde va su restructuración operativa?', Conflictos Territoriales, Interculturales e Identitarios en la ruralidad Colombiana, 25 febrero », [en ligne], https://vertov14.wordpress.com/2020/02/25/la-consulta-previa-hacia-donde-va-su-restructuracion-operativa/ (consulté le 29 avril 2022).

El tiempo, (2016), « Consulta previa se volvió un mecanismo extorsivo: Vargas Lleras », *El Tiempo*, 24 de abril, [en ligne] https://www.eltiempo.com/archivo/documento/CMS-16572247 (consulté le 29 avril 2022).

Grupo De Memoria Historica (GMH), (2013), *¡BASTA YA! Colombia: Memorias de guerra y dignidad*, Bogotá, Imprenta Nacional.

Human Rights Watch, (2004), *Aprenderás a no llorar: niños combatientes en Colombia*, Bogotá, Editorial Gente Nueva.

Leydet, D. (2019), « La mise en œuvre du principe de consentement et ses contextes », *Recherches amérindiennes au Québec*, 49(2), p. 15-24, [en ligne] https://doi.org/10.7202/1070755ar (consulté le 29 avril 2022).

Leifsen, E. *et al.* (2017), « New Mechanisms of Participation in Extractive Governance: Between Technologies of Governance and Resistance », *Third World Quarterly*, 38(5), p. 1043-1057.

Lloreda, F. J. (2019), « Consulta previa, un derecho que requiere orden », *Portafolio*, 20 juin, [en ligne] https://www.portafolio.co/opinion/otros-columnistas-1/analisis-consulta-previa-un-derecho-que-requiere-orden-530860 (consulté le 29 avril 2022).

Ministerio Del Interior Colombia (2018), *Capitulo 6. proceso de consulta previa. Informe de la Dirección de consulta previa del Ministerio del Interior, del 20 de julio 2017 al 07 de junio de 2018*, Bogotá, Congreso de la República, Bogotá.

MPC (Mesa permanente de Concertación), (2019), *Gobierno Nacional incumple los acuerdos pactados con los Pueblos y Organizaciones Indígenas en el Plan Nacional de Desarrollo 2018-2022 y a la Minga Nacional 2019*, Bogotá, ONIC, [en ligne] HTTPS://ONIC.ORG.CO/SITIO/NOTICIAS/70-DESTACADAS/3087-GOBIERNO-NACIONAL-INCUMPLE-LOS-ACUERDOS-PACTADOS-CON-LOS-PUEBLOS-Y-ORGANIZACIONES-INDIGENAS-EN-EL-PLAN-NACIONAL-DE-DESARROLLO-2018-2022-Y-A-LA-MINGA-NACIONAL-2019 (consulté le 29 avril 2022).

Muñoz, J. (2016), *La brecha de implementación. Derechos territoriales de los pueblos indígenas*, Bogotá, Universidad del Rosario.

ONIC (Organización Nacional Indígena de Colombia), (2019), *Declaración de Bogotá de los Pueblos Indígenas de Colombia sobre el Derecho Fundamental a la Consulta Previa*, Bogotá, Encuentro Nacional de Consulta Previa de la ONIC, [en ligne] https://www.onic.org.co/images/noticias/2019/12/COMUNICADO_Y_SOLICITUD_-_DERECHO_A_LA_CONSULTA_PREVIA.pdf (consulté le 29 avril 2022).

OIT, (2016) *Convenio núm. 169 de la OIT sobre Pueblos Indígenas y Tribales en Países Independientes y la consulta previa a los pueblos indígenas en proyectos de inversión. Reporte regional: Colombia, Costa Rica, Guatemala, Chile. Oficina Regional para América Latina y el Caribe, Lima,* [en ligne] https://www.ilo.org/wcmsp5/groups/public/---americas/---ro-lima/documents/publication/wcms_507556.pdf (consulté le 29 avril 2022).

— (2021), *Nota técnica. Perspectiva empresarial sobre la consulta previa del C169 en América Latina: Colombia,* ACT/EMP, [en ligne], https://www.ilo.org/wcmsp5/groups/public/---ed_dialogue/---act_emp/documents/publication/wcms_821376.pdf (consulté le 29 avril 2022).

Osorio, C. (2011), « El movimiento indígena colombiano: de la identidad negativa a la identidad positiva », *El Ágora USB*, 11(1), p. 49-65.

Orduz, N., (2014), *La consulta previa en Colombia*, Documento de trabajo No 3, Santiago, Instituto de investigación en ciencias sociales UDP.

Papillon, M. (2016), « Le consentement préalable, libre et éclairé : un nouveau paradigme », *Droits et libertés*, 34(2), [en ligne] https://liguedesdroits.ca/le-consentement-prealable-libre-et-eclaire-un-nouveau-paradigme/ (consulté le 29 avril 2022).

Papillon, M. et Rodon, T. (2017), « Indigenous Consent and Natural Resource Extraction: Foundations for a Made-in-Canada Approach », *IRPP insights*, 16 July, Montréal, Institute for Research on Public Policy.

—, (2018), « From Consultation to Consent: The Politics of Indigenous Participatory Rights in Canada », *in* Tomaselli, A. et Wright, C., *Prior Consultation of Indigenous Peoples in Latin America*, p. 261-275, New York, Routledge.

—, (2019), « Le consentement préalable, libre et éclairé : les défis de la mise en œuvre en contexte canadien », *Recherches amérindiennes au Québec*, 49(2), p. 3-13, [en ligne], https://doi.org/10.7202/1070754ar

Poder Legislativo, Colombia (2016), *Acuerdo Final para la Terminación del Conflicto y la Construcción de una Paz Estable y Duradera.* 26 Junio, Capitulo étnico, [en ligne] https://www.jep.gov.co/Documents/Acuerdo%20Final/Acuerdo%20Final.pdf (consulté le 29 avril 2022).

Presidencia de la Republica (2017), *Palabras del presidente Juan Manuel Santos en la clausura del Congreso Nacional de Minería 2017*, Cartagena, [en ligne] http://es.presidencia.gov.co/discursos/170512-Palabras-del-Presidente-Juan-Manuel-Santos-en-la-clausura-del-Congreso-Nacional-de-Mineria-2017 (consulté le 29 avril 2022).

Rodriguez, G. (2009), « El papel de la consulta previa en la pervivencia de los pueblos indígenas y demás grupos étnicos de Colombia », *El Otro Derecho*, 40, Instituto Latinoamericano de Servicios Legales Alternativos.

—, (2014), *De la consulta previa al consentimiento libre, previo e infor- mado a pueblos indígenas en Colombia*, Bogotá, Universidad del Rosario.

Rodriguez, G. *et al.* (2015), *Las rutas de la consulta. Una discusión sobre la reglamentación de la consulta previa, libre e informada*, Bogotá, ILSA.

Rodriguez-Garavito, C. (2010), « Ethnicity.Gov: Global Governance, Indigenous Peoples, and the Right to Prior Consultation in Social », *Indiana Journal of Global Legal Studies*, 18(1), p. 1-44.

Rodriguez-Garavito, C. et Orduz, N. (2012), *La consulta previa: dilemas y soluciones*, Bogotá, Documentos DeJusticia.

Sánchez, E. et Molina, H. (2010), *Documentos para la historia del movimiento indígena colombiano contemporáneo*, Bogotá, Ministerio de Cultura.

Santamaria, Á. (2010), « Redes de defensa de los derechos humanos de los pueblos indígenas: experiencias cruzadas de incidencia en política nacional e internacional (OIK, ONIC Y CIT) », *in* Mora *et al.* (dir.), *Conflictos y judicialización de la política en la Sierra Nevada de Santa Marta*, Bogotá, Universidad del Rosario.

—, (2013), « Lorenzo Muelas y el constitucionalismo indígena "desde abajo": una retrospectiva crítica sobre el proceso constituyente de 1991 », *Colombia Internacional*, 79, p. 77-120.

Schilling-Vacaflor, A. et Flemmer, R. (2020), « Mobilising Free, Prior and Informed Consent (FPIC) from Below: A Typology of Indigenous Peoples Agency », *International Journal on Minority and Group Rights*, 27(2), p. 1-23, [en ligne] https://doi. org/10.1163/15718115-02702008 (consulté le 29 avril 2022).

Springer, N. (2012), *Como corderos entre lobos. Del uso y reclutamiento de niños, niñas y adolescentes en el marco del conflicto armado y la criminalidad en Colombia.* Bogotá, [en ligne] http://www.centrodememoriahistorica.gov.co/descargas/informe_comoCorderosEntreLobos.pdf (consulté le 29 avril 2022).

Suárez, A. F., « Dos registros, dos versiones. Los usos políticos de los registros oficiales en las luchas por la verdad de la guerra en Colombia », *Nuevo Mundo Mundos Nuevos*, [en ligne] https://journals.openedition.org/nuevomundo/72680#quotation>DOI :https://doi.org/10.4000/nuevomundo.72680 (consulté le 29 avril 2022).

Tilly, C. (1995), *Popular Contention in Great Britain 1758-1834*, Cambridge, (MA), Harvard University Press.

Tomaselli, A. et Wright, C. (dir.), (2019), *The Prior Consultation of Indigenous Peoples in Latin America*: Inside the Implementation Gap, New York, Routledge.

Valero, D. (2012), « Consulta previa a comunidades étnicas enreda proyectos de desarrollo », *El Tiempo*, 25 février, [en ligne] https://www.eltiempo.com/archivo/documento/CMS-11220667 (consulté le 29 avril 2022).

—, (2013), « Consultas con minorías paralizan la agenda estatal », *El Tiempo*, 9 février, [en ligne] https://www.eltiempo.com/archivo/documento/CMS-12587449 (consulté le 29 avril 2022).

La capacité d'agir des peuples autochtones par l'entremise de la contestation des normes : définir la portée du *Consentement préalable, libre et éclairé* dans le nord de la Russie[1]

Marina Peeters Goloviznina
Centre d'études sami de l'Université
de l'Arctique de Norvège (UiT)

Introduction

La société Alrosa est un chef de file mondial de l'extraction du diamant. En mars 2014, Almazy Anabara, l'une de ses filiales, a obtenu un permis d'exploitation pour le comté d'Olenek Evenks, dans la *République de Sakha* (Iakutie) en Russie (RS [Ia]). Toutefois, ni l'administration du district local (*ulus*) ni les habitants du village de Zhilinda n'ont été informés du projet d'exploitation minière. Le village de Zhilinda, dont la grande majorité de la population est composée d'Evenks, possède le statut de *Territoires de l'utilisation traditionnelle de la nature par la population autochtone* (TTNU[2]). Ce statut confère à ses résidents autochtones un droit semblable à celui du *Consentement préalable, libre et éclairé* (CPLE) ou s*vobodnoye, predvaritel'noye i osoznannoye soglasiye.* La communauté n'a cependant donné son accord pour l'exploitation à Amlazy Anabara que pour trois des quatre sites miniers proposés. Les habitants ont protesté contre l'exploitation minière sur le site de la rivière Malaya Kuonapka, parce que les Evenks considèrent cet espace comme un lieu sacré et, de plus, cette rivière constitue la seule source d'eau potable et de poissons de la région. L'administration de l'*ulus* a convoqué l'agence fédérale responsable de l'exploitation des ressources du sous-sol à une séance d'arbitrage et lui a demandé d'annuler les

[1] Traduit de l'anglais. Version originale : « Indigenous agency through normative contestation: defining the scope of free, prior and informed consent in the Russian North », dans Monica Tennberg, Else Grete Broderstad et Hans-Kristian Hernes (dir.), *Indigenous Peoples, Natural Resources and Governance: Agencies and Interactions*, Routledge, Taylor & Francis Group, 2021, p. 85-103. Nous remercions Routledge d'avoir permis la traduction et la reproduction du chapitre.

[2]

résultats de la vente aux enchères relative au site de la rivière Malaya Kuonapka pour cause de violation des droits des peuples autochtones en vertu de la loi des TTNU sur le CPLE. Malgré un tollé dans la population contre cette vente, l'arbitrage a conclu à l'absence de violation du droit des Evenks au CPLE.

En droit international, la consultation visant à obtenir le consentement préalable, libre et éclairé a été définie dans la Convention relative aux peuples indigènes et tribaux de l'*Organisation internationale du travail* (OIT) (Convention n° 169 de l'OIT). La *déclaration des Nations unies sur les droits des peuples autochtones* (DNUDPA) en a donné une description détaillée et le présente comme un droit spécifique des peuples autochtones lié à l'autodétermination, qui s'exprime par l'entremise d'une consultation exhaustive sur la manière dont un projet est susceptible d'affecter ces peuples ou leurs territoires. Au cours des dernières décennies, et bien qu'il soit contesté par les gouvernements et les entreprises, le CPLE est devenu un principe-cadre dont la reconnaissance ne cesse de croître et qui vise à assurer le respect des droits des peuples autochtones dans un contexte d'extraction des ressources. Le consentement préalable, libre et éclairé demeure cependant une norme internationale en cours d'évolution. L'on peut en effet constater que son statut normatif n'a pas été suffisamment clarifié et que sa mise en œuvre procédurale demeure controversée (Heinämäki, 2020, 335 ; Papillon, Leclair et Leydet, 2020).

Bien que les représentants et diplomates autochtones russes aient joué un rôle actif dans les travaux relatifs à la DNUDPA, le gouvernement de la Russie s'est abstenu d'approuver la Déclaration et n'a pas ratifié la Convention n° 169 de l'OIT. L'historique juridique du CPLE dans la RS (Ia) présenté ci-dessus montre qu'il a cependant réussi à se tailler une place dans les délibérations sur le terrain en Russie. Le présent cas permet également d'observer le fonctionnement du CPLE dans la *République de Sakha (Iakutie)* (RS [Ia]) et la façon dont les peuples autochtones s'efforcent d'utiliser cet outil international pour défendre leurs droits en matière d'exploitation minière au niveau local.

Les chercheurs universitaires ont récemment commencé l'étude en profondeur des réglementations internationales (non contraignantes) dans le contexte des activités extractives russes, reconnaissant leur importance et leur utilisation croissantes au cours de la dernière décennie (Novikova et Wilson, 2017). Certaines études montrent comment l'engagement sur les marchés mondiaux (chaînes d'approvisionnement, financement) ainsi que l'adhésion aux réglementations internationales des entreprises ont modifié la conduite des entreprises envers les peuples autochtones au niveau local (Stammler et Wilson, 2006 ; Tulaeva *et al.*, 2019). D'autres études ont adopté une approche de type ascendante pour examiner la façon dont le développement des réglementations internationales, la mondialisation, la montée de l'activisme autochtone et le développement des technologies de l'information ont affecté la participation et le contrôle des peuples autochtones sur l'exploitation des ressources (Tysiachniouk *et al.*, 2018).

Les recherches s'intéressant à ces questions ont abouti à des résultats mitigés. Certains chercheurs affirment que les droits internationaux et les directives éthiques en matière de performance des industries ne sont pas bien maîtrisés par les parties prenantes autochtones (Stammler *et al.*, 2017). D'autres chercheurs mentionnent des cas où des *Organisations autochtones* (OA) ont exprimé les injustices qu'elles ont vécues au niveau local dans le langage des droits autochtones internationaux et sont arrivées ainsi à améliorer leur sort (Peeters Goloviznina, 2019). La manière d'étudier les stratégies des acteurs autochtones sur des questions aussi complexes que le CPLE suscite effectivement un débat et nécessite une attention encore plus grande de la part des chercheurs (voir la discussion sur la sécurité humaine, Hoogensen Gjørv et Goloviznina, 2012, p. 2-3).

Le *Consentement préalable, libre et éclairé* est la dernière nouveauté présente dans le débat russe. Peu de recherches se sont intéressées à ce concept dans le contexte russe et il reste beaucoup à faire pour mieux comprendre l'institutionnalisation du CPLE et son utilisation par les OA nationales. Comment les OA russes perçoivent-elles et interprètent-elles le CPLE ? Quelle est leur expérience du CPLE et de sa mise en œuvre sur le terrain ? Plus important encore, les OA peuvent-elles utiliser le pouvoir régulateur du CPLE pour assurer une plus grande participation et un meilleur contrôle de leurs mandants sur le développement de leurs terres d'origine ?

Cette étude contribue à l'essor de la recherche sur l'expérience liée au CPLE du point de vue des types OA les plus importants de la Russie contemporaine, soit les *obshchiny* (terme souvent traduit littéralement par « communautés claniques nomades »). Elle adopte une perspective de recherche bifocale, à la fois normative et empirique, pour étudier le rôle des *obshchiny* dans la mise en œuvre du droit au CPLE dans le cadre des projets d'extraction des ressources dans le nord de la Russie. La loi fédérale russe n° 104-FZ définit les *obshchiny* comme étant des « organisations des peuples autochtones basées sur la parenté, la famille ou la communauté qui sont formées pour protéger leurs territoires traditionnels ainsi que leurs modes de vie traditionnels, leur culture, leurs droits et leurs intérêts juridiques » (Fédération de Russie, 2000). Outre leur grand nombre (la Russie compte 1 597 *obshchiny* enregistrées), le choix des *obshchiny* est également le fruit d'un autre raisonnement analytique. Étant donné les spécificités de l'approche russe en matière de reconnaissance des droits territoriaux des peuples autochtones, les *obshchiny* sont la seule entité juridique à partir de laquelle l'État reconnaît les droits collectifs des peuples autochtones en matière de territoire et d'utilisation des ressources (Kryazhkov, 2015).

Au cours des dernières décennies, les chercheurs ont développé deux versions différentes pour l'étude des *obshchiny*, bien qu'il existe des liens entre eux. Le premier discours concerne les héritages historiques (impérialistes) et les structures (institutions et pouvoir) de la politique russe en ce qui concerne les peuples autochtones, lesquels limitent les possibilités des *obshchiny* de garantir le respect des droits de leurs mandants à la terre, à l'autonomie et à l'autodétermination. Le second discours porte sur la faible capacité des organisations autochtones à tirer parti des nouvelles opportunités (mondialisation, révolution numérique) en ce qui a trait à leurs aspirations à réaliser des avancées d'ordre économique, culturel et social.

Tout en souscrivant aux deux discours, je soutiens qu'ils n'appartiennent qu'à une seule facette de l'histoire des *Organisations autochtones*, soit celle qui observe les situations depuis le *haut*, selon la perspective de ceux qui ont un statut dominant dans les relations de pouvoir. Pour compléter cette approche traditionnelle, mais à sens unique, je propose de repenser la capacité d'agir des OA sous un nouvel angle, celui qui permet une observation depuis le *bas*. La perspective qui s'appuie sur les acteurs met en évidence les pratiques stratégiques, fondamentales et localisées qui sont utilisées par les OA pour contester les fondements normatifs qui régissent leurs relations avec leurs homologues, dont la puissance et les ressources sont plus considérables. L'intégration des voix de ces organisations dans le débat général, qui s'inscrit dans une approche descendante, permettra de souligner les processus de changement normatif et social initiés par ces organisations et dans lesquels elles s'engagent selon une perspective ascendante. Il nous sera ainsi possible de mieux comprendre la capacité d'agir des OA dans le contexte d'un État russe qui ne respecte pas leurs droits.

La partie empirique de la présente recherche consiste en une étude de cas portant sur la relation entre une *obshchina* familiale du peuple évène et une entreprise d'extraction de l'or dans la République de Sakha (Iacoutie) en 2015-2019. En examinant la pratique de la contestation normative en vertu du CPLE, j'étudie de quelle manière l'*obshchina*, qui conteste la façon dont l'entreprise conçoit le CPLE, a réussi à en obtenir une interprétation qui soit à son avantage. Je m'intéresse également à la façon dont l'*obshchina* est parvenue à profiter au maximum de ses avantages et à faire valoir ses intérêts face aux circonstances défavorables qui prévalaient alors. Le choix de la RS (Ia) pour la réalisation de cette étude s'appuie sur des raisons méthodologiques. Les chercheurs s'accordent en effet à reconnaître que la République de Sakha constitue un cas exceptionnel en raison de sa législation autochtone progressive et de ses mécanismes avancés d'application de la loi pour réglementer les relations entre les Autochtones et les industries. Cette étude apporte sa contribution à la recherche en mettant en lumière les mécanismes institutionnels qui sous-tendent l'approche fondée sur les droits en matière de politique autochtone.

Le présent article comprend six parties. Faisant suite à l'introduction, la deuxième partie présente un cadre théorique esquissant différentes idées en lien avec la capacité d'agir et les fondements normatifs dans le cadre d'une analyse de la contestation des normes. La troisième partie décrit la méthodologie et les méthodes utilisées. Les parties suivantes s'intéressent aux spécificités du CPLE dans le cadre juridique russe et présentent les résultats de l'étude de cas réalisée dans la République de Sakha (Ia). La dernière partie, quant à elle, présente les conclusions de l'étude.

La capacité d'agir et les fondements normatifs dans la pratique de la contestation des normes

Le fondement ontologique du CPLE réside dans le droit des peuples autochtones à l'autodétermination par l'entremise de leurs organisations représentatives. Ainsi, les peuples autochtones ont le droit d'exprimer leur point de vue et de décider de ce qui peut se faire sur leurs terres en régissant et en exerçant un contrôle sur les activités de développement (Heinämäki, 2020, p. 345). Le fondement normatif du processus de CPLE repose sur les idées de citoyenneté participative et de gouvernance démocratique (Hajer et Wagenaar, 2003 ; Kooiman *et al.*, 2005). Mon analyse s'inscrit dans ce courant de recherche qui cherche à comprendre comment les acteurs autochtones remettent en question les normes existantes afin de susciter un changement social et politique dans la gouvernance. En me concentrant sur l'expérience des organisations autochtones en matière de norme du CPLE, j'effectue une *analyse de la contestation des normes* (ACN) (Wiener, 2014 ; Jose, 2018).

L'analyse de la contestation des normes est une pratique issue de la recherche sur les normes en matière de *Relations internationales* (RI), laquelle s'intéresse aux normes et aux comportements liés aux normes au niveau local et mondial (Wiener, 2014). Cette analyse considère le phénomène de la contestation en tant que « pratique sociale qui exprime de manière discursive la désapprobation des normes existantes et entraîne une objection à celles-ci » (Wiener, 2014, p. 30). Elle reconnaît l'existence d'une diversité des normes ainsi que leur rôle crucial dans la régulation du comportement social des différents acteurs (États, organisations, individus). Alors que le courant dominant de la recherche sur les relations internationales se concentre surtout sur l'étude des normes au niveau international, d'autres chercheurs contribuent à ces efforts de recherche en procédant à l'examen du comportement de contestation des normes que l'on retrouve aux échelles microscopiques d'une communauté donnée dans un contexte de société globale (Deitelhoff et Zimmermann, 2018).

Au lieu de considérer les normes comme étant des entités stables, l'approche utilisée dans cette étude met l'accent sur le fait que leur nature (ou qualité) revêt un caractère de dualité, ce qui implique qu'elles sont à la fois structurantes (stables) et construites socialement (flexibles) (Wiener, 2014, p. 19-24). Considérer les normes comme étant des constructions dynamiques possédant une double qualité permet de mieux comprendre la relation qui existe entre les normes et la capacité d'agir. Les normes ne sont jamais valables par elles-mêmes, c'est-à-dire qu'elles ont besoin d'être constamment réaffirmées par les acteurs dans leur pratique. Ainsi, les acteurs ont toujours la possibilité de (re)produire le sens dominant des normes ou de les contester.

La capacité d'agir manifeste le pouvoir des acteurs de générer des normes, un pouvoir qui dérive et s'exerce dans les relations asymétriques des acteurs en tant que détenteurs de pouvoir engagés dans une contestation normative (Wiener, 2014, p. 9). Les contextes culturels et les arènes institutionnelles, qui peuvent varier de manière considérable, jouent un rôle essentiel dans la capacité des acteurs à contester les normes existantes. La *présence de mécanismes institutionnels* qui donnent *accès* et facilitent la participation des acteurs (les parties prenantes) aux processus de contestation détermine en grande partie la capacité des acteurs à exercer leur pouvoir de générer des normes. Les acteurs qui ont un accès limité ou n'ont aucun accès institutionnel aux instruments et mécanismes de contestation des normes ne possèdent qu'un pouvoir négligeable et restreint (Wiener, 2017, p. 12).

Les chercheurs considèrent que l'analyse de la contestation des normes est particulièrement utile pour étudier le comportement des humains lorsqu'ils sont confrontés à des normes qui sont ambiguës, tant au niveau social que juridique, ainsi que pour comprendre les interactions qu'elles provoquent (Jose, 2018, p. 34). Lorsque les normes internationales sont appliquées dans un contexte donné, elles génèrent de multiples interprétations de leur contenu, de leurs prescriptions (ce que la norme permet et interdit) et de leurs paramètres (les situations dans lesquelles la norme s'applique) (Jose, 2018, p. 5). Ainsi, elles encouragent et obligent les acteurs, qui doivent respecter les normes, à rendre opérationnelle la signification de ces normes et à définir un comportement approprié conforme à celles-ci.

Les droits internationaux des Autochtones font partie de cette catégorie de normes dont le caractère ambigu rend leur conceptualisation difficile et, de ce fait, peut remettre en question leur mise en pratique. Ce qui amène à se poser les questions suivantes : qu'est-ce que le CPLE ? Comment doit-il être mis en pratique sur le terrain, par qui et dans quelles conditions ? Le CPLE, en tant que concept normatif, est formulé de manière vague dans les documents internationaux, ce qui en fait un sujet idéal de contestation, autant pour les acteurs autochtones que pour ceux des entreprises extractives. Ces acteurs, qui proviennent d'horizons différents et qui sont motivés par des intérêts qui peuvent diverger, voire s'opposer, ont une interprétation contradictoire du CPLE. Si les études montrent que la pratique actuelle du CPLE est riche d'un grand nombre d'exemples, positifs ou négatifs, les chercheurs soulignent que cette pratique présente un potentiel intéressant pour arriver à négocier des accords qui sont mutuellement bénéfiques pour les parties (Rombouts, 2014, p. 23).

Méthodologie et méthodes de recherche

Cette étude s'appuie sur des données collectées lors du travail de terrain ainsi que sur des recherches documentaires. Elle repose principalement sur l'application de techniques qualitatives, notamment des entretiens semi-structurés, des observations participatives et des analyses de documents. Au total, vingt-deux entretiens ont été menés afin de clarifier les perceptions des informateurs sur le CPLE et les questions connexes (consultation, consentement, partage des bénéfices) dans la République de Sakha. Une grande partie des entretiens a été réalisée lors du travail de terrain dans deux contextes différents, soit à Iakutsk (février-mars 2019) et durant la tenue du camp d'hiver de l'*obshchina* le long de la chaîne de montagnes de Verkhoyansk (mars 2019). Parmi mes informateurs figuraient les membres de l'*obshchina*, des représentants des autorités républicaines, le *Médiateur pour les droits des peuples autochtones* (MDPA) ainsi que des antennes régionales d'organisations publiques autochtones, notamment *l'Association des peuples autochtones du Nord* (APAN), l'*Association mondiale des éleveurs de rennes* (WRH), l'*Union des obshchiny nomades* (UON) et des chercheurs universitaires. Les noms de nombreux informateurs ont été anonymisés afin de protéger leur identité. La plupart des entretiens ont été menés en russe et enregistrés avant d'être retranscrits sous forme de documents texte.

La source secondaire des données qui ont servi à l'analyse est constituée d'un corpus de documents officiels relatifs aux questions autochtones, y compris la législation pertinente du gouvernement fédéral et celle de la RS (Ia), les documents de politique et les rapports du MDPA (2014-2019) (MDPA, 2020). Les données en libre accès sur la politique sociale et autochtone de la société Polymetal proviennent du site Web de l'entreprise (Polymetal International plc, 2020). Ces données ont également été codées, catégorisées et analysées à l'aide d'une combinaison de techniques d'analyse interprétative.

Le défi de la mise en œuvre du CPLE dans le contexte russe

Bien que la Russie n'ait pas adhéré à la *Déclaration des Nations unies sur les droits des peuples autochtones* (DNUDPA), elle a réaffirmé son engagement envers le CPLE sur de nombreuses plateformes internationales (HCDH[1], 2018). Les responsables russes ont toujours insisté sur le fait que le CPLE devait être interprété à travers le prisme normatif de la législation nationale. Le statut et les droits des peuples autochtones sont inscrits dans la Constitution de la Russie (1993) ainsi que dans trois lois fédérales sur les Autochtones, à savoir la « Loi sur les garanties de droits » (1999), la « Loi sur l'organisation des *obshchiny* » (2000) et la « Loi sur les territoires dont les ressources naturelles sont utilisées de façon traditionnelle » (2001) (Fédération de Russie, 1992, 1993, 1999, 2000, 2001). Ce cadre juridique s'inscrit dans l'approche que préconise la Russie en matière de reconnaissance des peuples autochtones et de leurs droits fonciers.

Au cœur de l'approche russe de la reconnaissance de l'indigénéité, on retrouve le concept de *korrennye malochislennye narody Severa, Sibiri i Dalnego Vostoka* (KMNS) qui peut se traduire par « les peuples peu nombreux du Nord, de Sibérie et d'Extrême-Orient ». La loi définit les KMNS comme étant des peuples vivant sur les territoires des établissements traditionnels de leurs ancêtres, préservant le mode de vie et les activités économiques traditionnels, comptant moins de 50 000 personnes et se reconnaissant comme des communautés ethniques indépendantes (Fédération de Russie, 1999).

Quarante groupes ethniques ont le statut de KMNS et ils représentaient 0,2 % de la population du pays lors du dernier recensement (Fédération de Russie, 2010).

L'approche de la Russie en matière de reconnaissance des droits fonciers des KMNS diffère également de celle des autres États arctiques (Fondahl *et al.*, 2020). Ces peuples vivent et maintiennent leur économie dans un espace qui est immense et riche en ressources naturelles. Une grande partie des terres est de propriété publique, car le territoire est vital pour assurer la sécurité nationale russe et l'économie du pays est basée sur l'exploitation des ressources. L'État ne reconnaît pas les droits inhérents aux terres ancestrales des peuples peu nombreux du Nord, de Sibérie et d'Extrême-Orient, mais

[1] Haut-commissariat des Nations unies aux droits de l'homme.

seulement leurs droits d'usufruit sur les terres (le titre de propriété appartenant à l'État).
La Russie ne possède pas de loi particulière concernant le CPLE. Le législateur accorde la portée des droits liés au CPLE aux *obshchiny*, reconnaissant de ce fait celles-ci comme étant les seuls titulaires des droits collectifs des KMNS (Kryazhkov, 2015). L'histoire institutionnelle moderne des *obshchiny* trouve ses origines dans la Russie postsoviétique (Fondahl *et al.*, 2001 ; Gray, 2001 ; Novikova, 2001 ; Stammler, 2005 ; Sirina, 2010). Après l'effondrement de l'économie dirigiste soviétique et du système des fermes d'État (*sovkhozes*), les terres des fermes d'État ont été transférées aux *obshchiny*, mais pas les droits de propriété. Au cours des années 1990, les *obshchiny* ont enregistré leurs entités juridiques en tant qu'organisations agricoles commerciales diverses (Sirina, 2010 ; Stammler, 2005).

L'édit présidentiel de 1992 a émis deux directives à caractère révolutionnaire (Fédération de Russie, 1992). Le décret appelait les gouvernements régionaux à transférer les pâturages de rennes, les terrains de chasse et les zones de pêche utilisés par les KMNS à leurs *obshchiny* pour « la possession à vie et l'utilisation gratuite » de ces espaces (Fédération de Russie, 1992). L'édit appelait également les autorités à définir les TTNU et à déclarer que leur statut était juridiquement inattaquable en ce qui a trait à toute activité extractive. Depuis lors, le lien institutionnel qui existe entre les *obshchiny* et les TTNU a fait de ceux-ci la plaque tournante de la politique russe de reconnaissance des droits fonciers des KMNS (Fondahl *et al.*, 2001, p. 551).

En 2000, soit dix ans après l'organisation locale des premières *obshchiny*, les législateurs fédéraux ont promulgué la « Loi sur les *obshchiny* » (Fédération de Russie, 2000). Cette loi reconnaissait les *obshchiny* comme étant des *Organisations à but non lucratif* (OBNL) et stipulait que leurs activités économiques ne pouvaient avoir que des fins non commerciales. Celles-ci ont été limitées à une liste fermée de treize types d'activités, notamment l'élevage de rennes, la chasse et la pêche (Fédération de Russie, 2000). La nouvelle législation exigeait également que les *obshchiny* créées dans les années 1990 changent leur statut d'organisations agricoles commerciales pour devenir des organisations à but non lucratif. Depuis le milieu des années 2000, le gouvernement a régulièrement supprimé les dispositions relatives aux droits des *obshchiny* (Kryazhkov, 2015). Les plus critiques d'entre elles, soit celles concernant les droits fonciers des *obshchiny*, ont été introduites par le nouveau Code foncier (Fédération de Russie, 2001a). Ce Code juridique a remplacé la norme permettant l'utilisation des terres à titre gratuit par celle d'une utilisation « à bail ». Cette nouvelle réglementation a fini par mettre en péril l'existence même des *obshchiny*. Aucune *obshchina* ne peut se permettre de payer, ne serait-ce qu'un loyer minimal, pour des milliers d'hectares de terres louées à des conditions restrictives ne permettant de les utiliser qu'à des fins non commerciales. En raison des réformes des administrations municipales de 2004-2005, la fonction qui permettait une autogouvernance des *obshchiny* au niveau local est également devenue invalide (Kryazhkov, 2015, p. 56).

La loi fédérale FZ-49 définit les territoires dont les ressources sont utilisées de façon traditionnelle (TTNU) comme « des territoires spécialement protégés, établis sur les terres d'*obshchiny* pour assurer l'utilisation traditionnelle des ressources naturelles et préserver les modes de vie traditionnels » (Fédération de Russie, 2001). Le législateur exclut ces territoires de toute possibilité de transfert de propriété (par achat-vente, location, etc.). Dans le même esprit que le CPLE, le législateur reconnaît le droit des KMNS de refuser des activités industrielles sur ces territoires, mais sans leur accorder un droit de veto formel. Si les activités industrielles dans de telles zones sont inévitables, la loi garantit aux communautés affectées le versement de compensations ou l'attribution de terres à d'autres endroits.

Depuis 1992, dans de nombreuses régions de la Russie, les autorités régionales ont établi des centaines de TTNU sous leur juridiction (Tranin, 2010). Pendant ce temps, le gouvernement fédéral russe n'a pas réussi à créer un seul TTNU au niveau fédéral. Compte tenu de la prépondérance de la loi fédérale russe sur les niveaux législatifs régionaux, l'avenir des TTNU au niveau régional reste précaire. En cas de conflit potentiel entre les compétences nationales et régionales, ces dernières ne parviendraient pas à empêcher le démantèlement des TTNU régionaux (Murashko et Rohr, 2018, p. 40).

En tant que pierre angulaire du CPLE, la participation et la consultation des KMNS affectés par les activités industrielles sont réglementées par la législation fédérale sur les terres, l'environnement et le sous-sol. Le législateur oblige les entreprises à informer, consulter et prendre en compte l'avis de la communauté locale avant de mettre en œuvre un projet, et ce, quelle que soit la composition ethnique de cette communauté. La loi prévoit deux canaux institutionnels de participation au niveau local de la gouvernance des activités extractives pour les populations KMNS et non KMNS, soit un examen environnemental et des audiences publiques.

Le législateur oblige tous les promoteurs à réaliser une *otsenka vozdeystviya na okru-zhaiyschuiy sredu* (OVOS), ce qui peut se comparer à une *Étude d'Impact sur l'Environnement* (EIE) (Fédération de Russie, 1995). Ce processus peut inclure une *etnologicheskaya ekspertiza* (EE) qui s'apparente à une évaluation d'impact social (EIS), mais cela n'est pas obligatoire. Les résultats d'une Étude d'impact sur l'environnement font l'objet de délibérations lors d'une audience publique, une réunion au cours de laquelle la communauté locale rencontre les promoteurs et les autorités pour exprimer ses préoccupations et ses attentes concernant les activités proposées.

L'audience publique se termine par un protocole qui reprend ces questions mais qui n'a aucune valeur juridique obligeant l'entreprise à les mettre en application. Alors qu'une audience publique implique l'idée d'une gouvernance démocratique et inclusive, dans la pratique elle ne donne à la communauté qu'un infime degré d'autonomie en considérant que sa participation revêt surtout un caractère de formalité (Tulaeva *et al.*, 2019).

En résumé, bien que la législation russe inclue officiellement des normes en matière de participation, d'information et de consultation des peuples autochtones, le cadre juridique existant n'aborde pas le CPLE de manière globale ni exhaustive. Le législateur russe a une conception du CPLE qui demeure étroite, ce qui nuit à la possibilité d'accorder à ce principe une importance fondamentale en tant que garant des droits des peuples autochtones dans le cadre juridique international (Kryazhkov et Garipov, 2019). Néanmoins, au sein de l'État fédératif russe contemporain, de nombreuses régions offrent une meilleure protection des droits des KMNS que la loi fédérale correspondante. La République de Sakha (Iakoutie) est l'une des régions d'avant-garde où les législateurs régionaux ont fait des progrès en matière d'intégration du CPLE dans la législation relative aux KMNS et sa mise en œuvre (Sleptsov et Petrova, 2019).

Contestation liée au CPLE dans la RS (Ia) : une étude de cas

Le CPLE dans le cadre juridique de la RS (Ia)

La République de Sakha, qui possède une superficie de 3 084 millions de km^2, est l'une des trois républiques ethniques parmi les neuf sujets fédéraux de la *Zone arctique de la Fédération de Russie* (ZAFR). La république compte une population d'un million d'habitants, dont la moitié environ appartient à l'ethnie sakha (iakoute). La capitale de la république, Iakutsk, est située à 4 900 kilomètres à l'est de Moscou. Pendant des siècles, ces territoires ont été la patrie de cinq ethnies pratiquant un mode de vie semi-nomade étroitement lié à la terre. Selon le dernier recensement (2010), ces groupes ethniques ne représentent que 4,2 % de la population de la région et comprennent les Évènes, les Evenks, les Dolganes, les Chukchis et les Iakaguirs.

La région de Sakha fait partie de l'Empire russe depuis le XVIe siècle et, depuis lors, son histoire économique a été marquée par l'exploitation des ressources naturelles (Tichotsky, 2000, p. 72). Pour les gouverneurs de Sakha, la propriété et le contrôle des terres (y compris le sous-sol) ont toujours revêtu une très grande importance. Dans le cadre du système administratif de gouvernance soviétique, les industries d'extraction de l'or et du diamant de la région ont fourni d'importantes recettes en devises au budget national, ce qui assurait à la république un statut particulier dans les relations qu'elle entretenait avec les autorités centrales de Moscou (Tichotsky, 2000, p. 71). Au début de la Russie postsoviétique, les élites de la région de Sakha ont réussi à présenter les questions foncières, autochtones et ethniques comme étant du domaine des ressources dans le cadre des négociations menées avec le gouvernement central fédéral sur le contrôle des terres, les revenus du sous-sol et le renforcement de la souveraineté de la région de Sakha (Balzer et Vinokurova, 1996, p. 101).

Surnommée « l'entrepôt des réserves de diamants, d'or, d'étain, de pétrole et de gaz du pays », la République de Sakha est également connue pour sa législation et ses politiques protectionnistes à l'égard des KMNS. La république a adopté la plupart de ses lois sur les KMNS avant celles édictées par le législateur fédéral (tableau 5.1). De nos jours, la législation régionale offre une meilleure protection des droits des KMNS que celle de la législation fédérale correspondante (Fondahl *et al.*, 2020). Un mois seulement après le décret présidentiel (1992) qui reconnaissait les droits fonciers des *obshchiny* et légitimait ainsi leur inclusion dans le débat sur la privatisation des terres dans le Nord russe, les politiciens de la République de Sakha ont adopté la Loi sur les *obshchiny* au niveau régional (1992). Au cours des décennies suivantes, la république est devenue le porte-étendard de l'organisation des *obshchiny* et des territoires dont les ressources naturelles sont utilisées de façon traditionnelle (TTNU). Elle compte actuellement 199 *obshchiny* et 62 TTNU, ce qui représente une grande partie de ces institutions dans la zone arctique de la Fédération de Russie (République de Sakha, 2020a).

Au cours des années 2000, la mise en œuvre de nouvelles réformes politiques et administratives a contribué à accroître considérablement le processus de décentralisation dans les relations entre le gouvernement fédéral et les régions. Ces réformes concernaient les questions en rapport avec la redistribution des flux fiscaux et des revenus provenant de l'exploitation des ressources ainsi que l'unification du droit. Dans ce processus, le législateur fédéral n'a toutefois pas fourni les assurances nécessaires ainsi que le soutien juridique approprié aux *obshchiny* et aux TTNU. À l'inverse, le développement de l'économie du pays basée sur l'exploitation des ressources naturelles ainsi que la croissance de la demande énergétique mondiale ont entraîné de nombreux amendements et changements dans la législation fédérale qui ont contribué à affaiblir davantage encore la protection juridique offerte aux KMNS (Murashko et Rohr, 2015, p. 30).

Dans la République de Sakha, ces processus ont conduit à une deuxième vague d'élaboration de lois régionales visant à accroître le contrôle de leur juridiction sur le territoire (y compris le sous-sol) et promouvoir la bonne gouvernance dans les affaires concernant les KMNS. Les efforts des législateurs ont permis la mise en œuvre de deux mécanismes de contrôle, soit *l'Expertise ethnologique* (EE) et le *Médiateur pour les droits des peuples autochtones* (MDPA). Ces deux instruments visent à contraindre les entreprises à respecter les règles internationales et nationales en matière d'information, de consentement et d'indemnisation des KMNS affectés par leurs activités industrielles. Dans la Russie contemporaine, l'EE est une pratique qui demeure exclusive à la République de Sakha, et seules quelques régions offrent la possibilité de recourir aux services d'un MDPA.

Même si la norme obligeant les entreprises extractives à réaliser une EE a été l'objet d'une mention dans la loi fédérale il y a deux décennies, les efforts menés par les législateurs sont demeurés au stade de projet en ce qui a trait à la mise en pratique de cette norme (Novikova et Wilson, 2017). Pour combler cette lacune, les législateurs de la République de Sakha ont promulgué en 2010 une loi sur l'expertise ethnologique. Cette loi définit l'expertise ethnologique comme étant « un service public visant à créer les conditions d'un dialogue et d'un partenariat significatifs entre les entreprises extractives et les KMNS », adoptant ainsi de manière explicite le CPLE comme principe directeur (République de Sakha, 2010).

À l'instar d'une *Étude d'impact social* (EIS), l'expertise ethnologique est une étude scientifique visant à mesurer les impacts cumulatifs des activités industrielles prévues sur les moyens de subsistance, la culture et l'économie des *obshchiny* affectées par ces activités. Cette procédure permet d'aboutir à une décision juridique qui soutient ou rejette le projet industriel tout en précisant le montant de l'indemnité que l'entreprise devra verser aux *obshchiny*. Contrairement au caractère volontaire de l'EIS, l'expertise ethnologique, qui s'apparente à une étude d'impact sur l'environnement (OVOS), est une procédure obligatoire pour toutes les activités industrielles prévues dans les zones abritant une *obshchina* avant la mise en œuvre de tout projet. Les entreprises qui se soustraient à l'obligation de réaliser une EE sont passibles d'une amende. Il est toutefois essentiel de souligner que le caractère contraignant de l'expertise ethnologique est limité aux seuls territoires dont les ressources naturelles sont utilisées de façon traditionnelle (TTNU).

Le Médiateur pour les droits des peuples autochtones (MDPA) est un organisme gouvernemental indépendant qui vise à institutionnaliser le droit qui assure que les peuples autochtones auront un représentant particulier dédié à la défense de leurs intérêts dans les relations avec les autorités, les entreprises et les organisations de la société civile devant un tribunal et d'autres instances.

Le MDPA est nommé par le chef de la République de Sakha sur proposition des organisations des KMNS. Le mandat donné au médiateur lui permet d'enquêter sur les plaintes des KMNS pour les cas de mauvaise administration et de violation de leurs droits. Ce mandat lui permet également d'exercer des pressions qui ne relèvent pas du domaine judiciaire pour la résolution des conflits impliquant les KMNS et de soumettre des recommandations annuelles au Parlement de la République de Sakha ainsi qu'à son chef.

Des enjeux importants à Nezhda

Le gisement de Nezhda (*Nezhdaninskoye*) est le quatrième plus grand gisement d'or de Russie (632 tonnes de réserves de minerai). Il est situé dans les régions reculées de la chaîne de montagnes de Verkhoyansk dans le nord-est de la République de Sakha (Figure 5.1). Ce gisement a été découvert en 1951 mais, par la suite, la tendance mondiale à la baisse des prix de l'or ainsi que la crise économique de 1998 ont entraîné la fermeture de la mine. En 2015, la société Polymetal, l'un des plus grands producteurs d'or au monde, s'est installée dans la République de Sakha par l'intermédiaire de la JSC South-Verkhoyansk Mining Company pour redémarrer l'exploitation du gisement de Nezhda. Les dépenses d'investissement totales pour la réalisation de ces activités sont estimées à 234 millions de dollars américains. La mine devrait être maintenue en exploitation jusqu'en 2045 (Polymetal International plc, 2020).

Polymetal est une société anonyme russe spécialisée dans l'exploitation de métaux précieux. Active à l'échelle internationale, elle est enregistrée à Jersey au Royaume-Uni. La société a démontré son engagement en matière de conduite éthique et de responsabilité des entreprises en adhérant au Pacte mondial des Nations unies, en participant à l'Initiative pour la transparence dans les industries extractives (ITIE) et en respectant les normes de performance de la Société financière internationale (SFI). En vertu des exigences de son principal investisseur, la Banque européenne pour la reconstruction et le développement, la société Polymetal s'est engagée à respecter les droits fonciers des peuples autochtones et à intégrer le CPLE dans le cadre de son fonctionnement.

Au cours de ses dix années d'activité dans la région subarctique russe, la société Polymetal s'est forgé une réputation de société respectueuse des droits des peuples autochtones et des normes environnementales. Plusieurs évaluations nationales et internationales ont salué les efforts de l'entreprise en matière de responsabilité environnementale et ses performances en ce qui a trait à l'implication des communautés autochtones (Overland, 2016 ; Knizhnikov *et al.*, 2018). Une analyse plus détaillée des rapports sociaux de l'entreprise montre que Polymetal ne dispose pas d'une politique autochtone spécifique et qu'elle considère les « questions autochtones » comme faisant partie des nombreux autres engagements, de diverses natures, qu'elle a pris envers les communautés locales. L'entreprise s'implique auprès des communautés locales (autochtones) par l'entremise de dons volontaires et d'actions à caractère philanthropique plutôt que sur la base d'un programme particulier. En outre, précisons que l'entreprise ne dispose pas d'un mécanisme officiel de règlement des griefs permettant aux communautés autochtones concernées d'avoir accès à des recours.

Figure 1. La mine de Nezhda, République de Sakha (Iakutie), Russie © Centre arctique, Université de Laponie

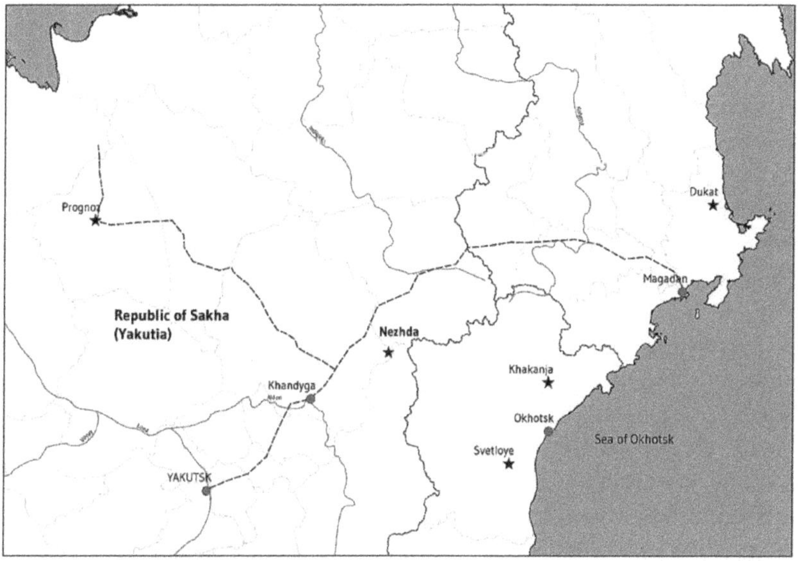

La région qui entoure Nezhda présente des enjeux importants qui ne concernent pas seulement l'entreprise et l'exploitation minière. Après la liquidation de la ferme d'État Tomponskyi, les parcelles qui en faisaient partie ont été transférées aux anciens travailleurs, soit les éleveurs de rennes évènes, qui y ont établi leur *obshchina* familiale. L'*obshchina* a ainsi bénéficié de 396 000 hectares de terre pendant quarante-neuf ans sous forme d'usufruit (régime foncier). Sur le passeport cadastral que l'*obshchina* possède pour ces terres, les parcelles sont enregistrées comme étant des terrains de chasse, légitimant ainsi l'utilisation polyvalente de ces terres pour l'élevage des rennes, la chasse et la pêche. Toutefois, les zones adjacentes à Nezhda ne possèdent pas le statut de territoire dont les ressources naturelles sont utilisées de façon traditionnelle (TTNU). Bien que l'*obshchina* ait demandé que ces parcelles soient reconnues comme telles, les autorités locales ont rejeté ces demandes, faisant valoir que cela pourrait conduire à un « conflit d'intérêts » entre les différents utilisateurs des terres (du sous-sol).

Depuis 2001, l'*obshchina* possède le statut d'entité juridique en tant qu'organisation autochtone à but non lucratif dont l'activité principale est l'élevage de rennes. Elle exploite un cheptel d'un millier de rennes et ses principaux revenus proviennent des subventions accordées par la république pour l'élevage de rennes. Soixante-dix pour cent de ce revenu, modeste mais stable, est consacré à la rémunération des éleveurs, soit la somme de 300 dollars américains par mois. La communauté est un membre actif des sections régionales des associations de peuples autochtones et d'éleveurs de rennes, notamment l'*Association mondiale des éleveurs de rennes* (WRH), l'*Association des peuples autochtones du Nord* (APAN) et *l'Union des obshchiny nomades* (UON).

L'*obshchina* compte officiellement onze membres adultes inscrits en tant qu'employés. Sa structure organisationnelle comprend deux brigades (camps), chacune dirigée par des frères, tandis que leur sœur, une politicienne évène bien connue dans le passé, agit en tant que présidente. Les frères et leurs familles gardent les rennes et surveillent ces territoires éloignés tout au long de l'année. La présidente accomplit, quant à elle, un travail de première importance à Iakutsk auprès des autorités, des sièges des entreprises et des associations autochtones en effectuant les démarches administratives et le réseautage nécessaires. Le fait que la structure organisationnelle de l'*obshchina* comprenne des membres d'origine rurale et urbaine, de même que les liens étroits qu'elle entretient avec les autorités et les associations autochtones assurent à l'*obshchina* l'accès à divers lieux de négociation ainsi qu'à des ressources et des flux matériels et immatériels aux niveaux régional, national et international. Bien que ces caractéristiques concernant la capacité organisationnelle de *l'obshchina* ne soient pas uniques, elles ne sont pas non plus typiques des deux cents autres *obshchiny* que compte la République de Sakha (Iacoutie).

La mise en application du CPLE par l'entremise de la contestation des acteurs : passer de la parole aux actes

L'analyse des données a révélé que l'*obshchina* et la société Polymetal avaient des perceptions assez différentes en ce qui concerne le CPLE. En tant qu'entité commerciale, la société Polymetal préférait s'en tenir à une vision « minimaliste » du CPLE. Ainsi, l'entreprise adoptait une interprétation basée sur la législation nationale en limitant ses responsabilités et ses engagements financiers envers les *obshchiny* affectées aux seules tâches que la loi lui imposait. En revanche, l'*obshchina* avait une perception plus large du CPLE s'appuyant sur les principes de réciprocité, de respect mutuel, de responsabilité partagée et de redevabilité. Les deux parties ont orienté leurs discussions autour de deux thèmes principaux : le « consentement » et le « partage des bénéfices ».

Le premier point de désaccord entre l'*obshchina* et Polymetal concernait la notion de « consentement », notamment la question consistant à déterminer qui accorde le consentement à Nezhda et qui est habilité à donner un consentement considéré comme étant légitime. La société Polymetal est venue s'installer dans la République de Sakha (Iacoutie) en 2015, après avoir signé des accords de coopération avec les autorités municipales de Tomponskyi et celles de la république. L'audience publique sur Nezhda s'est tenue au centre municipal de Khandyga, situé à 250 km de la mine. La plupart des participants étaient des représentants des autorités locales ou de Polymetal, et aucun d'entre eux n'a informé l'*obshchina* de la réouverture de la mine ou de la tenue des audiences. L'étude d'impact sur l'environnement indiquait que le projet n'affecterait ni *obshchina* ni TTNU autochtones et que son impact environnemental serait plutôt modéré. L'audience s'est conclue par l'adoption d'un protocole soutenant la réouverture de la mine de Nezhda que la société Polymetal a interprété comme étant une façon pour la communauté locale de donner son consentement au projet.

La position normative de l'*obshchina* concernant le « C » du CPLE était cependant différente. Peu de temps après le début du projet, l'*obshchina* a perdu des dizaines de rennes dans des accidents de la circulation et des fusillades. Ces incidents ainsi que l'approche « minimaliste » de Polymetal ont amené la présidente de l'*obshchina* à se rendre aux bureaux de l'entreprise à Iakoutsk afin de négocier un compromis. Au cours des négociations, la présidente a contesté la légitimité du consentement qui avait été obtenu, exigeant que l'entreprise reconnaisse l'*obshchina* comme l'une des entités locales habilitée à donner son consentement. La présidente a fait valoir que le consentement local, pour être légitime, doit inclure un accord éclairé de toutes les personnes touchées par les activités de l'industrie minière et, en premier lieu, celui des « communautés autochtones affectées ». En présentant le point de vue « autochtone » sur les interprétations du CPLE, et en insistant sur le caractère large et inclusif de celui-ci, la présidente utilisait des arguments à caractère moral et non pas juridique, en s'appuyant sur le droit coutumier.

La société Polymetal s'est opposée à cette façon de voir en réitérant son interprétation étroite du CPLE et en adoptant le langage normatif de la législation russe. Polymetal a affirmé que les terres entourant la mine de Nezhda étaient de propriété publique et que l'État lui avait accordé un permis d'exploitation minière qui était légal. Même si les parcelles de l'*obshchina* sont adjacentes à la mine de Nezhda, elles ne jouissent d'aucune reconnaissance juridique en tant que TTNU. Par conséquent, les revendications de l'*obshchina* en ce qui concerne le statut de « communauté autochtone affectée » ne présentaient pas une légitimité juridique qui était suffisante. De son côté, l'*obshchina* a insisté sur le fait que même si ses revendications avaient une portée juridique moindre sans le statut officiel de TTNU, ses demandes de respect de ses droits et de compensation des pertes encourues présentaient ultimement une légitimité d'ordre moral. La façon dont Polymetal respectera ces droits aura éventuellement des répercussions directes sur la réputation de l'entreprise aux niveaux régional, national et international.

Le deuxième point de discorde entre l'*obshchina* et l'entreprise au sujet du CPLE concernait la question du partage des bénéfices. De manière générale, le partage des bénéfices implique la distribution des bénéfices financiers et non financiers générés par la mise en œuvre d'un projet de développement et, de plus, ce partage des bénéfices va plus loin que les seules compensations (Pham *et al.*, 2013, p. 3). En Russie, les accords de partage des bénéfices ne sont pas monolithiques ; leur pratique varie selon les régimes juridiques et les contextes institutionnels des régions (Tysiachniouk *et al.*, 2018). Dans la République de Sakha (Iacoutie), l'engagement pris par les peuples autochtones et les entreprises extractives concernant la distribution des bénéfices relève de deux modes, soit la conclusion d'accords bilatéraux quasi formels et la conclusion d'accords formels faisant appel à l'expertise ethnologique (EE).

Comme le montre l'analyse précédente, le cadre juridique limite les choix qui s'offrent aux *obshchiny* si leur territoire ne jouit pas du statut de TTNU. Le législateur exclut ces *obshchiny* de la liste des demandeurs légitimes pouvant bénéficier du partage des bénéfices à la suite de la réalisation d'une EE. À titre de comparaison, la RS (Ia) accueille 418 entreprises extractives qui détiennent 1 467 permis d'extraction de minéraux, alors que seules 21 évaluations ont été réalisées par l'entremise d'une expertise ethnologique entre 2010 et 2020 (République de Sakha, 2020b). Le législateur a laissé une grande partie des *obshchiny* confrontées à un choix qui s'est souvent avéré néfaste pour elles, soit celui de protester ou de négocier avec l'entreprise de manière indépendante.

Dans le cas étudié ici, la société Polymétal a défendu sa position sur le partage des bénéfices qui repose sur un point de vue commercial (minimaliste). L'entreprise a justifié ses actions en s'appuyant sur la législation russe et en invoquant le partage des bénéfices avec la République de Sakha (Ia) et la municipalité locale. Ces bénéfices comprennent notamment des taxes et des recettes pour les budgets locaux et ceux de la république, des investissements dans les infrastructures (construction de routes et de lignes électriques) et la création de nouveaux emplois pour la population locale. Selon Polymetal, parmi les divers paiements effectués entre 2016 et 2018, l'entreprise a versé la somme de 27 millions de roubles uniquement au budget local. La municipalité a utilisé ces fonds pour financer la rénovation d'un centre médical, doter une école d'ordinateurs et célébrer la journée des éleveurs de rennes.

L'*obshchina* s'est opposée à la conception défendue par l'entreprise, contestant la perception selon laquelle ces accords de partage des bénéfices sont légitimes et véritablement équitables. La présidente a reconnu que l'argent de l'entreprise avait amélioré le niveau de vie des habitants du centre de la municipalité. Elle a cependant souligné le fait que les éleveurs de rennes, qui vivent dans leurs camps éloignés, ne recevaient rien de ces « bénéfices » pour compenser d'une quelconque manière le stress, les risques et les dommages qu'ils avaient subis. La Présidente a exhorté l'entreprise pour qu'elle assure une répartition des « bénéfices » qui soit mieux ciblée et justifiée afin de garantir que les éleveurs de rennes affectés aient droit à une indemnisation particulière (et plus substantielle).

Ces interactions entre l'*obshchina*, Polymetal et les autorités, ainsi que leurs désaccords concernant le « consentement local » et le « partage des bénéfices », ne constituent pas une situation qui est propre à la République de Sakha ou même à la Russie. Le « triangle de la gouvernance irrégulière » russe (Petrov et Titkov, 2010) fait référence à un phénomène que l'on observe souvent sur le terrain alors que les autorités dépassent leur simple rôle « d'intermédiaire » et se substituent délibérément aux voix des communautés (autochtones) en s'exprimant en leur nom. Ce mode de fonctionnement encourage les entreprises à traiter avec les représentants de l'État plutôt que de travailler directement avec les *obshchiny* autochtones. Les entreprises perçoivent le « consentement local » comme étant un accord avec les autorités locales en échange de prestations sociales. L'argent des entreprises afflue vers les capitales et les centres municipaux, tandis que les *obshchiny* autochtones, qui sont les plus touchées par les activités extractives, bénéficient rarement de ces avantages. Comme nous l'avons déjà mentionné, les entreprises adoptent une approche minimaliste, limitant leurs responsabilités et leurs engagements financiers à l'égard des *obshchiny* affectées aux seules exigences imposées par la loi. Ces exigences sont peu nombreuses et faciles à contourner en raison du rôle primordial des industries extractives dans l'économie du pays, qui est basée sur l'exploitation des ressources, ainsi que de la faiblesse de l'État de droit.

Au terme de leur première série de négociations, l'*obshchina* et Polymetal sont parvenues à un accord verbal selon lequel l'entreprise paierait des dommages et intérêts pour chaque renne tué. Les deux parties ont également convenu de construire une clôture le long de la route pour éviter les collisions entre les rennes et les véhicules qui y circulent. L'accord n'a cependant pas fait long feu et, voyant que l'entreprise ne tenait pas ses promesses, l'*obshchina* a déposé une plainte auprès du MDPA.

Le MDPA en tant qu'agent d'application des normes

Dans le cadre du processus de CPLE, les peuples autochtones ont le droit de faire appel à des avocats pour négocier avec leurs homologues qui sont plus puissants. Ce droit est reconnu et largement mis en pratique. L'expérience internationale suggère que, dans les contextes où l'État de droit est déficient et où les organisations de la société civile sont dans une situation de faiblesse, les peuples autochtones ont de meilleures chances de pouvoir défendre leurs droits en faisant appel à un médiateur et à l'institution spécialisée qu'il représente (Krizsán, 2014). En Russie, la première institution de MDPA a été créée dans la région de Krasnoyarsk en 2008. Comme d'autres institutions remplissant des fonctions de médiation, le MDPA a une nature que l'on pourrait qualifier de « personnifiée ». Sa légitimité et son efficacité dépendent en grande partie du soutien politique des autorités régionales et des organisations de la société civile (Bindman, 2017).

Dans la République de Sakha, l'institution du MDPA a été créée en 2014. De 2014 à 2019, l'institution a été dirigée par Konstantin Robbek. Celui-ci possédait une vaste expérience des droits des Autochtones dans la république grâce à ses fonctions de militant, d'analyste et de responsable politique. D'origine évène et avocat de formation, il a effectué un stage au sein du programme des Nations unies pour les praticiens autochtones concernant le plaidoyer et la défense des droits des Autochtones. Durant ses années de service en tant que MDPA, le travail de M. Robbek a permis d'accroître la compétence et le mandat de la nouvelle institution, notamment avec le soutien des organisations autochtones locales. De nos jours, dans la RS (Ia), le MDPA jouit d'une grande légitimité et d'une autorité qui est reconnue par les entreprises extractives qui y exercent des activités.

En réponse à la plainte de l'*obshchina* concernant la mauvaise conduite de la société Polymetal, le MDPA a organisé une rencontre entre les parties afin de faciliter le dialogue. Selon le médiateur, la situation conflictuelle entre l'*obshchina* et Polymetal était loin d'être un cas unique. Elle présentait un ensemble habituel de caractéristiques et de causes que l'on observe fréquemment dans de tels cas. Au cœur du conflit, il y avait ce manque de compréhension commune des fondements normatifs vis-à-vis de la conduite, des droits et des obligations mutuelles entre les parties dans le contexte des activités extractives. Comme lors de toutes les interactions entre les peuples autochtones et les entreprises extractives, le conflit s'est développé dans une situation manifeste d'asymétrie de pouvoir, de compétences et de ressources. Les incertitudes, les contradictions et les nombreuses failles de la législation fédérale servent en effet les intérêts des entreprises plutôt qu'elles ne protègent les droits des peuples autochtones.

Dans ce contexte, le MDPA s'est donné pour rôle de chercher à réduire ces asymétries. Pour ce faire, il a exposé les défis auxquels l'*obshchina* est confrontée en termes juridiques en empruntant le langage du droit international avec toute la puissance qu'il confère. Agissant en tant qu'agent normatif local, le MDPA a donné une interprétation plus large des droits des peuples autochtones en s'appuyant sur les normes internationales pertinentes (OIT 169 et DNUDPA) et en se référant à des exemples de relations harmonieuses qui existent entre les Autochtones et l'industrie minière dans d'autres régions et pays.

Le médiateur s'est acquitté d'une autre tâche cruciale dans la médiation du conflit entre l'*obshchina* et la société Polymetal. Il a veillé à contrer les tentatives de Polymetal pour définir et réaliser le CPLE uniquement à partir de sa position en adoptant une vision commerciale « minimaliste ». Pour ce faire, le MDPA s'est appuyé sur son pouvoir d'interpréter le droit ainsi que sur son mandat en tant qu'institution affiliée aux autorités pour convaincre l'entreprise d'accepter des interprétations qui formulent le processus de CPLE de manière plus large et faire en sorte que celles-ci puissent faire autorité.
Même si ce n'est pas toujours le cas dans la pratique, la médiation du MDPA a contribué à porter les relations entre l'*obshchina* et la société Polymetal à un niveau supérieur. L'un des résultats pratiques et directs de l'intervention du MDPA a été d'officialiser certains canaux de communication entre les parties. Ainsi, l'entreprise a nommé deux agents chargés de répondre aux demandes de l'*obshchina*. Depuis lors, la communication s'est améliorée ; elle se déroule à un rythme plus rapide et de manière plus respectueuse tout en s'effectuant désormais par l'usage du téléphone portable. Selon les informateurs autochtones, le manque de respect et les attitudes négatives omniprésentes des représentants de l'entreprise constituaient des obstacles majeurs pour l'établissement de relations de confiance mutuelle. Bien que ces perceptions négatives n'aient pas complètement disparu, l'intervention du MDPA a encouragé le personnel de la société Polymetal à adopter une attitude plus sensible et respectueuse envers les éleveurs de rennes et leurs demandes.

Peu après la réunion avec le médiateur, l'*obshchina* et la société Polymetal ont signé leur premier accord bilatéral. À ce jour, la pratique des accords se fait sur une base annuelle, bilatérale, confidentielle et quasi formelle, offrant un partage des bénéfices sous la forme de services « en nature ». Pour donner un exemple, l'entreprise a subventionné l'installation d'une clôture sur dix kilomètres le long de la route principale. Elle fournit aussi régulièrement de l'aide aux éleveurs pour livrer de la nourriture, du carburant et du matériel à leurs campements isolés. Revenant sur l'histoire de leurs relations avec la société Polymetal, les membres de l'*obshchina* reconnaissent les efforts consentis par l'entreprise pour établir des relations mutuelles qui soient plus positives. En ce moment cependant, la principale préoccupation de l'*obshchina* demeure d'inciter l'entreprise à aller au-delà de sa position minimaliste traditionnelle pour arriver à accepter un partage des bénéfices qui soit plus équitable, ce qui contribuerait à assurer la durabilité économique de l'*obshchina* sur le long terme.

Conclusion

L'étude du cas de l'*obshchina* de la République de Sakha montre que les organisations autochtones russes, comme leurs homologues de l'Arctique, considèrent de plus en plus le CPLE comme un outil pouvant servir à accroître leur autonomie. L'analyse des pratiques de contestation de l'*obshchina* souligne sa capacité d'agir, soit son pouvoir de générer des normes pour contester et s'opposer aux fondements normatifs de ses relations avec la société minière et les autorités, des fondements qu'elle perçoit comme étant injustes, illégitimes, voire immoraux. Comme le démontre la présente étude, la disponibilité et l'accessibilité des mécanismes institutionnels, en tant que ressources permettant d'assurer la participation des *obshchiny* aux forums de délibération, constituent l'une des clés de la réussite pour les peuples autochtones. L'EE et l'institution du MDPA en République de Sakha (Ia), qui se complètent et se renforcent mutuellement, offrent différentes portes institutionnelles aux *obshchiny* pour élargir leur participation à la gouvernance en ce qui concerne l'extraction des ressources naturelles au niveau local. Ces mécanismes servent de lieux de contestation et fournissent aux *obshchiny* une possibilité essentielle de s'impliquer dans l'élaboration et l'application des normes afin de pouvoir préciser les racines normatives de leurs droits. En outre, l'EE et le MDPA agissent en tant qu'exécutants locaux du CPLE, ce qui contribue à renforcer le droit des *obshchiny* au CPLE et au partage des bénéfices. Toutefois, comme le montre la présente étude, le pouvoir d'interprétation de l'EE et du MDPA n'est pas fixe ni concluant, et il possède aussi des limites.

L'étude de cas présentée ici permet de tirer des leçons générales et de mieux comprendre la performance du CPLE sur le terrain sans se limiter au contexte extractif russe. L'importance croissante des entreprises extractives dans la gouvernance mondiale fait en sorte que ce sont les entreprises plutôt que les gouvernements qui sont amenées à jouer un rôle de plus en plus important dans la promotion du CPLE. Lorsque le législateur n'exige pas l'obtention du CPLE et ne contrôle pas sa mise en œuvre, il permet aux entreprises de décider de ce que sera le CPLE de manière indépendante, et où, comment et dans quelle mesure il doit s'appliquer. Comme le montre l'étude de cas, il y a le risque que l'entreprise utilise la signification juridique fondamentale du CPLE à mauvais escient, laquelle, en tant que droit des peuples autochtones, concerne spécifiquement le consentement en matière d'utilisation des *terres avant* toute perturbation du territoire (et non après). Même quand une entreprise déclare son engagement envers le CPLE, elle prive souvent celui-ci de sa valeur normative. Le CPLE vise, en effet, à permettre l'autodétermination des *obshchiny* autochtones affectées en proposant un véritable mécanisme de consultation et un partage équitable des bénéfices afin de contribuer à leur développement durable.

Dans le contexte russe, le CPLE peut devenir un véhicule permettant aux peuples autochtones de faire valoir leur droit à l'autodétermination dans le cadre des activités extractives, bien que cela requière des dispositions particulières. Pour ce faire, il faudra mettre à jour la législation nationale conformément aux droits internationaux des peuples autochtones qui soutiennent le principe du consentement préalable, libre et éclairé, de même que donner des moyens d'action aux *obshchiny* par l'entremise de nouvelles structures de gouvernance renouvelées et plus démocratiques.

Références

Balzer, M. and Vinokurova, U. (1996), « Nationalism, interethnic relations and federalism: the case of the Sakha Republic (Yakutia) », *Europe-Asia Studies*, 48(1), p. 101-120.

Bindman, E. (2017), *Social rights in Russia: from imperfect past to uncertain future*, London, Routledge.

Deitelhoff, N. and Zimmermann, L. (2018), « Things we lost in the fire: how different types of contestation affect the robustness of international norms », *International Studies Review*, 22(1), p. 51-76.

Fédération de Russie (1992), *Édit présidentiel russe du 22 avril n° 397. O neotlozhnykh merakh po zashchite mest prozhivaniya i khozyaystvennoy deyatel'nosti malochislennykh narodov Severa* [Sur les mesures urgentes pour défendre les lieux d'habitation et d'activité économique des peuples du Nord à faible population].

Fédération de Russie (1993), *Konstitutsiya Rossiyskoy Federatsii.* Adopté par référendum national le 12 décembre 1993 [La Constitution de la Fédération de Russie].

Fédération de Russie (1995), *Loi fédérale russe du 23 novembre n° 174-FZ. Ob ekologicheskoy ekspertize* [Loi sur l'expertise écologique].

Fédération de Russie (1999), *Loi fédérale russe du 30 avril n° 82-FZ. O garantijah prav korennyh malochislennyh narodov Rossijskoj Federacii* [Loi sur les garanties des droits des peuples autochtones à faible population de la Fédération de Russie].

Fédération de Russie (2000), *Loi fédérale russe du 20 juillet n° 104-FZ. Ob obschikh printsipakh organizatsii obshchin korrennykh malochislennykh narodov Severa, Sibiri i Dal'nego Vostoka* [Loi sur les principes généraux d'organisation des obshchiny des peuples peu nombreux du Nord, de Sibérie et d'Extrême-Orient de la Fédération de Russie].

Fédération de Russie (2001), *Loi fédérale russe du 7 mai n° 49-FZ. O territoriyakh traditsion-nogo prirodopol'zovaniya korennykh malochislennykh narodov Severa, Sibiri i Dal'nego Vostoka Rossiyskoy Federatsii* [Loi sur les territoires dont les ressources naturelles sont utilisées de façon traditionnelle par les peuples peu nombreux du Nord, de Sibérie et d'Extrême-Orient de la Fédération de Russie].

Fédération de Russie (2001a), *Loi fédérale russe du 25 octobre n° 136-FZ. Zemel'nyy kodeks Rossiyskoy Federatsii* [Code foncier de la Fédération de Russie].

Fédération de Russie (2010), *Recensement panrusse de la population 2010. Service fédéral russe des statistiques d'État*, [en ligne] https ://catalog.ihsn.org/catalog/4215/ related-materials (consulté le 9 septembre 2020).

Fédération de Russie (2020), *Données statistiques sur les organisations non gouvernementales dans la Fédération de Russie*, [en ligne] http://unro.minjust.ru/NKOs.aspx (consulté le 9 septembre 2020).

Fondahl, G., Lazebnik, O., Poelzer, G. and Robbek, V. (2001), « Native 'land claims', the Russian style », T*he Canadian Geographer/Le Géographe canadien*, 45(4), p. 545-561.

Fondahl, G., Filippova, V., Savvinova, A. and Shadrin, V. (2020), « Changing Indigenous territorial rights in the Russian North », *in* T. Koivurova, E.G. Broderstad, D. Cambou, D. Dorough and F. Stammler (eds.), *Routledge handbook on Indigenous peoples in the Arctic*, London, Routledge, p. 127-142.

Gray, P. (2001), *The obshchina in Chukotka: land, property and local autonomy*, Halle, Max Planck Institute for Social Anthropology.

Hajer, M. and Wagenaar, H. (eds.) (2003), *Deliberative policy analysis: understanding governance in the network society*, Cambridge, Cambridge University Press.

Haut-Commissariat aux droits de l'homme, HCDH (2018), *Role of the state and private sector in implementing the principle of free, prior and informed consent*, https://www.ohchr.org/Documents/Issues/IPeoples/EMRIP/FPIC/RussianFederation. pdf (consulté le 21 avril 2020).

Heinämäki, L. (2020), « Legal appraisal of Arctic Indigenous peoples' right to free, prior and informed consent », *in* T. Koivurova, E.G. Broderstad, D. Cambou, D. Dorough and F. Stammler (eds.), *Routledge handbook on Indigenous peoples in the Arctic*, London, Routledge, p. 335-351.

Hoogensen Gjørv, G. and Goloviznina, M. (2012), « Introduction: can we broader our understanding of security in the Arctic? », *in* G. Hoogensen Gjørv, D. Bazery, M. Goloviznina, and A. Tanentzap (eds.), *Environmental and human security in the Arctic*, Abingdon, Oxon, Routledge, p. 1-15.

Jose, B. (2018), *Norm contestation: insights into non-conformity with armed conflict norms*, Cham, Springer International Publishing.

Knizhnikov, A., Ametistova, L., Yudaeva, D., Markin, Y. and Dzhus, A. (2018), *Environmental transparency ration of mining and metals companies operating in Russia*, Moscow, World Wildlife Fund (WWF).

Kooiman, J., Maarten, B., Jentoft, S. and Pullin, R. (eds.) (2005), *Fish for life*. Amsterdam, Amsterdam University Press.

Krizsán, A. (2014), « Ombudsmen and similar institutions for protection against racial and ethnic discrimination », *in* T. Malloy and J. Marko (eds.), *Minority governance in and beyond Europe*, Leiden, Brill B.V. Nijhoff, p. 61-84.

Kryazhkov, V. (2015), « Zakonodatel'stvo ob obshchinakh korennykh malochislennykh narodov Severa kak razvivayushchayasya Sistema » [Législation sur les *obshchiny* du Nord en tant que système en développement], *Gosudatstvo i Pravo*, 1(11), p. 49-59.

Kryazhkov,V. and Garipov, R. (2019), « Konventsiya MOT 169 i rossiyskoye zakonodatel'stvo o korennykh malochislennykh narodakh » [Convention 169 de l'OIT et législation russe sur les minorités autochtones], dans N. Kharitonov and T. Gogoleva (eds.), *Analiz rossiyskoy i zarubezhnoy pravovoy bazy a takzhe pravopriminitel'noy praktiki v oblasti zashchity prav korennykh malochislennykh narodov Severa* [Analyse du cadre juridique russe et international et de sa mise en œuvre dans le domaine de la protection des droits des peuples autochtones du Nord], Moscow, Publication of State Duma, p. 202-217.

Médiateur pour les droits des peuples autochtones dans la République de Sakha (Iacoutie), site officiel du MDPA (2020), [en ligne] https://iu-upkm.sakha.gov.ru (consulté le 15 mai 2020)

Murashko, O. and Rohr, J. (2015), « The Russian Federation », dans C. Mikkelsen and S. Stidsen (eds.), *The Indigenous world 2015*, Copenhagen, International Work Group for Indigenous Affairs (IWGIA), p. 28-39.

Murashko, O. and Rohr, J. (2018), « The Russian Federation », *in* P. Jacquelin-Andersen (ed.), *The Indigenous world 2018*, Copenhagen: International Work Group for Indigenous Affairs (IWGIA), p. 39-49.

Novikova, N. (2001), « The Russian way of self-determination of the Aboriginal peoples of the North: hypotheses for development », *Journal of Legal Pluralism*, 33(46), p. 157-164.

Novikova, N. and Wilson, E. (2017), *Anthropological expert review: socio-cultural impact assessment for the Russian North*, Drag, Arran Lule Sami Centre.

Overland, I. (2016), *Ranking oil, gas and mining companies on Indigenous rights in the Arctic*, Drag, Arran Lule Sami Centre.

Papillon, M., Leclair, J., & Leydet, D. (2020), « Free, Prior and Informed Consent: Between Legal Ambiguity and Political Agency », *International Journal on Minority and Group Rights*, 27(2), p. 223-232.

Peeters Goloviznina, M. (2019), « Indigenous agency and normative change from 'below' in Russia: Izhma-Komi's perspective on governance and recognition », *Arctic Review on Law and Politics*, 10, p. 142-164.

Petrov, N. and Titkov, A. (2010), *Irregular triangle: state-business-society relations*, Moscow, Carnegie Moscow Center.

Pham, T., Brockhaus, M., Wong, G., Le, N., Tjajadi, J., Loft, L., Luttrell, C. and Assembe Mvondo, S. (2013), *Approaches to benefit sharing: a preliminary comparative analysis of 13 REDD+ countries*, Bogor, Center for International Forestry Research (CIFOR).

Polymetal International plc (2020), Site officiel, [en ligne] https://www.polymetalinternational.com/ (consulté le 15 mai 2020).

République de Sakha (2010), *Loi du 4 avril n° 537-IV. Ob etnologicheskoy ekspertize v mestakh traditsionnogo prozhivaniya i traditsionnoy khozyaystvennoy deyatel'nosti korennykh malochislennykh narodov Severa Respubliki Sakha (Yakutiya)* [Loi sur l'expertise ethnologique dans les lieux de résidence traditionnelle et des activités économiques traditionnelles des peuples autochtones du nord de Sakha (Iakoutie)].

République de Sakha (2013), *Loi du 24 juin n° 1327-IV. Ob Upolnomochennom po pravam koren- nykh malochislennykh narodov Severa v Respublike Sakha (Yakutia)* [Loi sur le Médiateur pour les droits des peuples autochtones dans la République de Sakha (Iakoutie)].

République de Sakha (2020a), *Données statistiques sur les obshchiny dans la République de Sakha,* [en ligne] https://arktika.sakha.gov.ru/TTP (consulté le 10 septembre 2020).

République de Sakha (2020 b), *Données statistiques sur l'expertise ethnologique dans la République de Sakha,* [en ligne] https://arktika.sakha.gov.ru/_ etnologicheskaja-ekspertiza_ (consulté le 2 septembre 2020).

Rombouts, S. (2014), *Having a say, Indigenous peoples, international law and free, prior and informed consent*, Oisterwijk, Wolf Legal Publishers (WLP).

Sirina, A. (2010), *Ot sovkhoza k rodovoy obshchine: sotsial'noekonomicheskiye transformatsii u narodov Severa v kontse XX veka* [D'une ferme d'État à une communauté tribale : les transformations socio-économiques des peuples du Nord à la fin du XXe siècle], Moscow, IEN.

Sleptsov, A. and Petrova, A. (2019), « Ethnological expertise inYakutia: the local experience of assessing the impact of industrial activities on the northern Indigenous peoples », *Resources*, 8, p. 123-139.

Stammler, F. (2005), « The *obshchina* movement inYamal: defending territories to build identities? », *in* E. Kasten (ed.) *Rebuilding identities: pathways to reform in post-Soviet Siberia.*, Berlin, Reimer, p. 109-134.

Stammler, F., Nysto, S. and Ivanova, A. (2017), *Taking ethical guidelines into the field for evaluation by Indigenous stakeholders*, Drag, ARRAN Lule Sami Centre.

Stammler, F. and Wilson, E. (2006), « Dialogue for development: an exploration of relations between oil and gas companies, communities and the state », *Sibirica*, 5(2), p. 1-42.

Tichotsky, J. (2000), *Russia's diamond colony: The Republic of Sakha.* Amsterdam, Harwood Academic Publishers.

Tranin, A. (2010), *Territorii traditsionnogo prirodopol'zovaniya korennykh malochislennykh narodov Rossiyskogo Severa* [Territoires dont les ressources naturelles sont utilisées de façon traditionnelle par les peuples peu nombreux du nord de la Russie], Moscow, Institute of Government and Law, Russian Academy of Sciences.

Tulaeva, S., Tysiachniouk, M., Henry, L. and Horowitz, L. (2019), « Globalizing extraction and Indigenous rights in the Russian Arctic: the enduring role of the state in natural resource governance », *Resources*, 8(4), p. 179-199.

Tysiachniouk, M., Henry, L., Lamers, M. and van Tatenhove, J. (2018), « Oil extraction and benefit sharing in an illiberal context: the Nenets and Komi-Izhemtsi Indigenous peoples in the Russian Arctic », *Society and Natural Resources*, 31(5), p. 556-579.

Wiener, A. (2014), *A theory of contestation*, Berlin, Springer.

Wiener, A. (2017), « Agency of the governed in global international relations: access to norm validation », *Third World Thematics: A TWQ Journal*, 7(5), p. 1-17.

La traduction du CPLE dans le contexte des normes transnationales en matière de durabilité : étude comparative des processus d'élaboration des normes du Forest Stewardship Council au Canada, en Russie et en Suède[1]

Sara Teitelbaum
Département de sociologie, Université de Montréal
Maria Tysiachniouk
Centre de recherche sociale indépendante de l'Université de l'Est de la Finlande.
Constance McDermott
Environmental Change Institute, School of Geography and the Environment, University of Oxford
Marine Elbakidze
Faculté des sciences forestières de l'Université suédoise des sciences agricoles

Introduction

Le consentement préalable, libre et éclairé (CPLE) est un principe émergent qui reconnaît le pouvoir décisionnel des Autochtones sur leurs terres ancestrales dans les cas d'exploitation des ressources, notamment la foresterie et l'extraction pétrolière et minière. Des instruments internationaux, tels que la *Déclaration des Nations unies sur les droits des peuples autochtones* (DNUDPA), défendent le droit des peuples autochtones au CPLE en liant celui-ci au principe d'autodétermination. Ces instruments reconnaissent également les droits des peuples autochtones à gérer les affaires qui leur sont propres en utilisant des processus décisionnels collectifs. Le CPLE est ainsi devenu un principe d'affirmation fondamental du mouvement des droits autochtones dans le cadre des relations avec les gouvernements et les industries en ce qui concerne l'exploitation des ressources.

[1] Traduit de l'anglais. Titre original : « Articulating FPIC through Transnational Sustainability Standards: A Comparative Analysis of Forest Stewardship Council's Standard Development Processes in Canada, Russia and Sweden», *Land Use Policy*, 109 (2021), 105631. https://doi.org/10.1016/j.landusepol.2021.105631.

En principe, chaque élément du CPLE possède une signification particulière. Le mot « libre » fait référence à un consentement donné sans coercition, intimidation ou manipulation. Le mot « préalable » signifie que le consentement est demandé bien avant l'approbation du projet. Le mot « éclairé » fait référence à la nécessité de partager des informations pertinentes concernant la portée et les impacts du projet. Enfin, le consentement est conçu comme une décision collective prise par les titulaires de droits dans le cadre d'un processus décisionnel sanctionné par la communauté (Organisation des Nations unies pour l'alimentation et l'agriculture, 2016 ; Johnstone, 2020).

Il est possible d'adopter différentes mesures et de suivre des voies diverses pour mettre en œuvre le CPLE, notamment édicter des lois nationales, encourager les initiatives de responsabilité sociale des entreprises et soutenir les actions menées par les peuples autochtones. Les groupes autochtones revendiquent également leur droit au CPLE par l'entremise de l'adoption de lois, l'établissement de directives et la signature d'accords négociés au niveau national (Doyle, 2015 ; Papillon et Rodon, 2020). La littérature concernant le CPLE décrit néanmoins une sorte de déficit quant à sa mise en œuvre et lie ces lacunes dans l'application du CPLE à différents facteurs (voir Papillon et Rodon en introduction du présent ouvrage). Ceux-ci comprennent des enjeux de nature procédurale (manque de contribution de la communauté, engagement avec des groupes qui ne sont pas représentatifs, coercition) et des conditions structurelles (communautés marginalisées et disposant de peu de ressources, déséquilibres des ressources financières et techniques) (Colchester et Ferrari, 2007 ; Cariño et Colchester, 2010 ; O'Faircheallaigh, 2015). Les chercheurs, les praticiens et les peuples autochtones s'inquiètent en effet de plus en plus du fait que, dans leur application, les principes qui sous-tendent le CPLE sont érodés en raison de la conception et de l'application d'un dispositif institutionnel qui ne reflète pas suffisamment l'esprit et l'intention du CPLE. Les partisans du CPLE doivent également faire face à un discours réactionnaire de la part de certains acteurs corporatifs et gouvernementaux qui associent le CPLE à une sorte de « veto » autochtone unilatéral sur le développement des ressources, et qui craignent que ce veto puisse être utilisé sans discernement par les groupes autochtones pour bloquer ou retarder les projets de développement des ressources (Joffe, 2015 ; Imai, 2016)[1].

La question des différences conceptuelles quant à la signification du CPLE, qui est véhiculée à la fois dans la façon de le concevoir et sa mise en œuvre, constitue le sujet de base de cet article. En effet, certains chercheurs décrivent

[1] Joffe (2015) explique que les opposants au CPLE ont tendance à interpréter la notion de « veto » comme impliquant un « pouvoir complet et arbitraire, sans équilibre des droits ». Le terme « veto » n'est pas utilisé dans les documents comme la *Déclaration des Nations unies sur les droits des peuples autochtones*.

le CPLE comme une norme pouvant être contestée en raison de l'absence d'une définition commune et des paramètres fondamentaux qui régissent sa mise en œuvre (Fontana et Grugel, 2016 ; Papillon et Rodon, 2020). Les fondements du CPLE, qui reposent sur un discours portant sur les droits de la personne (et qui sont présentés dans des documents tels que la DNUDPA), sont suffisamment clairs et largement étayés. Toutefois, dans la sphère d'application, les conceptions et les approches peuvent diverger. La définition de ce qui constitue des formes légitimes de « consentement », et dans quelle mesure cela confère un pouvoir décisionnel substantiel aux peuples autochtones, est une question qui est particulièrement sujette à la controverse. Dans le domaine de la responsabilité sociale des entreprises en matière de processus de CPLE, plusieurs chercheurs notent qu'il existe une tendance à s'appuyer sur des approches bureaucratiques ou procédurales qui minimisent ou voilent l'obligation de demander le consentement par l'entremise d'institutions représentatives et en suivant un processus communautaire significatif (Szablowski, 2010 ; Yaffe, 2018). Cela étant, il est également de plus en plus reconnu que les processus de CPLE s'enracinent et sont profondément influencés par les contextes socioculturels, politiques et environnementaux dans lesquels ils s'inscrivent. Les processus de CPLE s'érigent souvent sur la base d'un dispositif institutionnel qui existe déjà entre les peuples autochtones, les entreprises et l'État et, en tant que tels, ils sont le reflet de l'histoire complexe de ces relations (Fontana et Grugel, 2016).

Dans le présent article, nous désirons ajouter de nouvelles perspectives empiriques à ces débats en nous intéressant aux différentes manières de concevoir le CPLE dans le domaine de l'élaboration des normes en matière de durabilité. Les initiatives déployées dans ce domaine fournissent des incitatifs commerciaux aux industries extractives sur la base de leur adhésion volontaire à un ensemble de normes comportant des dimensions sociales, culturelles, environnementales et/ou économiques (Meadows *et al.*, 2019). Le *Forest Stewardship Council* (FSC)[1], une organisation qui se situe au centre de cette étude, a développé une norme en matière de durabilité en utilisant un processus multipartite. C'est également l'une des premières organisations à intégrer les exigences touchant la notion de consentement dans sa norme internationale. Le FSC constitue une étude de cas particulièrement intéressante en ce qui concerne les différentes manières de concevoir le CPLE, et ce, en raison même de sa structure institutionnelle. En effet, celle-ci se base sur une norme internationale (soit un ensemble générique de principes et de critères) à laquelle se greffent des ensembles spécifiques d'indicateurs élaborés dans le cadre de chaque initiative nationale du FSC par l'entremise d'un processus participatif. Bien que les indicateurs soient conçus pour tenir compte des particularités des différents contextes sociopolitiques et

[1] Ou « Conseil de Soutien de la Forêt ».

environnementaux au niveau national, l'objectif premier du FSC est d'assurer l'uniformité dans l'application de ses normes partout à travers le monde. Le FSC offre donc une occasion intéressante de mieux comprendre le processus par lequel une version unique du CPLE, qui est codifiée au niveau international, est « traduite » dans les procédures d'élaboration des normes nationales, les tensions qui se manifestent autour de leur interprétation et la forme finale dans laquelle s'expriment les différentes façons de concevoir le CPLE. Plus précisément, cet article procède à l'analyse des processus récents d'élaboration des normes dans trois pays, soit le Canada, la Russie et la Suède. Il vise tout d'abord à étudier la dynamique qui existe entre les parties prenantes en matière de CPLE afin de pouvoir identifier les principaux problèmes et comprendre la teneur des débats portant sur son interprétation. Cet article cherche ensuite à lier ces débats aux versions textuelles du CPLE énoncées dans chaque norme nationale, puis à analyser leurs implications en ce qui concerne les approches qui sont privilégiées pour les mettre en œuvre.

Pour commencer, nous définissons un cadre conceptuel qui s'appuie sur la littérature académique afin de présenter une typologie basée sur les différentes façons de concevoir le CPLE. Puis nous présentons une description du FSC et de l'approche qu'il a adoptée en matière de CPLE pour l'élaboration des normes. Vient ensuite la section sur les méthodes qui comprend une courte description des conditions contextuelles pour chaque pays étudié. Cette partie est suivie d'une présentation des résultats de la recherche selon les pays et en fonction du processus suivi (dynamique et principaux défis) ainsi que des résultats qui ont fait l'objet de rapports écrits. En terminant, nous présentons des éléments de réflexion nous permettant d'examiner les implications des différentes manières de concevoir le CPLE et de souligner les facteurs qui aident à mieux comprendre ces différences, celles-ci étant liées à la dynamique du processus ainsi qu'aux contextes socioculturels et politiques.

Le cadre conceptuel : les différentes manières de concevoir le consentement préalable, libre et éclairé

Il y a plusieurs façons de concevoir le CPLE et celles-ci évoluent au fil des expériences qui sont menées et grâce à l'apport d'une réflexion critique. Au cours des dernières décennies, le CPLE a été le sujet d'une abondante littérature académique qui a présenté différentes manières de le comprendre. Ces recherches reflètent ainsi différents points de vue sur les objectifs des processus de CPLE ainsi que sur la portée et la force de l'autorité autochtone dans la prise de décision. Nous avons développé une typologie basée sur trois façons de concevoir le CPLE, soit la conception dite des « droits de la personne », la conception « relationnelle » et la conception « procédurale ». Bien que ces catégories soient de nature plutôt fluide et ne s'excluent pas les unes les autres, les différences que l'on retrouve entre elles peuvent aider à clarifier les divergences d'opinions et les critiques qui ont été formulées concernant l'interprétation et la mise en œuvre du CPLE.

Parmi les différentes façons de concevoir le CPLE, notons tout d'abord celle énoncée dans plusieurs instruments de protection des droits de la personne au niveau international, notamment dans la DNUDPA (voir le tableau 1). Cette conception reposant sur les droits de la personne relie le CPLE à des objectifs plus larges concernant l'autodétermination autochtone tout en reconnaissant que les peuples autochtones ont été affectés négativement par le colonialisme et continuent de l'être, de même que par la volonté de les assimiler et de s'approprier leurs terres et leurs ressources. Le CPLE est ainsi conçu comme un moyen de réparer ces injustices et de veiller à ce que les peuples autochtones puissent avoir droit au chapitre dans les décisions qui ont une incidence sur leurs terres et leurs ressources, et cela, tout en leur assurant la possibilité d'un développement approprié sur le plan culturel (Tomlinson, 2019). Dans une telle perspective, le CPLE est l'expression de la volonté collective de la communauté autochtone de déterminer elle-même ce que sera son développement économique, social et culturel. La légitimité d'un processus de CPLE repose sur l'implication des communautés autochtones habilitées à procéder à des prises de décision par l'entremise de leurs propres institutions représentatives, que ces décisions soient positives ou négatives. Ainsi, selon une conception du CPLE fondée sur les droits de la personne, l'acte de donner ou de refuser le consentement est un principe fondamental et il constitue un aspect du processus qui n'est pas négociable (Colchester et Ferrari, 2007 ; Ward, 2011). Dans cette optique, l'autonomie des nations autochtones à choisir une approche politique qui leur est propre pour parvenir à une décision est également implicite. Selon James Anaya, rapporteur spécial en matière de droits des peuples autochtones, il est plus facile de respecter cette façon de procéder dans un scénario de développement économique alternatif, là où les peuples autochtones sont des partenaires actifs ou des initiateurs de l'extraction des ressources sur leurs territoires en fonction de leurs propres priorités de développement. Dans les scénarios conventionnels, l'industrie et le gouvernement font la promotion de projets d'extraction de ressources dans lesquels les peuples autochtones ne possèdent pas d'intérêts directs. Dans ces situations, l'approche des droits de la personne met surtout l'accent sur la nécessité de suivre un processus structuré qui accorde un pouvoir décisionnel significatif à ces communautés (Anaya, 2019).

Nous identifions également une conception « relationnelle » du CPLE, selon laquelle il constitue l'expression d'une dynamique de collaboration entre les promoteurs de projets et les peuples autochtones. Cette conception se fonde sur une éthique de respect, de confiance et de recherche de résultats acceptables pour toutes les parties impliquées. Ce point de vue, qui a été adopté par certains groupes de la société civile, des organisations autochtones et des universitaires, met en avant le dialogue et le partenariat, mais aussi le respect des visions du monde et des connaissances culturelles autochtones (Mitchell *et al.*, 2019). L'accent est mis sur le développement de processus significatifs adaptés aux besoins et aux intérêts de chaque communauté. La possibilité pour une communauté autochtone de choisir collectivement de rejeter ou d'accepter une proposition d'exploitation des ressources est un point qui reste encore à négocier. Toutefois, cette approche permet de valoriser les compromis réalisés au terme de négociations et privilégie les vertus inhérentes à des processus basés sur la discussion et la médiation en continu (Papillon et Rodon, 2017 ; Tomlinson, 2019). Selon la conception relationnelle, le consentement n'est pas une décision ponctuelle, mais peut être donné sur une base continue, en particulier lorsque les conditions du projet changent ou quand apparaissent de nouvelles informations qui pourraient avoir une incidence sur les droits et les intérêts des Autochtones. Cela peut aussi se révéler vrai pour la conception dite des « droits de la personne ». Leydet (2019) souligne l'importance de s'assurer d'obtenir le consentement explicite des Autochtones à trois étapes différentes lors de la réalisation d'un projet. Soit avant la délivrance d'un permis, d'une licence ou d'un titre ; après la cartographie des ressources et l'évaluation des impacts du projet sur les peuples autochtones ; et après la négociation d'un accord entre les deux parties. Le renforcement des capacités des communautés autochtones peut être mis en avant dans la conception relationnelle du CPLE, ceci afin de réduire les déséquilibres de pouvoir entre les parties grâce à l'accès aux ressources, à l'assistance technique et aux conseils juridiques (Mitchell, 2019).

Enfin, la littérature académique souligne une tendance, que l'on retrouve surtout au sein du secteur des entreprises, à adopter un discours qui redéfinit le CPLE en s'appuyant sur les notions de « participation » ou « d'engagement communautaire » et qui minimise l'obligation d'assurer aux peuples autochtones un rôle important dans la prise de décision. Cette conception a été qualifiée de « procédurale » (Papillon et Rodon, 2020), car elle modifie la finalité sous-jacente du CPLE et vise à assurer un niveau suffisant de contribution et/ou de soutien de la communauté à un projet (soit une acceptabilité sociale), souvent en utilisant des moyens techniques ou administratifs, plutôt que d'assurer une large acceptation communautaire basée sur un processus décisionnel collectif, délibératif et politiquement autonome. Yaffe (2018) soutient que les conceptions « procédurales » du CPLE sont dictées par les intérêts et les considérations des entreprises, comme l'atténuation des risques pour l'entreprise, la gestion des impacts et l'assurance de l'adhésion de la communauté. La littérature en fournit de nombreux exemples. Mitchell *et al.* (2019) soulignent l'utilisation d'une terminologie ambiguë, notamment le recours à des formulations qui remplacent un énoncé clair concernant le consentement par des expressions telles que « démontrer des progrès satisfaisants vers le consentement » ou une obligation de « rechercher plutôt que d'obtenir le consentement ». Szablowski (2010) observe une tendance à confondre les attentes concernant la nécessité d'obtenir le consentement de la communauté avec la nécessité de consulter la communauté. D'autres chercheurs décrivent des projets dans le cadre desquels le libellé du consentement ou le CPLE n'est jamais évoqué, mais plutôt remplacé par des formulations relatives à des « approbations », des « accords » ou la négociation d'ensembles d'avantages, et souvent en vertu de clauses de confidentialité (Mahanty et McDermott, 2013 ; Yaffe, 2018 ; Vickers, 2019). Rodhouse et Vanclay (2016) expriment bien cette réalité : « Le discours des entreprises et des gestionnaires exerçant une plus grande influence sur la construction de la vision du monde des entreprises, la menace provient du fait que le concept de CPLE est redéfini et ses assises fondées sur les droits remplacées par des conceptions commerciales de l'engagement communautaire, ce qui a pour conséquence de marginaliser et affaiblir le CPLE pour ce qui a trait à sa signification et à sa portée » (p. 790, traduit de l'anglais). La recherche portant sur la mise en œuvre d'un consentement libre et éclairé dans le cadre de la certification FSC a fourni des preuves que celle-ci présente des faiblesses en ce qui concerne le niveau de conformité et l'interprétation du pouvoir décisionnel autochtone, bien que des améliorations mesurables par rapport au *statu quo* aient également été documentées (Sandstrom et Widmark, 2007 ; Teitelbaum et Wyatt, 2013 ; Colchester, 2016).

Tableau 1. Les différentes manières de concevoir le CPLE décrites dans la littérature académique

	Organisations pilotes	Finalités sous-jacentes	Manières de concevoir la prise de décision
Conception fondée sur les droits	Organisations internationales, organisations de défense des droits de la personne, organisations autochtones	Reconnaître et protéger les droits fondamentaux et l'autodétermination	Rôle important et récurrent dans la prise de décision. Implication des représentants choisis par les communautés. Respect des systèmes coutumiers.
Conception relationnelle	Organisations de la société civile, organisations autochtones, organisations de défense des droits de la personne, universités	Négocier des ententes mutuellement acceptables, atténuer les répercussions sur les droits des Autochtones, réduire les inégalités	Rôle important et récurrent dans la prise de décision, basée sur la négociation
Conception procédurale	Organismes financiers, secteur des entreprises, gouvernement, organisations de la société civile	Améliorer la participation, renforcer l'acceptabilité sociale, atténuer les risques pour l'entreprise	Rôle limité dans la prise de décision, souvent basée sur la consultation

Le contexte : élaboration des normes du Forest Stewardship Council en lien avec le CPLE

Le Forest Stewardship Council (FSC) est un organisme largement reconnu pour son engagement en ce qui a trait à l'implication des peuples autochtones dans la gouvernance, l'élaboration des politiques et la mise en œuvre des normes (Tikina *et al.*, 2010 ; Mahanty et McDermott, 2013). Le FSC possède une structure unique qui accorde un droit de vote égal aux membres provenant des secteurs social, économique et environnemental, grâce à une approche basée sur l'existence de différentes chambres représentant une diversité de groupes d'intérêts pour un échantillon représentatif de la société. Les peuples autochtones sont inclus dans la Chambre sociale, à l'exception du Canada où l'on a créé une quatrième Chambre autochtone. En 2013, un Comité permanent des peuples autochtones a été formé en tant que comité consultatif auprès du conseil international.

Le système du FSC repose sur les normes d'aménagement forestier qui définissent les exigences auxquelles les activités d'exploitation forestière doivent se conformer avant de recevoir la certification FSC. Au niveau international, ces normes sont basées sur des principes et des critères et, au niveau national, elles sont combinées avec des indicateurs conçus pour tenir compte des caractéristiques écologiques et socio-économiques spécifiques à chaque pays (FSC 2016). La norme internationale du FSC la plus récente a été approuvée en 2012 (FSC 2015a). Depuis lors, les initiatives nationales ont été chargées de réviser les normes nationales dans le cadre des lignes directrices établies par le FSC International, lequel approuve également la norme dans sa version finale. Ce sont des initiatives nationales qui dirigent l'élaboration des normes nationales par l'entremise de la création d'un Groupe d'Élaboration des Normes (GEN) dans lequel les différentes chambres sont représentées de manière équilibrée. Le processus d'élaboration des normes est conçu pour être participatif grâce à des consultations continues, des essais menés sur le terrain et des exercices de révision. Pour le processus de révision des normes le plus récent, le FSC a introduit un nouvel élément, soit les *International Generic Indicators* (IGI)[1], qui constituent un ensemble d'indicateurs de base pour chaque critère (FSC, 2015b). Les IGI ont été conçus pour rationaliser l'élaboration d'indicateurs nationaux et améliorer la cohérence des indicateurs dans tous les pays. Les GEN ont la possibilité d'adopter, adapter ou supprimer n'importe quel indicateur à condition de présenter une justification suffisante. La cohérence au niveau mondial ou « l'équivalence » entre les normes internationales et nationales est fondamentale pour assurer la légitimité du système du FSC, car celle-ci repose sur l'affirmation selon laquelle tous les produits certifiés FSC respectent la même exigence de rigueur, quel que soit

[1] Ou « Indicateurs Génériques Internationaux ».

leur pays d'origine. Il s'agit d'un enjeu considérable compte tenu de la diversité des contextes sociopolitiques et environnementaux dans lesquels se situent les territoires certifiés par le FSC.

Le FSC a été l'un des premiers systèmes de certification à inclure dans ses normes des exigences relatives au consentement. Les exigences utilisant la formulation « consentement libre et éclairé » ont été introduites pour la première fois dans la norme du FSC en 1994 en vertu du Principe 3 – Droits des peuples autochtones. La version la plus récente de la norme internationale du FSC a ajouté le terme « préalable » à cette formulation et adopté une position plus large en ce qui concerne le CPLE en incluant celui-ci dans deux principes et cinq critères (FSC, 2015a). Pour la première fois, les exigences concernant le consentement ont également été incluses dans le Principe 4 – Relations avec les communautés, en mettant l'accent sur les droits des communautés non autochtones. Les IGI relatifs au CPLE énoncent des dispositions spécifiques telles que la nécessité pour les peuples autochtones et les communautés locales d'être suffisamment informés de leurs droits, de la valeur de la ressource, des impacts des activités de gestion et de leur droit de refuser ou de modifier leur consentement. Le tableau 2 fournit deux exemples d'IGI spécifiques au CPLE tirés du Principe 3 qui illustrent le type de formulation utilisée.

Dans cet article, nous examinons et comparons les processus d'élaboration des normes relatives au CPLE dans trois pays, soit le Canada, la Russie et la Suède. Pour le groupe chargé d'élaborer les normes pour chaque pays, il s'agissait de s'appuyer sur les IGI afin de créer un ensemble d'indicateurs relatifs au CPLE qui soit adapté au contexte national, mais aussi suffisamment en accord avec les IGI pour assurer une cohérence au niveau mondial.

Tableau 2 : Exemples *d'Indicateurs génériques internationaux* relatifs au CPLE (FSC, 2015b)

3.2.4 Le consentement libre, informé et préalable est accordé par les peuples autochtones avant le commencement des activités de gestion ayant une incidence sur leurs droits identifiés, par le biais d'un processus composé des éléments suivants : 1) s'assurer que les peuples autochtones connaissent leurs droits et obligations concernant la ressource ; 2) informer les peuples autochtones de la valeur de la ressource, d'un point de vue économique, social et environnemental ; 3) informer les peuples autochtones de leur droit à refuser ou modifier leur consentement à des activités de gestion proposées dans la mesure nécessaire à la protection de leurs droits, ressources, terres et territoires ; et 4) informer les peuples autochtones des activités de gestion forestière actuelles et prévues.
3.3.1 Lorsque le contrôle des activités de gestion a été accordé par le biais d'un Consentement libre, informé et préalable fondé sur une concertation appropriée du point de vue culturel, l'accord contraignant comprend la durée, les stipulations de renégociation, de renouvellement et de fin, les conditions économiques et les autres modalités et conditions.

Méthodes et contexte de l'étude de cas

La recherche s'appuie sur des entrevues semi-structurées ainsi que sur des analyses comparatives des normes FSC. La collecte des données s'est effectuée à deux niveaux. Tout d'abord, la collecte a porté sur la dynamique des processus d'élaboration des normes au Canada, en Russie et en Suède. Au total, 49 entrevues semi-structurées ont été réalisées avec des personnes ayant participé aux processus d'élaboration des normes entre 2018 et 2019 (cf. tableau 3). Parmi les personnes interrogées dans chaque pays, il se trouvait des membres officiels des groupes d'élaboration des normes (GEN), des conseillers agissant auprès des GEN ainsi que des membres du conseil d'administration du FSC ayant pris part à divers processus d'examen public, officiels ou non officiels. Le tableau 3 présente une répartition des participants par chambre. Dans le présent article, lorsqu'il est question de « participants », nous faisons référence non seulement aux membres des GEN, mais aussi aux personnes susmentionnées qui ont pris part aux processus d'élaboration des normes.

Tableau 3. Entrevues avec les membres et les parties prenantes du FSC

	Chambre environne-mentale	Chambre économique	Chambre autochtone	Chambre sociale	Personnel/ conseil d'administration du FSC	Parties prenantes non membres du FSC
Canada	3	2	3	2	3	1
Russie	11	5	S.O.	4	2	1
Suède	3	5	S.O.	1	1	2

Les questions posées lors des entrevues portaient sur les points suivants : l'approche et la dynamique du processus d'élaboration des normes, les questions prioritaires soulevées au sujet du CPLE, les diverses formes d'implication, le niveau de satisfaction à l'égard du processus et les indicateurs finaux. Toutes les entrevues ont été enregistrées, retranscrites et codées. On a eu recours à un processus itératif pour identifier et organiser les données autour de thèmes clés, tels que les définitions et les significations attribuées au CPLE, les perceptions à l'égard du CPLE, la qualité des processus de négociation, les principaux défis inhérents à l'élaboration d'une conception commune du CPLE et la satisfaction vis-à-vis des indicateurs finaux.

Ensuite, nous avons effectué une comparaison textuelle entre les différentes normes nationales en ce qui a trait à la formulation des indicateurs relatifs au CPLE. Plus précisément, nous avons examiné la *Norme canadienne FSC d'aménagement forestier* (2018a), la *Norme nationale d'aménagement forestier du FSC de la Fédération de Russie* (2020a) et la *Norme nationale d'aménagement forestier du FSC de la Suède* (2018b) (dans le présent article, nous utiliserons la formulation abrégée de « normes nationales canadiennes, russes et suédoises »). Pour ce faire, nous avons systématiquement comparé les IGI des Principes 3 et 4, qui font spécifiquement référence au CPLE, avec des indicateurs connexes utilisés dans les normes canadiennes, russes et suédoises[1]. Cette étude comprenait également l'examen de tous les énoncés d'intention, directives et annexes liés à ces indicateurs. Nous avons donc créé un tableau pour chaque pays afin de mettre en évidence toutes les différences textuelles que l'on rencontre dans les formulations des trois normes nationales, à l'exception de celles qui ont vraiment peu d'importance ou sont insignifiantes. Ces différences ont ensuite été comparées aux approches conceptuelles décrites dans le cadre théorique. Cela nous a permis d'étudier certaines caractéristiques spécifiques, comme les objectifs visés, la terminologie utilisée et les différentes façons de concevoir la prise de décision (en se basant sur le tableau 1). Les entrevues qui ont été réalisées ont permis de recueillir des données sur la façon dont le CPLE est perçu et d'évaluer le niveau de satisfaction à l'égard des versions négociées du CPLE énoncées dans les normes. Ces données nous ont donné l'occasion d'approfondir notre compréhension des versions écrites des indicateurs relatifs au CPLE.

Un certain nombre de raisons ont motivé le choix des trois pays sur lesquels a porté cette étude. Tous ces pays possèdent un secteur forestier important et figurent parmi les cinq premiers pays au monde en ce qui concerne la superficie forestière certifiée selon la norme FSC (voir le tableau 4).

Tableau 4 : Caractéristiques des pays

	Régime de propriété forestière	Superficie totale certifiée FSC (ha)[c]	Contribution du secteur forestier au PIB[d]
Canada	93,2 % de propriété publique, 6,8 % de propriété privée [a]	50 569 757	1,2
Russie	100 % de propriété publique [a]	48 641 596	0,8
Suède	7 % de propriété d'État, 13 % d'entreprises d'État, 78 % d'entreprises privées, 2 % d'autres propriétaires publics [b]	11 472 526	2,9

Sources : [a] White and Martin, 2002 ; [b] Skogsstyrelsen, 2015 ; [c] FSC International, 2019 ; [d] FAO, 2014.

[1] Cette comparaison des normes FSC porte uniquement sur les grands propriétaires terriens (Suède) et sur les grandes tenures (Canada, Russie). Cette décision a été prise du fait que les grands propriétaires fonciers/détenteurs de tenure forestière représentent la majorité des territoires certifiés dans ces pays. D'autre part, les forêts de petites dimensions et les forêts d'aménagement de faible intensité sont traitées séparément dans les normes canadiennes et suédoises.

De plus, ils présentent des types de forêts similaires, soit des forêts boréales et décidues/feuillues. Ils comptent tous d'importantes populations autochtones qui vivent dans des régions forestières et dépendent de la forêt pour assurer une partie de leur subsistance, grâce à une combinaison d'activités commerciales et de subsistance.

Au Canada, la grande majorité des forêts sont de propriété publique. L'aménagement forestier relève de la compétence provinciale et s'appuie sur une longue tradition d'attribution des responsabilités de récolte et de gestion du bois à l'industrie forestière en vertu de permis à long terme (Luckert *et al.*, 2011). Le FSC est également bien implanté au Canada, alors que plus de 48 millions d'hectares y sont certifiés (FSC, 2020b). De nombreuses communautés dépendent de la forêt de différentes manières et pour différentes raisons, notamment l'emploi, les loisirs et la récolte de produits forestiers non ligneux. Cela comprend les communautés autochtones dont les territoires traditionnels s'étendent sur de vastes régions du Canada. Les droits des peuples autochtones sont protégés par la *Loi constitutionnelle* (1982). En ce qui concerne l'aménagement des forêts, la Cour suprême du Canada a déterminé que les gouvernements doivent consulter et éventuellement accommoder les communautés autochtones dont les droits pourraient être affectés par l'exploitation forestière. Ainsi, les gouvernements provinciaux ont d'importantes responsabilités, qu'ils partagent avec l'industrie forestière, en matière de consultation des communautés autochtones sur la gestion des forêts (Newman, 2009). Au niveau sociétal, le profil du CPLE se développe rapidement. En 2016, le Canada a publiquement soutenu la DNUDPA. Par la suite, certains gouvernements, dont le gouvernement fédéral et la province de la Colombie-Britannique, ont adopté des lois pour mettre en œuvre la DNUDPA. Toutefois, ces processus n'en sont encore qu'à l'étape préliminaire.

En Russie, toutes les forêts sont de propriété publique. Depuis le début des années 1990, les droits d'exploitation du bois sont octroyés aux entreprises forestières par l'entremise de contrats d'approvisionnement. Toutefois, les principes de gestion durable des forêts, y compris les exigences de participation du public, ont été surtout mis en avant par des acteurs non étatiques, notamment des ONG et des entreprises cherchant à accéder aux marchés internationaux (Tysiachniouk, 2012 ; Dobrynin *et al.*, 2020). Historiquement, l'État n'a assuré que peu de protection aux droits des peuples autochtones, et ce, malgré la présence dans le pays d'un grand nombre de groupes ethniques distincts dont les moyens d'existence demeurent liés aux activités forestières de subsistance (Rohr, 2014). La loi russe reconnaît certains groupes comme étant des groupes autochtones, par exemple les petites populations du nord du pays qui vivent principalement dans les zones arctiques et boisées du nord de la Sibérie et de l'Extrême-Orient. Les gouvernements russes ont refusé de soutenir les instruments internationaux comme la DNUDPA ou la Convention 169 de *l'Organisation internationale du Travail* (ou Convention relative aux peuples indigènes et tribaux, Rohr, 2014). Pour sa part, le FSC a adopté une définition plus large des peuples autochtones en vertu du Principe 3. Celle-ci se fonde sur des critères d'auto-identification ainsi que sur des éléments des modes de vie traditionnels axés sur le rapport au territoire et une certaine organisation sociopolitique au niveau du groupe (Dobrynin *et al.*, 2020). Selon plusieurs études, le FSC a apporté des améliorations relatives à la prise en compte des valeurs sociales dans le cadre de l'aménagement forestier. En Russie, il n'existe toutefois pas de forte tradition d'engagement communautaire dans le secteur forestier (Tysiachniouk et Henry, 2015 ; Dobrynin *et al.*, 2020).

En Suède, la majorité des forêts sont de propriété privée et la plupart d'entre elles appartiennent à une diversité de propriétaires forestiers non industriels (48 %), des entreprises privées (24 %) et une entreprise publique (13 %) (Skogsstyrelsen, 2015). De nombreuses familles détiennent collectivement des exploitations agricoles et des terres forestières et les coopératives forestières jouent un rôle important dans l'offre de services et la commercialisation du bois. En Suède, il y a une population d'environ 20 000 Samis qui vivent pour la plupart dans les régions boréales du nord du pays. Les habitants des villages samis détiennent des droits usufruitiers protégés par la Constitution suédoise en ce qui concerne l'élevage et le pâturage des rennes dans certaines zones géographiques définies. Cependant, les zones spécifiques dans lesquelles les Samis détiennent des droits ont été l'objet de litiges qui ont conduit à plusieurs contestations judiciaires (Sandström et Widmark, 2007). Afin de mieux concilier l'élevage des rennes et l'aménagement forestier, et réduire ainsi les conflits relatifs à l'utilisation des terres, le parlement suédois, à partir de 1979, a utilisé des processus de consultation pour les zones servant de pâturage à l'année. L'introduction du FSC dans les années 1990 a contribué à étendre les processus de consultation aux pâturages d'hiver et permis l'adoption d'un processus de résolution des conflits administré par le FSC. La Suède a voté en faveur de la DNUDPA en 2007, mais sous réserve que le consentement soit considéré comme un droit à la consultation, et non pas comme un droit de veto, et qu'il ne s'applique qu'aux terres officiellement détenues par des peuples autochtones (Doyle, 2015).

Résultats : examen des processus d'élaboration des normes au Canada, en Russie et en Suède

Le Canada

Dynamiques et principaux défis

Dès le départ, le FSC Canada a indiqué que le CPLE constituait un défi important pour l'élaboration de la norme, et ce, en raison de la portée élargie du CPLE et du nombre plus élevé d'indicateurs relatifs au CPLE dans les IGI par rapport à la norme précédente (FSC Canada, 2013). Dans ce contexte, le FSC Canada a adopté une position relativement proactive. Il a créé un groupe d'experts techniques, composé de personnes compétentes en matière de droits autochtones et d'audit, qui a joué un rôle actif dans le développement initial de la norme. Un facilitateur a également été embauché pour fournir une orientation et une expertise au Groupe d'Élaboration des Normes (GEN). Sa contribution s'est avérée essentielle dans l'élaboration d'un document d'orientation propre au Canada et destiné aux titulaires de certificat. Une vaste consultation publique a également été réalisée auprès des parties prenantes et un certain nombre d'essais ont été menés sur le terrain, dans des forêts publiques et privées.

Des membres de la Chambre économique ont néanmoins exprimé certaines préoccupations, notamment à propos de l'incertitude qui entoure l'étendue de l'autorité autochtone et la possibilité que le CPLE soit considéré par les peuples autochtones comme un droit de veto. Certaines personnes craignaient que le CPLE crée des attentes irréalistes au sein des communautés autochtones et rende le climat plus conflictuel lors des négociations entre les titulaires de certificat et les communautés autochtones, par exemple lors de discussions visant à conclure un accord contraignant relatif au CPLE. Des inquiétudes ont également été exprimées quant au fait que les communautés autochtones pourraient profiter du processus de certification pour tenter de réaliser des gains dans d'autres domaines, comme les négociations politiques avec le gouvernement concernant les revendications territoriales non réglées ou le partage des revenus. Selon un répondant, les débats concernant la question du veto revenaient sans cesse, en particulier dans les premières phases des travaux :

> *C'était le mot de quatre lettres auquel nous nous sommes heurtés pendant environ une année complète, lorsque nous avons commencé à travailler sur la révision de la norme. Parce qu'à chaque fois que l'on faisait une présentation relative au CPLE devant les membres, les titulaires de certificats et même au sein du groupe de travail, il se trouvait toujours plusieurs personnes pour demander « Que voulez-vous dire exactement ? – la façon dont vous nous l'avez exprimé me semble correspondre à un veto ». Dans le contexte canadien, le mot « veto » possède un pouvoir considérable, et c'est un mot ancré profondément dans un sentiment de peur, parce que le gouvernement canadien a notamment déjà utilisé le veto comme moyen pour réfuter ou défendre sa position qui consistait à ne pas soutenir la DNUDPA (traduit de l'anglais).*

Un autre ensemble de préoccupations a été exprimé lors de ces discussions. Il concernait les défis logistiques liés à l'obtention du consentement dans un contexte où les entreprises forestières se trouvent souvent impliquées dans des relations avec plusieurs communautés autochtones. Or, ces différentes communautés ont parfois des revendications qui s'avèrent concurrentes sur un même territoire. Elles présentent en outre des niveaux de préparation très divers pour prendre part aux processus de CPLE. C'est un fait bien connu que les communautés autochtones du Canada sont souvent confrontées à des défis en matière de ressources matérielles et humaines, dans un contexte où les demandes de consultation peuvent s'avérer excessives en ce qui concerne le secteur des ressources (Newman, 2009 ; Boyd et Lorefice, 2018). Des questions ont été soulevées concernant les situations où des communautés autochtones sont préoccupées par d'autres procédures en cours, manquent de compétences ou refusent tout simplement de participer parce que des dossiers politiques sont en cours de traitement. Ces questions ont également été soulevées par les membres de la Chambre autochtone. Ceux-ci estimaient qu'il était important que les coûts de mise en œuvre du CPLE ne soient pas transférés aux communautés autochtones. Ils demandaient aussi que le laps de temps accordé pour la mise en œuvre du processus soit suffisamment long pour permettre aux communautés de s'y engager de manière significative sans avoir à subir de pressions indues.

Les membres de toutes les chambres ont aussi vivement réagi à la décision du FSC International d'incorporer le CPLE dans les critères du Principe 4 qui touche les communautés locales possédant des droits légaux ou coutumiers sur la forêt. La Chambre autochtone défendait fermement l'avis que le CPLE ne devrait pas être étendu aux communautés non autochtones au Canada. C'est une position qui était partagée par la Chambre sociale. Bien que les participants aient reconnu qu'une approche inclusive du CPLE pourrait être appropriée pour certains pays, ils ont estimé que, au Canada, le CPLE devait être réservé aux communautés autochtones, qui sont couvertes par la DNUDPA et possèdent des droits distincts, comme le prévoit la Constitution canadienne. Après avoir effectué des recherches approfondies, la Chambre sociale n'a pas trouvé d'exemple documenté de droits coutumiers s'appliquant aux communautés non autochtones au Canada.

Malgré les défis rencontrés, les participants au GEN ont estimé que la dynamique entourant le CPLE s'était avérée constructive. Selon un participant, cela s'explique par le fait que la plupart des membres du GEN possédaient une connaissance préalable des droits des autochtones et/ou avaient travaillé avec les peuples autochtones et développé des relations à long terme avec eux. D'autres participants ont souligné l'implication continue de la Chambre autochtone. Celle-ci a apporté son soutien pour adapter les énoncés des *Indicateurs Génériques Internationaux* (IGI) relatifs au CPLE afin qu'ils s'harmonisent avec la vision canadienne qui est fondée sur le principe de droits. Elle a également contribué à conserver un niveau de rigueur essentiel en ce qui concerne l'interprétation du concept de consentement. À partir des résultats des entrevues, l'on constate que le travail de construction d'une vision relationnelle commune au sujet du CPLE s'est avéré être un outil très efficace pour arriver à établir un consensus entre les participants. En vertu de cette vision commune, le CPLE est considéré comme étant un processus en continu qui devrait se dérouler à un rythme qui soit approprié pour chaque communauté. En outre, le processus de CPLE pourrait soutenir les démarches visant à accroître le potentiel de fonctionnement des communautés pour assurer une participation significative de leur part. Comme l'a bien décrit un membre du personnel :

> *Tant que le processus est basé sur la confiance, sur l'établissement de relations, et qu'il y a un véritable effort pour respecter le processus de CPLE et tout ce qu'il implique, on est sur la bonne voie. Les directives du CPLE essaient donc de réaliser cet objectif. Il s'agit par conséquent de changer d'orientation en matière de relations, de donner aux communautés autochtones locales la capacité de vivre les principes du CPLE tels qu'ils sont décrits dans la DNUDPA, et de s'appuyer sur les succès obtenus en visant l'exhaustivité de l'ensemble du processus de consentement et d'établissement d'accords* (traduit de l'anglais).

Différences entre les IGI et les indicateurs relatifs au CPLE dans la norme canadienne

Dans l'ensemble, les indicateurs relatifs au CPLE utilisés dans la norme canadienne s'apparentent à ceux des IGI et reprennent la terminologie des droits de la personne adoptée par ceux-ci. Toutefois, il existe aussi des différences notables qui reflètent les efforts déployés par le GEN pour intégrer une approche qui se veut relationnelle dans le processus de CPLE (voir le tableau 5).

La norme canadienne utilise des formulations aux accents plus mobilisateurs que celles des IGI lorsqu'elle décrit la relation qui existe entre les entreprises forestières et les peuples autochtones. Par exemple, l'un des principaux indicateurs de la norme canadienne relatifs au CPLE (l'indicateur 3.2.1) reformule l'énoncé de l'IGI correspondant. Alors que ce dernier stipule que « Les peuples autochtones sont informés par le biais d'une concertation appropriée du point de vue culturel quand, où et comment elles peuvent faire des observations et demander la modification des activités de gestion (…) », l'indicateur de la norme canadienne se lit comme suit : « (…) on a déterminé quand, où et comment les *peuples autochtones* pourraient contribuer à la planification de l'aménagement (tant stratégique qu'opérationnel) »[1]. Cet accent mis sur l'influence stratégique est très révélateur, car il reflète un esprit de collaboration mutuelle plutôt qu'un simple partage d'informations. D'autre part, la norme canadienne comprend un nouvel indicateur (3.2.2) obligeant les entreprises forestières à apporter leur soutien aux communautés autochtones afin qu'ils contribuent à la planification forestière. Cette question des ressources a souvent été évoquée par les membres des Chambres autochtone et économique qui la considèrent comme essentielle pour permettre à ces communautés de s'engager de manière significative dans les processus de CPLE.

---

[1] Les extraits mentionnés sont tirés de la *Norme canadienne FSC d'aménagement forestier* (2018).

Un certain nombre de stipulations relatives à l'expression de « meilleurs efforts » constituent une autre modification d'importance apportée à la norme canadienne. En vertu de celles-ci, les demandeurs de certification peuvent bénéficier d'un plus grand laps de temps pour obtenir le CPLE. Cette décision se voulait une réponse aux préoccupations relatives au fait que les communautés autochtones présentent des niveaux de préparation divers pour prendre part à un processus de CPLE. Elle découle également de la prise de conscience que l'établissement de relations puisse être un processus à long terme qui ne respecte pas nécessairement les délais de certification. L'indicateur 3.2.5 inclut un libellé en vertu duquel la conformité à la norme FSC peut être reconnue, même lorsque le CPLE n'a pas été obtenu, dans des circonstances où le processus progresse « de bonne foi ». Une motion visant à ajouter ce libellé aux IGI a été adoptée lors de l'assemblée générale du FSC en 2017. Dans l'énoncé d'intention de ce même indicateur, il est mentionné que les « meilleurs efforts » seront également pris en compte lorsque, « pour des raisons extérieures à la sphère d'influence » du demandeur de certification FSC, il existe une absence de réponse ou de coopération de la part des groupes autochtones. Cette mention reflète probablement les préoccupations exprimées par la Chambre économique selon lesquelles des considérations politiques dépassant la question de la certification forestière, notamment liées aux conflits territoriaux, pourraient faire dérailler ces processus.

Tableau 5 : Résumé de la dynamique d'élaboration de la norme canadienne et des principales différences entre les IGI et les indicateurs canadiens relatifs au CPLE dans la norme nationale et la manière de concevoir le CPLE

Dynamique associée au CPLE dans le processus d'élaboration de la norme	Principales différences entre les IGI et la norme canadienne	Manière de concevoir le CPLE
- Inquiétudes au sujet du droit de veto ; - Appui de la Chambre sociale/autochtone à la conception relationnelle du CPLE.	- Utilisation de formulations aux accents plus mobilisateurs dans la description des relations entre les promoteurs et les peuples autochtones (informer versus faire participer (3.2.1) ; - Obligation de faire participer les peuples autochtones à la planification des activités aux niveaux opérationnel et stratégique (3.2.1) ; - Ajout d'un indicateur relatif au soutien aux communautés autochtones (3.2.2, 3.2.5) ; - Délais flexibles acceptés lorsque le CPLE n'est pas obtenu, mais que le processus progresse de bonne foi (3.2.5) ; - Les « meilleurs efforts » sont acceptés lorsque le CPLE n'est pas obtenu pour des raisons qui sont extérieures à la sphère d'influence du demandeur (ex. : absence de réponse ou de coopération de la part des groupes autochtones) ; - Suppression des indicateurs relatifs au CPLE dans le Principe 4 en faveur d'une terminologie axée sur la participation (4.2.1, 4.2.2, 4.2.3).	Basée sur une conception relationnelle forte, associée à une approche flexible pour sa mise en œuvre.

En dernier lieu, mentionnons un autre changement d'importance apporté à la norme canadienne. Il s'agit de la suppression pure et simple du CPLE dans le Principe 4, au niveau des indicateurs, au profit d'indicateurs utilisant une terminologie axée sur la participation. Cette modification permet d'éliminer la possibilité que des titulaires de droits non autochtones aient accès au CPLE.

La Russie

Dynamique et principaux défis

Pour les membres du GEN, l'introduction du CPLE a été considérée comme une rupture significative par rapport aux approches qui avaient été utilisées jusque-là. L'adhésion aux Principes 3 et 4 reposait principalement sur la désignation des forêts de « haute valeur de conservation » sur le plan social, ainsi que sur des consultations publiques. Bien que ces consultations se soient surtout limitées à des auditions visant à partager des informations, elles ont néanmoins obligé les entreprises à s'engager auprès d'un large éventail de communautés locales et auto-identifiées (Tysiachniouk, 2012). Assurer ce niveau de consultation, même s'il peut paraître relativement limité, a été le fruit d'un travail de longue date de la part de la Chambre sociale du FSC de Russie dans un contexte où les communautés autochtones disposaient de peu de recours juridiques en matière d'aménagement forestier. Ces communautés étaient aussi souvent situées dans des régions géographiquement éloignées et ne possédaient pas d'institutions politiques fortes ou d'organisation sociale au niveau communautaire (Tysiachniouk et McDermott, 2016). La Chambre sociale a accueilli favorablement l'introduction d'exigences plus strictes et normatives en matière de CPLE sous la forme d'IGI. Il s'agissait à ses yeux d'une occasion d'accroître la reconnaissance des peuples autochtones en Russie et de protéger les droits des communautés non autochtones. Le CPLE a été perçu comme une possibilité de remédier aux faiblesses du système et d'exiger une plus grande responsabilisation des entreprises forestières, tout en renforçant potentiellement la position des communautés locales et autochtones dans les négociations avec celles-ci.

Les membres de la Chambre économique ont accueilli les nouvelles exigences de CPLE avec un mélange de scepticisme et de frustration. Certains membres percevaient le CPLE comme un concept étranger, élaboré ailleurs dans le monde et selon une approche descendante qui ne reflétait pas suffisamment les réalités propres à la situation en Russie. D'autres estimaient que le CPLE viendrait perturber ce qui était perçu comme un consensus social prudent, auquel adhéraient les parties prenantes du FSC, sur un ensemble de pratiques sociales jugées acceptables dans les rapports avec les différentes communautés. D'autres encore croyaient que le CPLE ferait peser une charge administrative et financière injuste sur les entreprises. Ainsi, pour les membres de la Chambre économique, la mise en œuvre du processus de CPLE a soulevé beaucoup de nouvelles interrogations et fait l'objet de discussions animées et prolongées entre les membres du GEN :

> *Un autre aspect du CPLE, si l'on peut dire, est que nous savons tous qu'il a été « inventé » au Canada, en fonction de réalités nord-américaines où la population autochtone est davantage institutionnalisée. Là-bas, il est clair que la population autochtone est dirigée par un chef avec lequel il est possible de signer un accord. Alors que lorsque nous discutons avec nos peuples autochtones, avec nos populations locales, il est très difficile de pouvoir dire précisément, et dans tous les cas, qui est le chef ou même le chef informel. C'est que la population autochtone elle-même est très fragmentée* (traduit du russe).

Des inquiétudes ont également été exprimées d'un point de vue pratique. Compte tenu du faible degré d'organisation sociale des communautés autochtones et des niveaux importants de chevauchement des compétences au sein de l'administration publique, certains craignaient en effet qu'il puisse s'avérer difficile d'identifier les organisations représentatives légitimes avec lesquelles on peut s'engager dans les processus de CPLE.

Au centre de ces débats figurait la question de l'identification des droits et des titulaires de droits éligibles à un processus de CPLE en vertu des Principes 3 et 4 du FSC. La définition permettant d'établir qui est Autochtone et qui ne l'est pas est floue et souvent contestée, ce qui rend ces catégories difficilement opérationnelles, et ce d'autant plus que le FSC International ne fournit pas d'orientation claire à ce sujet. Ni la norme internationale FSC, ni les IGI, ni les documents d'appui tels que les directives internationales sur le CPLE ne fournissent de précisions suffisantes, et les échanges entre le GEN, le conseil d'administration russe et le FSC International n'ont pas apporté les réponses nécessaires. Des questions ont également été soulevées en ce qui a trait à la définition des droits coutumiers, à la façon de les identifier et la manière de procéder lorsque les droits identifiés entrent en contradiction avec la loi russe. De plus, comme au Canada, certains membres de la Chambre économique ont présenté des arguments contre le veto, exprimant l'opinion que le CPLE serait utilisé pour entraver ou faire cesser les activités d'aménagement forestier, ce qui pourrait entraîner de nouveaux conflits et désaccords :

> *Il est effrayant* [pour les entreprises] *de penser que la population locale puisse donner ou retirer rapidement son consentement à l'exploitation forestière. Pour une raison quelconque, elles ne croient pas que des accords puissent être conclus à cet égard. C'est effrayant que cela puisse faire l'objet d'un chantage de la part de la population ou permettre certaines extorsions* (traduit du russe).

Les membres du GEN ont été confrontés à ces problèmes tout au long du processus d'élaboration de la norme russe, alors que les tensions et les conflits se sont accrus entre les Chambres sociale et économique. La Chambre environnementale est, quant à elle, restée divisée au sujet du CPLE. Pendant tout le processus, la Chambre sociale a maintenu sa position de soutien à une interprétation forte du CPLE, telle qu'elle est énoncée dans la norme internationale FSC et les IGI. La Chambre économique a également développé et adopté une position commune visant à supprimer le CPLE ou à réduire considérablement sa portée et/ou son applicabilité en Russie. Cette Chambre s'est de plus en plus organisée et a adopté différents argumentaires et stratégies. Dans le cas du Principe 3, la Chambre économique a, entre autres, demandé une révision de la définition utilisée par le FSC pour identifier les peuples autochtones. Cette définition reposait sur une combinaison de facteurs, soit l'auto-identification, une certaine organisation sociale et la dépendance aux ressources naturelles pour assurer la subsistance de la population. La norme actuelle comprend une liste des peuples autochtones et énonce une pratique bien définie pour la mise en œuvre du Principe 3. Cependant, à partir de 2017, la Chambre économique a fait pression pour que soit adoptée une définition plus restrictive, dans le but d'arriver à une concordance plus étroite entre l'approche du FSC et la législation russe.

Compte tenu du fait qu'il était possible que les débats sur le CPLE fassent dérailler le processus d'élaboration de la norme, le GEN a convenu de rédiger une note explicative qui porte le nom d'annexe B4. Cette note a pour objectif de définir la portée et l'applicabilité du CPLE en Russie, et notamment de préciser la question de l'éligibilité au CPLE. Les propositions d'annexe variaient considérablement d'une Chambre à l'autre. Ainsi, la Chambre économique réitérait la nécessité d'exclure le CPLE de la norme générale ou d'en interdire l'accès aux titulaires de droits non autochtones, alors que la Chambre sociale maintenait sa position d'inclusion. Les débats ont permis de trouver un compromis et l'annexe, qui a été approuvée en 2018, impose de fortes restrictions à l'application du CPLE. Cependant, même après cette approbation, la Chambre économique a continué d'exercer des pressions, car elle a eu connaissance du fait que les FSC d'autres pays, tels que le Canada et la Suède, avaient exclu le CPLE du Principe 4. Les membres de cette Chambre ont donc cherché à faire en sorte que le CPLE soit supprimé du Principe 4. Pour ce faire, ils ont mis en avant l'argument selon lequel la plupart des droits coutumiers (accès, cueillette de baies, de plantes médicinales, de champignons) étaient déjà protégés par la loi russe et que ceux qui ne l'étaient pas pouvaient être illégaux, entraînant ainsi une contradiction directe entre les règles du FSC et la loi russe.

Différences entre les IGI et les indicateurs relatifs au CPLE dans la norme russe

La norme finale, approuvée en 2020, comprend les annexes B3 et B4 et conserve des traces de ces débats. Comme le montre le tableau 6, les indicateurs relatifs au CPLE reprennent les formulations générales des IGI. Ils imposent cependant certaines contraintes importantes quant à leur application, ce qui limite considérablement leur portée et leur applicabilité. Par exemple, deux des principaux indicateurs liés au CPLE compris dans les Principes 3 et 4 (soit les indicateurs 3.2.3 et 4.2.3) énoncent les exigences relatives au processus de CPLE. Ils limitent ces exigences aux droits coutumiers acquis « sur une longue période dans une zone spécifique » et qui « ne sont pas régis par la loi tout en n'étant pas en conflit avec elle ». Ces indicateurs excluent ainsi les activités légalement protégées ainsi que les activités « illégales » du CPLE[1]. Ils précisent également que le CPLE est limité à « des activités particulières » plutôt qu'à « toutes les activités de l'organisation ». Les annexes stipulent en outre que le CPLE est un mécanisme auquel on ne devrait avoir recours que lorsque les mécanismes de participation existants n'ont pas apporté les résultats escomptés. Le libellé se lit comme suit : « Le CPLE doit être utilisé dans les cas où d'autres mécanismes, tels que les procédures de règlement des différends ou de réparation des dommages, la cartographie des HVC[2], ne suffisent pas à protéger les droits des peuples autochtones et des communautés locales. Le CPLE ne doit pas être utilisé comme substitut à ces mécanismes. »

La norme russe montre également que des efforts ont été consentis afin de lier le CPLE aux modes de vie traditionnels et aux moyens de subsistance des communautés autochtones et locales. Par exemple, contrairement à la définition des droits coutumiers du FSC International, l'annexe B3 ajoute une clause précisant que les détenteurs de droits coutumiers « conservent un mode de vie qui les rend dépendants (sur les plans économique et culturel) de l'utilisation du site, de la ressource ou de l'objet pour lequel ils revendiquent leurs droits ».

Enfin, l'annexe B4 décrit un certain nombre de circonstances dans lesquelles le CPLE ne devrait pas s'appliquer. Cela comprend les situations où l'obligation d'obtenir le CPLE des communautés autochtones ou locales entre en conflit avec d'autres exigences de la norme et entraîne, par exemple, des suppressions d'emplois importantes ou des responsabilités sociales. Il en est de même lorsque l'obtention du CPLE est susceptible d'entraîner un conflit entre l'entreprise forestière et d'autres titulaires de droits au CPLE, ou encore entre différents groupes de titulaires de droits. En effet, même un conflit entre différents titulaires de droits sur un même territoire peut dispenser une entreprise forestière de respecter les exigences relatives au CPLE. Considérée dans son ensemble, cette liste de mises en garde et d'exceptions soulève de nombreuses questions quant à la mise en œuvre du CPLE en Russie. Ce constat nous amène à décrire l'approche de la Russie comme ayant tendance à être « procédurale » (voir le tableau 6). Cette orientation fait naître des interrogations en ce qui concerne la possibilité qu'elle présente des incohérences avec les approches relatives au CPLE qui sont décrites dans

[1] Tous les extraits mentionnés sont tirés de la Norme nationale d'aménagement forestier FSC de la Fédération de Russie (2020a).
[2] Cartographie des zones à Haute Valeur de Conservation.

d'autres normes, comme celle du Canada, et pour lesquelles ces types d'exceptions n'existent pas.

Tableau 6 : Résumé de la dynamique d'élaboration de la norme russe et des principales différences entre les IGI et les indicateurs russes relatifs au CPLE dans la norme nationale et la manière de concevoir le CPLE

Dynamique associée au CPLE dans le processus d'élaboration de la norme	Principales différences entre les IGI et la norme russe	Manière de concevoir le CPLE
- Vives inquiétudes au sujet du droit de veto ; - Preuve d'une conception procédurale basée sur l'atténuation des risques ; - Soutien de la Chambre sociale à des formulations fortes fondées sur les IGI.	- Le CPLE est limité aux droits coutumiers qui ne sont pas régis par la loi et qui n'entrent pas en conflit avec celle-ci (3.2.3, 4.2.3) ; - Les directives stipulent que l'obtention du CPLE n'est requise que pour des activités particulières réalisées dans des zones soumises à des droits légaux et/ou coutumiers ; - Les directives énumèrent un certain nombre d'exceptions à l'exigence d'obtenir le CPLE : *lorsque le CPLE entre en conflit avec d'autres exigences de la norme (par exemple : il entraîne des suppressions d'emplois importantes ou d'autres conséquences sociales négatives) ; *lorsque l'obtention du CPLE entraîne un conflit entre l'organisation et d'autres titulaires de droits au CPLE, ou entre différents titulaires de droits au CPLE ; *s'il y a plus d'une communauté qui revendique des droits sur le même territoire. - Les directives indiquent que le CPLE n'est normalement pas appliqué sur l'ensemble de la zone qui est gérée et que le zonage est requis ; - Les directives stipulent que, en cas de violation des accords par l'organisation, il est uniquement possible pour la communauté autochtone de suspendre ou de modifier les accords conclus en vertu du CPLE avant l'expiration de celui-ci.	Fondée sur une conception relationnelle (IGI), mais avec une évolution nette vers une conception procédurale. Approche flexible en matière de mise en œuvre.

La Suède

Dynamique et principaux défis

Les entrevues avec les participants ont révélé que la négociation des exigences du CPLE s'était avérée difficile, sans pour autant donner lieu à un conflit ouvert. Un grand groupe de travail a d'abord tenté d'élaborer des indicateurs pour le Principe 3. Comme ces travaux n'ont pas donné les résultats escomptés, un petit groupe de travail, distinct du grand groupe, a été créé. Celui-ci comprenait trois membres de la Chambre économique et trois membres de la Chambre sociale, mais tous n'étaient pas membres du GEN. L'approche retenue par le groupe de travail consistait à s'appuyer sur les IGI, mais aussi à développer des indicateurs qui soient en accord avec le processus de consultation utilisé dans la norme précédente (ainsi que dans le code forestier suédois). Il s'agissait d'une approche relativement normative et standardisée qui s'appliquait à toutes les grandes exploitations forestières. Le nouveau processus, appelé *Processus de planification participative* (PPP), visait à accroître le partage d'informations dans les deux camps et à améliorer les mécanismes de médiation et de règlement des différends. Selon l'avis des personnes interrogées, parvenir à un consensus sur les paramètres d'octroi ou de refus du consentement a constitué le plus grand défi auquel le groupe de travail a été confronté, et ce, en raison des différences d'interprétation entre la Chambre sociale et la Chambre économique.

Les membres autochtones de la Chambre sociale ont fait valoir que les Samis devraient pouvoir jouir d'une plus forte influence dans les décisions prises dans le cadre du processus de CPLE, conformément à la façon de le concevoir énoncée dans les IGI. Pour les Samis, le CPLE était un mécanisme important, car il permettait de corriger le processus de consultation existant qui était perçu comme l'héritage d'une dynamique de pouvoir qui n'était pas équilibrée. Un membre a décrit la position des Samis en ces termes :

> *En Suède, c'est le résultat du processus qui compte le plus. Parce qu'aujourd'hui, une forte proportion de nos membres ne se sentent pas vraiment écoutés et pensent même qu'il n'est pas nécessaire que nous y participions, parce qu'ils ne nous écoutent pas. Et ils vont poursuivre leurs activités d'aménagement forestier, même si nous leur disons « pouvez-vous arrêter, s'il vous plaît ». Alors, ce qui compte pour nous, ce n'est pas le processus, parce que nous avons d'assez bons processus, mais ce qui en résulte. Est-ce que cela va nous apporter davantage que ce que nous avions auparavant ?* (Traduit du suédois)

En effet, l'insatisfaction des Samis à l'égard des processus de consultation a été bien documentée, notamment la perception que leur contribution n'est pas suffisamment prise en compte et que cela entraîne une constante dégradation de l'habitat des rennes (Widmark, 2006 ; Johansson, 2014). Au cours des discussions, les représentants autochtones au sein de la Chambre sociale ont aussi tenté d'obtenir la révision des limites des zones de pâturage des rennes (territoires traditionnels) pour chaque communauté, ceci afin d'élargir potentiellement les territoires couverts par le Processus de planification participative. Auparavant, les limites des zones de pâturage avaient été établies à partir d'une carte gouvernementale datant de 1974. Les Samis ont fait valoir que ces limites n'avaient pas été établies à partir d'un commun accord. Selon eux, elles ne reflètent pas l'utilisation actuelle des terres et ne tiennent pas compte des récentes décisions de justice.

Les membres de la Chambre économique ont décrit le processus préexistant comme étant assez efficace et approprié. Leurs principales préoccupations concernaient donc l'évolution de la dynamique entourant le consentement dans le cadre de la nouvelle norme ainsi que l'impact potentiel de l'élargissement des territoires soumis à la consultation. Ils s'inquiétaient d'un éventuel changement d'équilibre des pouvoirs et de l'instauration d'un droit de veto et s'interrogeaient sur les implications que cela pourrait avoir sur la planification de la gestion et la stabilité des entreprises. Un membre de la Chambre économique a précisé son point de vue en ces termes :

> *Comment pouvons-nous planifier quoi que ce soit, alors que quelqu'un peut arriver et dire que nous ne pouvons pas procéder à notre récolte de bois à cet endroit ? Qu'est-ce que cela va signifier pour nous ? Comment pouvons-nous planifier nos activités ? Et sur quoi pourraient-ils se baser pour abuser de leur prérogative ?* (Traduit du suédois)

Compte tenu de la structure de propriété des forêts en Suède, qui repose principalement sur des terres privées, des questions ont été soulevées quant à la portée des processus de consentement et à leur applicabilité en Suède. Les membres de la Chambre économique ont demandé des éclaircissements sur les paramètres entourant le consentement. Quels droits devraient être couverts par le CPLE et qu'est-ce qui constituerait une violation des droits des Samis ? Où pourrait se situer la limite dans un cas de violation d'un droit légal ou coutumier ? Dans quelles conditions les Samis devraient-ils pouvoir retirer leur consentement aux activités de gestion ? Et pour combien de temps ? Comme au Canada et en Russie, les membres de la Chambre économique se sont dits préoccupés par le fait que le CPLE contribuerait à accroître les attentes parmi les Samis.

Comme au Canada, il existait un consensus clair parmi les membres du GEN voulant que les droits au CPLE ne soient pas étendus aux communautés locales en vertu du Principe 4. Cette prise de position reposait sur un raisonnement semblable à celui mis en avant au Canada, à savoir que les communautés locales en Suède n'ont pas de droits coutumiers, que ce soit sur une base individuelle ou collective, au-delà de l'« *Allemansrät* ». Ce droit, qui est déjà reconnu par la législation suédoise, assure la libre circulation de toutes les personnes sur les terres publiques ou privées en Suède.

Selon les participants, les discussions au sujet du CPLE ont été passablement longues et parfois difficiles. Les membres du groupe de travail et ceux du GEN s'accordaient cependant sur le fait qu'il était nécessaire d'établir un processus clair dans lequel les responsabilités respectives des entreprises et des éleveurs de rennes sont précisées et qui définit les étapes à suivre en cas de désaccord ou lorsque les Samis disent « non » aux activités d'aménagement forestier.

Les différences entre les IGI et les indicateurs relatifs au CPLE dans la norme suédoise

Le Principe 3 et les indicateurs relatifs au CPLE reflètent la teneur des discussions qui ont eu lieu au sein du GEN suédois. Bien que le libellé des indicateurs présente de nombreuses similitudes avec les formulations des IGI, les directives qui les accompagnent et précisent les détails de mise en œuvre du PPP[1] sont beaucoup plus normatives et axées sur les activités d'aménagement forestier qu'en Russie ou au Canada. Par exemple, la directive définit les activités de gestion spécifiques qui sont prises en compte dans le cadre du PPP, comme la coupe de régénération, le maintien d'un couvert forestier permanent, la scarification des sols, la fertilisation ou la construction de routes. Elle oblige également les deux parties à fournir certaines informations, à suivre une séquence d'étapes normalisées et à respecter des délais précis.

L'indicateur 3.2.4 traite de la question spécifique du consentement. Le consentement ou son refus font partie du PPP. Dans un scénario où l'élevage de rennes est menacé d'une manière « qui empêche l'élevage de rennes après avoir suivi le processus de planification participative », trois options sont proposées. La première option consiste à suspendre les activités pendant une période de cinq à sept ans au cours de laquelle des mesures d'atténuation sont mises en œuvre ; la deuxième option permet d'accepter de réviser l'activité de gestion au cours de la période de planification suivante ; et la troisième option propose de recourir à une médiation lorsque l'on n'est pas parvenu à une entente en ce qui concerne l'évaluation de la gravité de l'impact des activités prévues[2]. Si ces démarches n'ont pas permis de trouver une solution, il est possible de demander à un comité de règlement des différends de procéder à un examen du processus qui a été suivi pour s'assurer que toutes les étapes

---

[1] Public Private Partnership ou Partenariat Public Privé.

[2] Tous les extraits mentionnés sont tirés de la *Norme nationale d'aménagement forestier FSC de la Suède* (2020a).

ont été respectées. Une entreprise forestière n'est pas dans l'obligation d'accepter le retrait du consentement des Samis lorsque cela affecte ses activités d'exploitation forestière à long terme. Enfin, la directive décrit des scénarios pour les cas où l'entreprise forestière est toujours décidée à poursuivre la réalisation de ses projets d'exploitation forestière malgré l'absence de consentement de la part des Samis. Il semble que cela puisse se justifier si l'entreprise démontre que l'absence de consentement affectera de manière importante la gestion à long terme de ses activités ou que le consentement est refusé pour un type d'activité en général, sans que les Samis aient suffisamment démontré qu'elle empêche l'élevage de rennes dans la zone. Ainsi, bien que le CPLE soit fondé sur une dynamique relationnelle et la négociation, différents éléments nous indiquent aussi qu'un certain nombre de conditions limitent la portée du pouvoir des Samis à donner ou à refuser leur consentement (voir le tableau 7).

Tableau 7 : Résumé de la dynamique d'élaboration de la norme suédoise et des principales différences entre les IGI et les indicateurs suédois relatifs au CPLE dans la norme nationale et la manière de concevoir le CPLE

Dynamique associée au CPLE dans le processus d'élaboration de la norme	Principales différences entre les IGI et la norme suédoise	Manière de concevoir le CPLE
- Inquiétudes au sujet du droit de veto ; - Harmonisation souhaitée avec le processus de consultation existant ; - Soutien de la Chambre sociale à des formulations fortes basées sur les IGI.	- Obligation de suivre le processus de planification participative détaillé qui décrit les activités prises en compte, les exigences en matière de partage d'informations et les échéanciers à respecter ; - Le consentement n'est autorisé que pour des activités spécifiques et non sur une base territoriale ; - Présentation de scénarios spécifiques, si le consentement est refusé ; ces scénarios comprennent le recours à la médiation et à un comité de règlement des différends ; - Une entreprise n'est pas dans l'obligation d'accepter le retrait du consentement dans le cas où cela affecte les activités d'aménagement forestier à long terme ; - Suppression des indicateurs relatifs au CPLE dans le Principe 4 et remplacement de ceux-ci par une terminologie axée sur l'engagement (4.2.1, 4.2.2, 4.2.3).	Fondée sur une conception relationnelle (IGI) qui évolue toutefois de façon modérée vers une conception procédurale. Approche normative en matière de mise en œuvre.

Éléments de réflexion et conclusions

La présente recherche apporte des preuves empiriques qui viennent compléter le petit nombre d'études qui s'intéressent spécifiquement au FSC et à la mise en œuvre du processus de consentement. Comme mentionné précédemment, le consentement « libre et éclairé » fait partie de la norme FSC depuis sa création en 1994. Les recherches qui ont été menées portent surtout sur le Canada et la Suède. Elles indiquent que, jusqu'à présent, les exigences en matière de consentement ont rarement été interprétées de façon à accorder aux peuples autochtones une forme de prise de décision importante lorsqu'elles sont appliquées sur le terrain. Elles sont plutôt considérées comme des stipulations invitant à réaliser une consultation bilatérale et à conclure des accords, ceux-ci pouvant prendre différentes formes, allant des accords économiques aux protocoles de consultation (Widmark, 2006 ; Sandstrom et Widmark, 2007 ; Teitelbaum et Wyatt, 2013). Il existe également des preuves préliminaires indiquant que les peuples autochtones ne sont pas pleinement satisfaits des résultats de ces stratégies de consultation et qu'ils observent une dégradation continuelle des ressources naturelles et de leurs moyens de subsistance (Sandstrom et Widmark, 2007 ; Johansson, 2014).

Si l'on tient compte de cet héritage, il n'est pas surprenant de constater que l'approche plus large préconisée par le FSC en matière de CPLE ait suscité de vives réactions. Dans la norme internationale révisée du FSC, les exigences relatives au consentement sont conformes au discours des droits de la personne tel qu'il est tenu au niveau international. Ce discours est rapidement devenu la « norme d'or » de la responsabilité sociale des entreprises, mais sa formulation a placé la barre à un très haut niveau. Comme le montre notre recherche, parvenir à un consensus sur une interprétation commune du CPLE au niveau national n'a pas été chose facile. Les débats entourant cette question ont en effet suscité de nombreuses préoccupations concernant la faisabilité, les risques et les coûts de transactions, associés à la réalisation du processus de consentement. Dans les trois pays étudiés, le processus d'élaboration des normes a montré qu'il existe une grande différence de valeur entre la Chambre sociale/autochtone et la Chambre économique en ce qui concerne les attitudes et la façon de concevoir le CPLE. Les membres de la Chambre sociale autochtone étaient pour la plupart d'entre eux favorables à la terminologie adoptée dans la norme internationale du FSC et les IGI. Celle-ci reflète bien le discours sur les droits de la personne, tant par son engagement envers une autorité forte accordée aux institutions autochtones que par une interprétation substantielle en ce qui a trait à la notion de consentement. Plusieurs membres ont exprimé l'espoir que les nouvelles exigences en matière de CPLE puissent contribuer à surmonter les problèmes associés au manque d'efficacité des processus de consultation actuels. Par contre, dans les trois pays, les membres de la Chambre économique ont exprimé des réserves par rapport au CPLE et parfois même manifesté une nette opposition. Certains membres ont réagi devant la difficulté de déchiffrer la terminologie basée sur les droits utilisée dans la norme internationale et les IGI et souligné le défi que représente son application d'un point de vue opérationnel. D'autres membres, surtout préoccupés par la question des risques, s'inquiétaient des implications du transfert du pouvoir décisionnel vers les peuples autochtones. Les inquiétudes qui ont été exprimées de la façon la plus manifeste concernaient le risque associé à un veto autochtone et l'opinion selon laquelle les exigences du CPLE créeraient des « attentes irréalistes ». On s'inquiétait du fait que le consentement pouvait être retiré sans fondement ou de manière injustifiée, ce qui pourrait entraîner des perturbations économiques pour l'industrie forestière.

Alors que, dans les trois pays, les diverses chambres présentaient des positions semblables et faisaient face à des problèmes fondamentaux de même nature, le processus de négociation s'est déroulé de manière différente et a apporté des résultats variables quant à l'approche choisie en matière de CPLE. Il a ainsi été démontré que les IGI ont, en quelque sorte, été « traduits » dans chaque pays pour répondre à la nécessité de trouver un consensus entre des intérêts disparates et le GEN. La littérature existante sur « l'adéquation institutionnelle » soulève la question de la compatibilité des politiques entre les différents paliers de gouvernement et s'intéresse à la réorganisation qui s'effectue en raison de facteurs d'ordre culturel, social et environnemental. En faisant écho à ces recherches, notre étude souligne l'influence de la dynamique des processus et celle du contexte institutionnel élargi en ce qui concerne les droits autochtones (Young *et al.*, 2008 ; Epstein *et al.*, 2015 ; McDermott et Ituarte-Lima, 2016). Au Canada, on a réussi à conserver une dynamique basée sur la conciliation au sein du GEN. En mettant l'accent sur une approche relationnelle du CPLE qui se fonde sur le partage d'informations, l'accroissement du potentiel de fonctionnement des communautés autochtones, la négociation et, au besoin, le règlement des différends, il a été possible de parvenir à un consensus. Le GEN a bénéficié d'un soutien organisationnel, de la présence de membres expérimentés et d'une forte participation de la Chambre autochtone qui, avec la Chambre sociale, bénéficiait d'une grande influence et d'un important droit de vote. D'autres recherches ont reconnu l'impact bénéfique de la Chambre autochtone et de l'implication des organisations autochtones régionales et nationales sur le processus d'élaboration de la norme du FSC (Collier 2002 ; Mahanty et McDermott, 2013 ; Colchester, 2016). Il a également été observé que par rapport aux normes russes et suédoises, la norme canadienne est celle qui adopte l'approche la moins directive en matière de CPLE. Celle-ci laisse en effet une grande latitude aux entreprises forestières et aux peuples autochtones pour définir les accords de CPLE en fonction des conditions et des priorités qui leur sont propres. Bien que cette orientation puisse être liée à l'approche relationnelle adoptée par le GEN, elle peut aussi être révélatrice du contexte socioculturel plus large qui existe au Canada. Celui-ci présente une grande diversité en termes de modèles d'utilisation des terres autochtones, de traditions culturelles et de relations politiques avec le gouvernement, ce qui exclut l'option d'adopter une seule approche. La norme canadienne est également relativement peu contraignante dans la façon dont elle conçoit l'acte de donner ou de refuser son consentement. Elle n'impose aucune restriction temporelle ou spatiale au consentement, comme c'est le cas en Russie et en Suède. La seule exception notable est la stipulation selon laquelle les entreprises forestières ne sont pas tenues responsables des situations où les groupes autochtones refusent de donner leur consentement pour des raisons qui sont « hors de leur sphère d'influence ». Cette prise de position peut être liée à la relation souvent politisée et/ou conflictuelle qui existe entre les peuples autochtones et le gouvernement (impliquant parfois des entreprises forestières) en matière de droits fonciers. Elle peut cependant aussi avoir pour effet de justifier une orientation des processus de CPLE qui s'éloigne des interprétations élargies des droits autochtones pour adopter des perspectives plus étroites et axées sur les aspects opérationnels. Cette orientation peut, à son tour, contribuer à réduire la légitimité du processus au regard de certaines communautés autochtones. Des recherches antérieures menées au Canada ont montré que les groupes autochtones ne considèrent pas forcément la certification comme un processus dissocié de leurs aspirations politiques plus larges (Teitelbaum *et al.*, 2019). Ces recherches ont également révélé que les pratiques antérieures associées à la certification FSC n'ont pas nécessairement répondu aux attentes des communautés autochtones (Kant et Brubacher, 2008 ; Tikina *et al.*, 2010 ; Teitelbaum et Wyatt, 2013).

Le processus d'élaboration des normes en Russie se distingue de celui des autres pays autant par sa dynamique interne que par ses résultats. Dans un climat d'affrontement, les différends les plus importants opposaient la Chambre sociale à la Chambre économique, cette dernière tentant à plusieurs reprises d'écarter ou supprimer le CPLE de la norme russe en vertu des Principes 3 et 4. Les négociations concernant le consentement ont eu des conséquences imprévues. Par exemple, la Chambre économique a déployé de grands efforts pour essayer de limiter l'applicabilité du CPLE en soumettant des propositions visant à réduire les critères utilisés par le FSC de Russie pour définir les peuples autochtones. D'autres études ont observé des tentatives similaires de restreindre l'application du CPLE par l'adoption d'une interprétation étroite des droits des autochtones et/ou la politisation des processus de CPLE en raison de conflits concernant les revendications relatives au statut de peuple autochtone (Mahanty et McDermott, 2013 ; Fontana et Grugel, 2016 ; Tomlinson, 2019 ; Tysiachniouk *et al.*, 2021). Pour ce qui est de la norme russe finale, on constate que les paramètres entourant le CPLE sont plus restrictifs que ceux du Canada ou de la Suède. Dans la norme canadienne, le CPLE est considéré comme un processus d'engagement intégré, alors que dans la norme russe, il est présenté comme un mécanisme à n'utiliser qu'après avoir eu recours aux mécanismes d'engagement existants (forêts à haute valeur de conservation, consultations) et, de plus, uniquement pour les droits coutumiers qui ne sont pas couverts par la loi et n'entrent pas en conflit avec elle. Les annexes décrivent une autre série de cas d'exception, tels que les situations où il existe un conflit entre le processus de CPLE et d'autres exigences, ou lorsque des revendications de droits s'avèrent être concurrentes entre elles. Cette orientation témoigne du fait que la norme russe a intériorisé un certain discours procédural, dans lequel la gestion des coûts et des risques influence la manière de concevoir le CPLE, ce qui entraîne l'adoption d'une approche plus restrictive en ce qui a trait à sa mise en œuvre.

Le processus d'élaboration des normes russe présente un faible niveau de ce que l'on appelle l'« adéquation institutionnelle ». Cela peut s'expliquer en partie par la dynamique des relations entre les différentes chambres ainsi que celles qui prévalent au sein même de celles-ci. La Chambre économique s'est révélée être une structure unifiée, bien organisée et très connectée. Toutefois, des facteurs extérieurs à celle-ci et en lien avec des contextes socioculturels et politiques particuliers faisaient aussi partie de l'équation. Des recherches antérieures ont montré que les pratiques institutionnalisées en matière de consultation communautaire et autochtone sont peu développées en Russie. Cette situation peut notamment s'expliquer par l'immensité du territoire, l'absence d'un réseau de technologies de communication adéquat et un niveau insuffisant de connaissances en matière d'aménagement forestier. Certaines communautés présentent un faible niveau d'organisation politique formelle et possèdent des ressources limitées, ce qui les rend moins aptes à prendre part à ces processus (Wilson, 2016 ; Dobrynin *et al.*, 2020). Bien que le FSC ait contribué à l'amélioration des pratiques en matière de consultation, il semble qu'en Russie il y ait un écart plus considérable entre le CPLE et les pratiques de consultation existantes qu'au Canada ou en Suède. De plus, contrairement au Canada où le CPLE jouit d'une reconnaissance sociétale et juridique qui va en s'accroissant, en Russie, le CPLE est peu connu et mal accepté par le gouvernement qui le rejette au motif qu'il porte atteinte à la souveraineté de l'État sur les terres publiques (Lerner *et al.*, 2017). Ainsi, la Chambre économique a pu tirer profit de cette situation en évoquant un certain nombre d'arguments concernant l'absence de conditions favorables à la mise en œuvre du CPLE et la possibilité qu'il entraîne des coûts de transaction plus élevés.

En Suède, les négociations concernant le consentement se sont déroulées dans un climat de conciliation. Cependant, contrairement aux processus observés au Canada et en Russie, ces négociations se sont surtout concentrées sur le développement d'une approche singulière axée sur les aspects fonctionnels en matière de CPLE. Tout en s'appuyant sur l'expérience du processus de consultation déjà existant, le défi suédois a consisté à trouver une façon d'arriver à s'entendre sur une approche en matière de consentement qui puisse être appliquée de manière uniforme sur tous les territoires de pâturage de rennes des Samis. Le résultat de ces travaux présente un caractère nettement plus normatif que celui des deux autres pays étudiés. En s'appuyant sur des directives, la norme suédoise arrive à présenter une approche qui est plus détaillée et opérationnelle que celles du Canada ou de la Russie. Ainsi, elle cible des détails spécifiques tels que les activités réalisées, les types d'implication, les délais à respecter et le règlement des différends qui se présentent. Ce type d'orientation est potentiellement en lien avec les modes d'usages des terres employés, car ces modèles sont plus uniformisés chez les Samis. Toutefois, il existe aussi une tradition qui consiste à adopter une approche plus normative lors des consultations qui ont lieu entre les entreprises forestières et les Samis dans le cadre de l'application de la norme FSC. En ce qui concerne l'interprétation de la notion de consentement, la norme suédoise adopte une approche de type relationnelle, mais le pouvoir décisionnel qu'elle confère est potentiellement plus restrictif que celui offert par la norme canadienne. Par exemple, la norme suédoise stipule que le CPLE ne peut s'appliquer que dans des situations où les activités d'exploitation forestière « empêchent l'élevage des rennes » et ne concerne que « certaines activités » à moyen terme. Toutefois, cette norme est définitivement moins restrictive que la norme russe. Quels sont les facteurs qui permettent d'expliquer l'influence d'un esprit plus procédural qui se manifeste dans la manière de concevoir le CPLE en Suède ? En ce qui a trait au processus d'élaboration des normes, comme en Russie, on pouvait observer que la Chambre économique présentait un bon niveau d'organisation et, dans ce cas particulier, elle était représentée par un certain nombre d'entreprises forestières influentes. Il n'y avait qu'un seul représentant autochtone au sein du groupe d'élaboration des normes. D'autres facteurs socioculturels et politiques peuvent également avoir joué un rôle. En Suède, les forêts sont de propriété privée pour la plupart d'entre elles, ce qui a pour effet de conférer de puissants droits de propriété aux propriétaires fonciers. Aussi, le gouvernement suédois a été l'objet de critiques pour n'avoir pas suffisamment protégé les droits des Samis en matière de planification de l'aménagement du territoire. Il lui a également été reproché de ne pas avoir élaboré des procédures permettant aux Samis d'exercer une influence significative sur les décisions relatives à l'exploitation des ressources (Kløcker Larsen et Raitio, 2019).

Tous ces travaux n'ont cependant pas permis de répondre aux questions qui surgissent lorsque l'on évalue la situation dans une perspective plus large, à savoir est-ce que les normes nationales révisées du FSC permettront d'arriver à énoncer une définition fondamentale du CPLE, ou est-ce que le CPLE subira l'influence des approches techniques ou symboliques qui sont décrites dans la littérature portant sur le sujet ? Pour répondre à ces questions, il faudra mener des recherches sur le long terme et étudier de manière systématique le travail de mise en œuvre du CPLE sur le terrain. Le processus d'évaluation et les décisions prises par les vérificateurs indépendants constitueront une interface cruciale pour être en mesure de porter un jugement quant à la légitimité des pratiques des entreprises en matière de CPLE. Toutefois, les résultats de nos recherches peuvent déjà fournir un premier aperçu de réponse en rapport à ces questions. Au niveau de la norme internationale du FSC et des IGI, le concept de consentement est interprété de manière fondamentale et il concorde avec la façon dont la DNUDPA le conçoit. Ce concept de consentement est mis en application par l'entremise de processus ayant adopté une terminologie qui est explicite en ce qui concerne le droit de refuser ou modifier le consentement. La norme internationale adopte également une approche inclusive par son soutien à l'extension du CPLE aux communautés locales ayant des droits légaux ou coutumiers. Cependant, comme le montre la présente étude, cette façon de concevoir la notion de consentement n'est pas toujours facile à concilier avec les intérêts nationaux et locaux. Dans les trois pays, l'on constate que le processus de négociation entre les chambres a donné lieu à des compromis et des réinterprétations. Ces débats ont parfois conduit à l'élaboration d'énoncés au caractère plus affirmé concernant le CPLE, mais, dans la plupart des cas, ils ont contribué à l'adoption de formulations plus restrictives. Ce processus était particulièrement évident dans le cas de la Russie et, dans une moindre mesure, pour la Suède et le Canada. Toutefois, dans les trois pays, l'on pouvait observer une tendance à orienter les approches en matière de CPLE en fonction de préoccupations opérationnelles basées sur la gestion forestière. Par exemple, on cherchait à limiter les possibilités d'application du CPLE en vertu de critères spatiaux ou temporels, ou encore en excluant les scénarios d'ordre politique. Cette orientation n'est pas surprenante en soi si l'on tient compte de l'approche réglementaire basée sur le marché qui a été adoptée par le FSC, ainsi que de la forte présence d'acteurs ayant des intérêts commerciaux dans le processus d'élaboration des normes. Ces formulations axées sur l'aspect opérationnel représentent néanmoins un changement par rapport à la terminologie utilisée dans les IGI. Il sera donc nécessaire de mener des recherches supplémentaires pour bien comprendre les implications inhérentes à cette tendance opérationnelle qui semble ouvrir la porte à des approches plus techniques en matière de CPLE. Ces approches vont à l'encontre des conceptions élaborées par certains peuples autochtones et qui s'appuient sur une vision holistique des terres et des ressources, ainsi que sur l'affirmation d'un important pouvoir décisionnel.

Références

Anaya, J. (2013), *Report of the Special Rapporteur on the Rights of Indigenous Peoples: Extractive Industries and Indigenous Peoples, A/HRC/24/41.*UNCHROR, 24th session.

Ansari, S., Fiss, P.C., Zajac, E. (2010), « Made to fit: How practices vary as they diffuse », *Academy of Management Review*, 35(1), p. 67-92.

Assemblée générale des Nations unies (2007), Déclaration des Nations unies sur les droits des peuples autochtones, A/RES/61/295 (adoptée le 13 septembre 2007).

Barelli, M. (2012), « Free, prior and informed consent in the aftermath of the UN Declaration on the Rights of Indigenous Peoples: Developments and challenges ahead », *The International Journal of Human Rights*, 16(1), p. 1-24.

Boyd, B. and Lorefice, S. (2018), « Understanding consultation and engagement of Indigenous Peoples in resource development: A policy framing approach », *Canadian Public Administration*, 61(4), p. 52-595.

Cariño, J. and Colchester, M. (2010), « From dams to development justice: Progress with "free, prior and informed consent" since the World Commission on dams », *Water Alternatives*, 3(2), p. 423-537.

Colchester, M. and Ferrari, M. F. (2007), *Making FPIC - free, prior and informed consent – work: Challenges and prospects for Indigenous peoples*. FPIC Working Papers, Moreton-in-Marsh, Forest Peoples Programme.

Colchester, M. (2016), *Do commodity certification systems uphold indigenous peoples' rights? Lessons from the Roundtable on Sustainable palm oil and Forest Stewardship Council*, Gland, International Union for Conservation of Nature (IUCN).

Dobrynin, D., Smirennikova, E., Mustalahti, I. (2020), « Non-state forest governance and 'responsibilization': The prospects for FPIC under FSC certification in Northwest Russia », Forest *Policy and Economics,* 115, p. 1-10.

Doyle, C.M, (2015) *Indigenous Peoples, title to territory, rights and resources. The transformative role of free, prior and informed consent*, London, Routledge.

Epstein, G., Pittman, J., Alexander, S.M., Berdej, S., Dyck, T., Kreitmair, U., Rathwell, K.J., Villamayor-Tomas, S., Vogt, J., Armitage, D. (2015), « Institutional fit and the sustainability of social-ecological systems », *Current Opinion in Environmental Sustainability*, 14, p. 34-40.

Fontana, L. B. and Grugel, J. (2016), « The politics of Indigenous participation through "free prior informed consent" »: Reflections from the Bolivian case', *World Development*, 77, p. 249-261.

Food and Agriculture Organization, (2014), « Contribution of the forest sector to national economies, 1990-2011 », *Forest Finance Working Paper*, FSFM/ACC/09.

Food and Agriculture Organization (2016), *Free, prior and informed consent: An Indigenous peoples' right and a good practice for local communities - Manual for project practitioners*, [en ligne] http://www.fao.org/3/a-i6190e.pdf (consulté le 14 juin 2023).

FSC (Forest Stewardship Council Canada) (2013), *FSC Canada Thematic Review of the Draft FSC International Generic Indicators (IGI)*, Toronto, Forest Stewardship Council Canada, [en ligne] https://ca.fsc.org/ca-en/newsfeed/fsc-canada-thematic-paper-on-draft-international-generic-indicators (consulté le 14 juin 2023).

FSC (Forest Stewardship Council International) (2015a), *FSC Principles and Criteria for Forest Stewardship, FSC-STD-01-001 V5-2*. Bonn, Forest Stewardship

Council International, [en ligne] https://fsc.org/en/forest-management-certification#principles%2C-criteria-and-indicators (consulté le 14 juin 2023).

FSC (Forest Stewardship Council International) (2015b), *International Generic Indicators, FSC-STD-60-004 V1-0 EN*, Bonn, Forest Stewardship Council International.

FSC (Forest Stewardship Council International) (2016), *Standard Setting in FSC, FSC-RP-Standard Setting V1-1*, Bonn, Forest Stewardship Council International.

FSC (Forest Stewardship Council Canada) (2018a), *Norme canadienne FSC d'aménagement forestier, FSC-STD-CAN-01-2018 V 1-0 FR*, Toronto, Forest Stewardship Council Canada.

FSC (Forest Stewardship Council Sweden), (2018b) *The FSC National Forest Stewardship Standard of Sweden, FSC-STD-003-05-2019 V-1*, Uppsala, Forest Stewardship Council Sweden.

FSC (Forest Stewardship Council International) (2019), *FSC facts and figures*, [en ligne] Facts_and_Figures_2019-12-04.pdf (fsc.org) (consulté le 14 juin 2023).

FSC (Forest Stewardship Council International) (2020a), *The FSC National Forest Stewardship Standard of Russian Federation, FSC-STD-RUS-02-2020 EN*, Bonn, Forest Stewardship Council International.

FSC (Forest Stewardship Council Canada) (2020b), *2020 Annual Report. Forest Stewardship Council Canada*, Toronto, Forest Stewardship Council Canada.

Imai, S. (2016), « Consult, consent and veto: International norms and Canadian treaties », *Osgoode Legal Studies Research Paper,* 12(23), p. 1-52, [en ligne] https://papers.ssrn.com/sol3/papers.cfm?abstract_id=2726091 (consulté le 14 juin 2023).

Joffe, P. (2015), « *"Veto" and "consent" – Significant differences* », [en ligne] https://quakerservice.ca/wp-content/uploads/2018/10/Veto-and-Consent-Significant-differences-Joffe.pdf (consulté le 14 juin 2023).

Johansson, J. (2014), « Towards democratic and effective forest governance? The discursive legitimation of forest certification in northern Sweden », *Local Environment*, 19, p. 7803-7819.

Johnstone, R. L. (2020), « What is required for free, prior and informed consent and where does it apply? » *in* Johnstone, R.L., *Regulation of Extractive Industries: Community Engagement in the Arctic*, London, Routledge.

Kant, S., Brubacher, D. (2008), « Aboriginal expectations and perceived effectiveness of forest management practices and forest certification in Ontario », *The Forestry Chronicle*, 84, p. 378-391.

Keskitalo, E., Sandstrom, C., Tysiachniouk, M., Johansson, J. (2009), « Local consequences of applying international norms: Differences in the application of forest certification in Northern Sweden, Northern Finland, and Northwest Russia », *Ecology and Society*, 14(2), p. 1-14.

Larsen, M.K., Raitio, K. (2019), « Implementing the State duty to consult in land and resource decisions: Perspectives from Sami communities and Swedish state officials », *Arctic Review on Law and Politics*, 10, p. 4-23.

Lehr, A., Smith, G. (2010), *Implementing a corporate free, prior and informed consent policy: Benefits and challenges.* Boston, Foley Hoag.

Lerner, A.M., Koshurina, V., Chistanova, O., Wheeler, A. (2017), « Mitigating the Risks of Resource Extraction for Industrial Actors and Northern Indigenous Peoples », *Arctic Review on Law and Politics*, 8(0), p. 23-51.

Leydet, D. (2019), « La mise en œuvre du principe de consentement et ses contextes », *Recherches amérindiennes au Québec*, 49(2), p. 15-24.

Mahanty, S. and McDermott, C.L. (2013), « How does 'Free, Prior and Informed Consent' (FPIC) impact social equity? Lessons from mining and forestry and their implications for REDD+ », *Land Use Policy*, 35, p. 406-416.

McDermott, C. L. and Ituarte-Lima, C. (2016), « Safeguarding what and for whom? The role of institutional fit in shaping REDD+ in Mexico », *Ecology and Society*, 21(1).

Meadows, J., Annandale, M., Ota, L., (2019) « "Indigenous Peoples" participation in sustainability standards for extractives », *Land Use Policy*, p. 88.

Mitchell, T., Arseneau, C., Thomas, D., Smith, P. (2019), « Towards an Indigenous-informed relational Approach to free, prior, and informed consent » (FPIC), International *Indigenous Policy Journal*, 10(4).

Newman, D.G. (2009), *The duty to consult: New relationships with Aboriginal peoples*, Vancouver, B.C: UBC Press, Purich Publishing.

O'Faircheallaigh, C. (2015), *Negotiations in the indigenous world: Aboriginal peoples and the extractive industry in Australia and Canada*, New York, NY, Routledge.

Owen, J.R. and Kemp, D. (2014), « "Free prior and informed consent", social complexity and the mining industry: Establishing a knowledge base », *Resources Policy*, p. 91-100.

Papillon, M. and Rodon, T. (2017), « Indigenous consent and natural resource extraction. Foundations for a made-in-Canada approach », *IRPP Insight*, 16, Montreal, Institute for Research on Public Policy.

Papillon, M. and Rodon, T. (2020), « The transformative potential of Indigenous-driven approaches to implementing free, prior and informed consent: Lessons from two Canadian cases », *International Journal on Minority and Group Rights*, 27, p. 1-22.

Papillon, M., Leclair, J., Leydet, D. (2020), « Free, prior and informed consent: Between legal ambiguity and political agency », *International Journal on Minority and Group Rights*, 27, p. 223-232.

Rodhouse, T. and Vanclay, F. (2016), « Is free, prior and informed consent a form of corporate social responsibility? », *Journal of Cleaner Production*, 131, p. 785-794.

Rohr, J. (2014), *IWGIA Report 18: Indigenous Peoples in the Russian Federation*, Copenhagen, IWGIA (International Working Group for Indigenous Affairs), [en ligne] https://www.iwgia.org/images/publications/0695_HumanRights_report_18_Russia.pdf (consulté le 14 juin 2023).

Sandstrom, C., Widmark, C. (2007), « « Stakeholders » perceptions of consultations as tools for co-management – a study of the forestry and reindeer herding sectors in northern Sweden », *Forest Policy and Economics*, 10(1-2), p. 25-35.

Skogsstyrelsen (2015), *Forests and forestry in Sweden*, Stockholm, The Royal Swedish Academy of Agriculture and Forestry (KSLA).

Szablowski, D. (2010), « Operationalizing free, prior and informed consent in the extractive industry sector: examining the challenges of a negotiated model of justice », *Canadian Journal for Development Studies*, 30(1-2), p. 111-130.

Teitelbaum, S. and Wyatt, S. (2013), « Is Forest certification delivering on First Nation issues? The effectiveness of the FSC standard in advancing First Nations' rights in the boreal forests of Ontario and Quebec, Canada », *Forest Policy and Economics*, 27, p. 23-33.

Teitelbaum, S., Wyatt, S., St-Arnaud, M., Stamm, C. (2019), « Regulatory intersections and Indigenous rights: lessons from Forest Stewardship Council certification in Quebec, Canada », *Canadian Journal of Forest Research*, 49(4), p. 414-422.

Tikina, A. V., Innes, J. L., Trosper, R., and Larson, B. C. (2010), « Aboriginal peoples and forest certification: a review of the Canadian situation », *Ecology and Society*, 15(3).

Tomlinson, K. (2019), « Indigenous rights and extractive resource projects: negotiations over the policy and implementation of FPIC », *The International Journal of Human Rights*, 23(5), p. 880-897.

Tysiachniouk, M. S, McDermott, C. L., Kulyasova, A. A., Teitelbaum, S., Elbakidze, M. (2021), « The politics of scale in global governance: Do more stringent international forest certification standards protect local rights in Russia? », *Forest Policy and Economics*, p. 125.

Tysiachniouk, M. (2012), « The case of Forest Stewardship Council Certification in Russia », *Environmental Policy*, vol. 7, Wageningen, Wageningan Academic Publishers.

Tysiachniouk, M. and Henry, L. (2015), « Managed citizenship: global forest governance and democracy in Russian communities », *International Journal of Sustainable Development and World Ecology*, 22(6), p. 476-489.

Tysiachniouk, M., McDermott, C.L. (2016), « Forest certification with Russian characteristics », *Forest Policy and Economics*, 62, p. 43-53.

Vickers, R. (2019), « The regulation of natural resources law in Australia for Indigenous People », *Jambe Law Journal*, 2(2), p. 99-117.

Ward, T. (2011), « The right to free, prior, and informed consent: 'Indigenous peoples' participation rights within international law », *Northwestern Journal of International Human Rights*, 10(2), [en ligne]. http://scholarlycommons.law.northwestern.edu/njihr/vol10/iss2/2 (consulté le 14 juin 2023).

White, A. and Martin, A. (2002), *Who owns the world's forests? Forest tenure and public forests in transition*, Washington, D.C., Forest Trends.

Widmark, C. (2006), « Forestry and reindeer husbandry in northern Sweden - the development of a land use conflict », *Rangifer*, 26(2), p. 43-54.

Wilson, E. (2016), « What is the social licence to operate? Local perceptions of oil and gas projects in Russia's Komi Republic and Sakhalin Island, *The Extractive Industries and Society* », 3(1), p. 73-81 [en ligne] https://www.sciencedirect.com/science/article/pii/S2214790X15001318 (consulté le 14 juin 2023).

Yaffe, N. (2018), « Indigenous consent: A self-determination perspective », *Melbourne Journal of International Law*, 19(2).

Young, O. R., L. King, L.A. and Schroeder, H. (2008), *Institutions and Environmental Change: Principle Findings, Applications, and Research Frontiers*, Boston, MA, MIT Press, Cambridge.

Les auteurs

Sabrina Bourgeois est doctorante en science politique à l'Université Laval, Québec. Ses recherches portent notamment sur les politiques autochtones, la décolonisation, l'autodétermination et la gestion des ressources naturelles. Elle contribue aux travaux de la Chaire de recherche sur le développement du Nord. On retiendra parmi ses publications : « Miner à tout prix. Discours sur l'extraction minière en territoires autochtones durant la COVID-19 » (2023) et « Indigenous People's Agency Within and Beyond Rights in the Mining Context: The Case of the Schefferville Region » (2021).

Marine Elbakidze est chercheuse à la Faculté des sciences forestières de l'Université suédoise des sciences agricoles et professeure associée à l'Université Ivan Franco de Lviv, en Ukraine. Géographe, ses recherches s'appuient sur l'application d'outils issus de la recherche transdisciplinaire à un large éventail de questions liées à la gestion des ressources naturelles et à la gouvernance et ce, à différentes échelles. Ses projets portent sur le développement rural, les changements d'utilisation des terres, la restauration des paysages, la gouvernance et la gestion forestière.

Hubert Forget est détenteur d'une maîtrise en droit de l'Université de Montréal. Ses travaux portent sur les droits des peuples autochtones au Canada.

Priscylla Joca est professeure à la Lincoln Alexander School of Law à la Toronto Metropolitan University. Son travail porte sur les droits au consentement préalable, libre et éclairé, à l'autodétermination et à la gouvernance écologique des peuples autochtones et des communautés locales et traditionnelles, en perspective internationale et comparée et sous la perspective du pluralisme juridique.

Dominique Leydet est directrice du Centre de recherche interdisciplinaire sur la diversité et la démocratie (CRIDAQ) et professeure titulaire au département de philosophie de l'Université du Québec à Montréal. Elle s'intéresse à la philosophie du droit, à la démocratie délibérative, au constitutionnalisme et aux questions autochtones. Elle a notamment publié « The power to consent: Indigenous peoples, states and development projects », *University of Toronto Law Journal*, 69(3), p. 371-403, 2019.

Jean Leclair est professeur titulaire à la Faculté de droit de l'Université de Montréal. Il s'intéresse à travers le prisme du fédéralisme à la question de la (re)configuration des rapports politiques entre peuples autochtones et gouvernements et aux effets structurants du droit sur le déploiement de ces rapports. Son regard se porte également sur les enjeux épistémologiques soulevés par la rencontre entre le droit et les autres disciplines de sciences sociales.

Liana Amin Lima est professeure de Droits de l'Homme à l'Université Fédérale de Grande Dourados, au Brésil, et titulaire d'un diplôme postdoctoral en droit de l'Université Pontificale catholique du Paraná. Coordinatrice de l'Observatoire des Protocoles des Communautés autonomes, ses travaux se concentrent sur les droits collectifs des peuples autochtones, des *quilombolas* afro-brésiliens et des communautés traditionnelles en Amérique latine, et sur la manière en particulier les uns et les autres utilisent les normes sur le consentement libre, préalable et éclairé et l'autodétermination face à la menace de l'extractivisme sur leurs territoires.

Viviana López Toro est juriste de l'Université catholique d'Armenia, Quindío (Colombie) et titulaire d'un master en droit public : histoire, théorie et pratiques des Droits de l'Homme de l'Université Grenoble 2-Pierre Mendès France. Elle est aussi titulaire d'un master professionnel libre : pratique des organisations internationales et protection de Droits de l'Homme à l'Institut des Droits de l'Homme de l'Université catholique de Lyon. Elle réalise actuellement un doctorat en anthropologie politique et des institutions à l'EHESS (LAIOS), relatif aux enjeux sociaux, culturels et politiques du droit à la consultation et au consentement des peuples autochtones avec des études de terrain en Colombie.

Constance L McDermott est professeure associée et chercheuse principale Jackson en gouvernance de l'utilisation des terres à l'Environmental Change Institute, School of Geography and the Environment, University of Oxford. Sociologue, elle possède plus de trente ans d'expérience dans la recherche et le travail appliqué sur la gouvernance multi-niveaux des forêts et de l'utilisation des terres, y compris l'analyse des accords intergouvernementaux, des politiques nationales, de la certification de durabilité et de la gestion des ressources communautaires.

Roger Merino est professeur à l'École de gestion publique, Universidad del Pacífico (Lima, Pérou). Il a obtenu son doctorat en sciences sociales et politiques ainsi qu'un master en politique internationale à la University of Bath (Royaume-Uni). Il a également été chercheur invité à l'Institute for Global Law & Policy de la Harvard University. Ses articles de recherche sur l'écologie politique, la gouvernance environnementale et les droits des

Autochtones ont été publiés dans des revues de premier plan, telles que *World Development*, *Third World Quarterly* et *Global Environmental Politics*. Son ouvrage *Socio-legal Struggles for Indigenous Self-determination in Latin America: Reimagining the Nation, Reinventing the state* a été publié par Routledge en 2021.

Françoise Montambeault est titulaire de la Chaire de recherche du Canada participation et citoyenneté(s) et professeure au Département de science politique de l'Université de Montréal. Elle s'intéresse aux espaces participatifs en Amérique latine afin d'en saisir les contours et les effets sur les relations État-société. Ses travaux montrent notamment comment la participation contribue à la redéfinition des contours et des frontières des régimes de citoyenneté, au sein et hors des institutions de l'État.

Martin Papillon est professeur titulaire et directeur du Centre de recherche sur les politiques et le développement social (CPDS) à l'Université de Montréal. Ses travaux portent sur le fédéralisme, la citoyenneté pluraliste et les droits des peuples autochtones. Il s'intéresse notamment à la mise en œuvre des traités et des ententes d'autonomie gouvernementale dans le contexte canadien, à la participation des Autochtones à la gestion des ressources naturelles ainsi qu'à la mise en œuvre de la Déclaration des Nations unies sur les droits des peuples autochtones dans une perspective comparée.

Marina Peters Goloviznina est doctorante au Centre d'études sami de l'Université de l'Arctique de Norvège (UiT). Elle a obtenu sa maîtrise en sociologie en 2001 et sa licence en sociologie en 2005 à l'Université européenne de Saint-Pétersbourg (Russie). Ses domaines de recherche se situent dans les études autochtones critiques, la recherche sur les normes sociales et la politique de la reconnaissance. Elle étudie en particulier les questions liées aux institutions autochtones et aux droits des peuples autochtones.

Thierry Rodon est professeur au Département de science politique de l'Université Laval, directeur du laboratoire international associé SESAM (Sociétés, environnements et activités minières) et titulaire de la chaire de recherche INQ sur le développement durable du Nord. Il dirige aussi MinErAL, un réseau international de recherche sur les relations entre les industries minières et les communautés autochtones. Il a notamment publié *Les Apories des politiques autochtones au Canada* en 2019 et *Nested Federalism and Inuit Governance in the Canadian Arctic* avec Gary Wilson et Christopher Alcantara en 2020.

Sara Teitelbaum est professeure agrégée au Département de sociologie de l'Université de Montréal. Son domaine de spécialisation est la sociologie de l'environnement. Ses recherches portent sur les enjeux socio-économiques entourant la forêt, entre autres la gouvernance forestière, la participation publique et les enjeux autochtones.

Maria Tysiachniouk est chercheuse au Centre de recherche sociale indépendante de l'Université de l'Est de la Finlande. Elle est titulaire d'une maîtrise en sciences de l'environnement de Bard College, New York, d'un doctorat en biologie de l'Académie des Sciences de Russie, et d'un doctorat en sociologie de l'Université de Wageningen (2012). Ses domaines de recherche comprennent la gouvernance mondiale à travers la certification du Forest Stewardship Council et les chaînes de production pétrolière transnationales dans l'Arctique.

Remerciements

Nous tenons tout d'abord à remercier Françoise Morin qui nous a encouragés à entreprendre cet ouvrage collectif, en soulignant le besoin d'avoir des textes en français sur la mise en œuvre de la Déclaration des Nations unies sur les peuples autochtones, et plus particulièrement sur la question du consentement préalable, libre et éclairé des peuples autochtones. Nous remercions également Joëlle Chassin qui nous a accompagnés de façon experte durant l'édition de l'ouvrage.

Nous remercions la revue *Recherches amérindiennes au Québec* (devenue la *Revue d'Études autochtones [Québec]*) qui nous a permis de reproduire certains des articles parus dans un numéro en 2019 (vol. 42 n° 2). Nous remercions également les auteurs qui ont pris le temps de mettre à jour leur texte pour cet ouvrage.

Pour étendre notre couverture géographique, nous avons également inclus des textes préalablement publiés en anglais. Le texte de Roger Merino a été publié à l'origine en 2018 sous le titre « The Law and politics of Indigenous self-determination: the meaning of the right to prior consultation » dans l'ouvrage : *Indigenous Peoples as Subjects of International Law* sous la direction d'Irene Watson et publié par Taylor et Francis. Le chapitre de Sara Teitelbaum, Maria Tysiachniouk, Constance McDermott et Marine Elbakidze est paru dans sa version originale dans la revue *Land Use Policy* (vol. 109, 2021). Le chapitre de M. P. Golovizina a été publié dans sa version originale en 2021 sous le titre « Indigenous agency through normative contestation: defining the scope of free, prior and informed consent in the Russian North » dans l'ouvrage *Indigenous Peoples, Natural Resources and Governance: Agencies and Interactions*, sous la direction de Monica Tennberg, Else Grete Broderstad, Hans-Kristian Hernes et publié par Taylor et Francis. Nous remercions chaleureusement tous ces auteurs et ces éditeurs qui nous ont permis de traduire et de republier ces chapitres et ces articles.

Nous tenons aussi à remercier Sabine Monnin qui a traduit avec efficacité et professionnalisme ces trois textes, les rendant ainsi disponibles pour un lectorat francophone, et Stéphanie Roullier qui a mis en forme avec son expertise habituelle les textes et les bibliographies.

Enfin, nous voulons souligner la contribution financière du Conseil de recherches en sciences humaines du Canada, numéros de subventions 895-2016-1015 et 435-2018-0703.

Martin Papillon et Thierry Rodon

Table des matières

Structures éditoriales du groupe L'Harmattan

L'Harmattan Italie
Via degli Artisti, 15
10124 Torino
harmattan.italia@gmail.com

L'Harmattan Hongrie
Kossuth l. u. 14-16.
1053 Budapest
harmattan@harmattan.hu

L'Harmattan Sénégal
10 VDN en face Mermoz
BP 45034 Dakar-Fann
senharmattan@gmail.com

L'Harmattan Congo
67, boulevard Denis-Sassou-N'Guesso
BP 2874 Brazzaville
harmattan.congo@yahoo.fr

L'Harmattan Cameroun
TSINGA/FECAFOOT
BP 11486 Yaoundé
inkoukam@gmail.com

L'Harmattan Mali
ACI 2000 - Immeuble Mgr Jean Marie Cisse
Bureau 10
BP 145 Bamako-Mali
mali@harmattan.fr

L'Harmattan Burkina Faso
Achille Somé – tengnule@hotmail.fr

L'Harmattan Togo
Djidjole – Lomé
Maison Amela
face EPP BATOME
ddamela@aol.com

L'Harmattan Guinée
Almamya, rue KA 028 OKB Agency
BP 3470 Conakry
harmattanguinee@yahoo.fr

L'Harmattan Côte d'Ivoire
Résidence Karl – Cité des Arts
Abidjan-Cocody
03 BP 1588 Abidjan
espace_harmattan.ci@hotmail.fr

L'Harmattan RDC
185, avenue Nyangwe
Commune de Lingwala – Kinshasa
matangilamusadila@yahoo.fr

Nos librairies en France

Librairie internationale
16, rue des Écoles
75005 Paris
librairie.internationale@harmattan.fr
01 40 46 79 11
www.librairieharmattan.com

Librairie des savoirs
21, rue des Écoles
75005 Paris
librairie.sh@harmattan.fr
01 46 34 13 71
www.librairieharmattansh.com

Librairie Le Lucernaire
53, rue Notre-Dame-des-Champs
75006 Paris
librairie@lucernaire.fr
01 42 22 67 13

www.ingramcontent.com/pod-product-compliance
Lightning Source LLC
LaVergne TN
LVHW011012061026
849535LV00006B/1850
* 9 7 8 2 3 3 6 4 1 9 8 6 2 *